Kohlhammer

Sven Matis

Stadtgespräch

Neues Bewusstsein für moderne Kommunikation

Verlag W. Kohlhammer

Dieses Werk einschließlich aller seiner Teile ist urheberrechtlich geschützt. Jede Verwendung außerhalb der engen Grenzen des Urheberrechts ist ohne Zustimmung des Verlags unzulässig und strafbar. Das gilt insbesondere für Vervielfältigungen, Übersetzungen, Mikroverfilmungen und für die Einspeicherung und Verarbeitung in elektronischen Systemen.

1. Auflage 2024

Alle Rechte vorbehalten
© W. Kohlhammer GmbH, Stuttgart
Gesamtherstellung: W. Kohlhammer GmbH, Stuttgart

Print:
ISBN 978-3-17-044450-8

E-Book-Formate:
pdf: ISBN 978-3-17-044451-5
epub: ISBN 978-3-17-044452-2

Für den Inhalt abgedruckter oder verlinkter Websites ist ausschließlich der jeweilige Betreiber verantwortlich. Die W. Kohlhammer GmbH hat keinen Einfluss auf die verknüpften Seiten und übernimmt hierfür keinerlei Haftung.

Inhaltsverzeichnis

AUF'S GANZE:
Kommunikation aus Sicht des Städtetages Baden-Württemberg......... 7

AUFRISS:
Die Logik des Stadtgesprächs in Buchform 9

AUFWÄRTS:
Was das Stadtgespräch und einen Vogelschwarm verbindet 16

AUFBAU:
Die Logik der Städte 20

AUFSATZ:
Die Logik der Kommunikation und ihrer Medien 55

AUFKLÄRUNG:
Die Logik des Bewusstseins 93

AUFTRÄGE:
Die Logik der Verwaltung.. 113

AUSFLUG:
Das Wald-Gespräch 124

AUFZEICHNUNG:
Die Interviews – das Stadtgespräch als Podcast....................... 127

Die Themen im Einzelnen 129
    Über Wachstum.
    Städte als Erfolgsmodell? | Philipp Blom 131
    Propaganda?
    Über Führen und Verführen von Menschen | Wolf Lotter 133
    Machtspiele, Missverständnisse und Melodien:
    Was ist Kommunikation? | Katja Schleicher 136
    Radikal emotional:
    Dieses Interview wird Ihr Gehirn verändern | Maren Urner 138

Ökoliberal – Welchen Preis hat Nachhaltigkeit? | Philipp Krohn 140
Ins Netz gegangen:
Über das Ende des Zentralismus | Christoph Neuberger 143
KI: Wie gehen wir mit dem »neuen Junior« im Team um? |
Andreas Berens 146
Aus Liebe zu Social Media:
Behörden im Neuland | Wolfgang Ainetter 149
LinkedIn:
Wenn die Person als Marke sichtbar wird | Christina Richter 152
»Frischzellenkur« für's Münchner Kindl | Stefanie Nimmerfall 155
Eine Bühne bieten:
die Verantwortung von Journalisten | Roman Deininger 157
PR: Wenn die Dressur zum Rodeo wird | Christof E. Ehrhart 158
»Die Qualität unseres Gemeinwesens entscheidet sich in den
Kommunen« | Michael Blume 161
Helden im Amt:
Wenn die Kleinstadt zur »Benchmark« wird | Julia Lupp 164
Neuausrichtung:
Münsters Weg zum effektiven Crossmedia-Newsroom |
Thomas Reisener 167
Agiles Verwalten:
Agiert die Öffentliche Hand bald beidhändig? | Tosin Stifel 169
Auf Sendung:
Über das Potential von Podcasts | Sarah Vortkamp 172
Die menschliche Dimension:
Was Geschichten zugänglich macht | Katrin Poese 173

AUFSCHLUSS:
Das Stadtgespräch und die Wertschätzung 176

Zum Autor 184

Dank 185

Anmerkungen 186

AUF'S GANZE:
Kommunikation aus Sicht des Städtetages Baden-Württemberg

Dann also auf ein Wort ... ein Vorwort, dessen Aufgabe es sein soll, den Blick auf das ganze Buch zu richten.

Stadtgespräche – darin geht es um die kleinen und großen Ereignisse in einer Stadt, in der Vergangenheit, hier und heute oder in Zukunft. Da reden Vertreterinnen und Vertreter von Institutionen miteinander, Nachbarn rufen sich übern Zaun die neuesten Infos zu, es sind geplante und spontane Gespräche, ein kurzes Schwätzle im Vorbeigehen oder ein organisierter Bürgerdialog über ein ganzes Wochenende. All das und noch viel mehr sind Gespräche in der Stadt und darüber, was vor Ort geschieht.

Sie verbindet der Kern, um den sich alles dreht: die eigene Stadt. Dialoge und Interaktion – egal, ob kurz oder lang, geplant oder kurzfristig, zwischen den Generationen oder mit Gleichaltrigen fördern das Miteinander innerhalb einer Gemeinschaft, können Fragen von gemeinsamem Interesse klären und helfen, Lösungen zu finden.

Aus dem klassischen Ort der öffentlichen städtischen Kommunikation – dem Marktplatz – ist längst ein digitaler Platz geworden. Auch auf den Marktplätzen früherer Zeiten ging es bekanntlich nicht nur wohlwollend und freundlich zu, da wurde geschimpft, getratscht, gelästert und beleidigt, lauthals oder hinter vorgehaltener Hand.

Auf den virtuellen Marktplätzen unserer Zeit auf den verschiedenen Online-Plattformen ist das nicht besser geworden, eher im Gegenteil. Die Klagen über den Umgang miteinander sind bekannt und werden lauter. Jeder und jede kann zu allen alles sagen, oft sogar im zweifelhaften Schutz der Anonymität, was früher nur schwer möglich war. Alles, was eine Stadt tut, und mit ihr die handelnden Personen wahllos zu kritisieren, ist längst »schick« geworden.

Kommunikation, also miteinander ins Gespräch zu kommen, ist aber etwas anderes als Beleidigungen herauszuschleudern oder gar Hass und Hetze zu verbreiten. Miteinander zu sprechen setzt voraus, das Gegenüber ernst zu nehmen, ihm Zeit zum Reden und sich selbst Zeit zum Zuhören zu geben.

Ein lebendiges Gespräch, von dem beide Seite profitieren, ist eins, das mit offenen Augen und Ohren geführt wird und vor allem – mit offenem Geist. Lebendige Gespräche bringen Menschen und ihre Ideen zusammen. Albert Camus hat es einmal so formuliert: »Das echte Gespräch bedeutet: aus dem Ich heraustreten und an die Tür des Du klopfen.«

Mehr denn je muss die Politik heute erklären und begründen, was sie tut, auch die Kommunalpolitik, denn was vor Ort entschieden wird, betrifft das Leben der Menschen unmittelbar. Die Zeit von Hinterzimmer-Beschlüssen ist vorbei. Die Menschen sind kritischer geworden und stellen Entscheidungen immer öfter infrage, auch demokratisch gefällte Entscheidungen. Es braucht also professionelle Kommunikation, die sieht und weiß, was erklärungsbedürftig ist und wie es so in Worte gefasst wird, dass es möglichst viele Ziel- und Interessengruppen erreicht und dass die Menschen es verstehen und nachvollziehen können.

Die Verwaltung hat Informationen, die sonst niemand hat. Damit sie kein Herrschaftswissen bleiben, soll, ja, muss sie die sogar teilen, denn sie stehen den Menschen zu. Rechtzeitig, verständlich und ansprechend aufbereitet schafft das im besten Fall Vertrauen und Akzeptanz.

Informationen »in Worte zu fassen« ist das eine – auch Bilder und bewegte Bilder gehören heute selbstverständlich zur erklärenden, vermittelnden und inklusiven Kommunikation einer Kommune dazu.

Sein Gegenüber ernst zu nehmen, bedeutet schließlich auch Augenhöhe schaffen, Distanzen verringern, Verständnis zeigen. Die Wahl der richtigen Mittel für Kommunikation, die ankommt, gehört unbedingt dazu.

Diesen Anspruch haben die Menschen auch gegenüber der öffentlichen Verwaltung, die sie mit ihren Steuern bezahlen. Kommunale Kommunikation funktioniert deshalb etwas anders als die Kommunikation in anderen Bereichen.

Was im Sport »höher, schneller, weiter« ist, wird auf Social Media immer mehr zu »kürzer, cooler, witziger« – aber brauchen wir nicht (auch) ein »verlässlicher, verständlicher, verbindlicher«? In Zeiten von Fake News und KI-generierten Texten und Bildern brauchen die Bürgerinnen und Bürger vertrauensvolle Quellen für die tägliche Information.

Im Gespräch bleiben – so oder so gelesen – sollte unser Ziel sein. Vernetzen, auszutauschen, zuhören und gehört werden, das macht uns als Kommunen stark. Wir brauchen den lebendigen Austausch mit der Bürgerschaft – persönlich und virtuell.

Das Schlimmste, was einer Stadt kommunikativ passieren kann, ist das Desinteresse der Menschen, die dort leben. Wer sich nicht oder nicht mehr für seine Umgebung interessiert, steckt auch nicht mehr viel Energie in ihr Wohlergehen – etwa in Form von ehrenamtlichem Engagement in Politik oder Vereinen. Kritische Nachfragen sind also auch immer Anregungen und Kommunikationsideen.

Ich wünsche diesem Buch eine interessierte Leserschaft – möge es die kommunale Kommunikation weiter voranbringen.

Ralf Broß
Geschäftsführendes Vorstandsmitglied des Städtetags Baden-Württemberg

AUFRISS:
Die Logik des Stadtgesprächs in Buchform

Die Wahlen im Juni 2024 machen überraschend deutlich: Zuspruch entsteht durch die richtige Ansprache. Die Erkenntnis ist nicht neu, wird aber Vielen nun umso bewusster. Die Auseinandersetzung mit wirkmächtiger Ansprache ist umso dringlicher, weil der gesellschaftliche Zusammenhalt auf dem Spiel steht. In diesem Zusammenhang stellen sich grundlegende Fragen: Wie agieren Menschen in ihrem Umfeld? Was bringt sie zum Sprechen? Was zum Nachdenken? Wie kann man Akzeptanz und Toleranz fördern? Was setzt sich durch und bewährt sich? Das Stadtgespräch liefert hierzu wichtige Anstöße.

Darum habe ich dieses Buch geschrieben. Es soll zeigen, welch ein Impulsgeber das Stadtgespräch ist, warum es Aspekte des Kommunalen und des Kommunikativen vereint und so gemeinschaftsbildend wirkt. Das Stadtgespräch lotet aus, was machbar, sagbar und denkbar ist. Es ist die Vorproduktion der realen Welt. Was sich hier als mächtig oder konsensfähig durchsetzt, ist dann im städtischen Raum sichtbar. Diese Wechselwirkungen machen die Stadt zu dem Erfolgsmodell der Moderne, das trotz krasser Probleme, wie hoher Lebenshaltungskosten, schlechter Luftqualität, Lärm, Kriminalität, Staus und zunehmender Einsamkeit weiter Milliarden Menschen in seinen Bann zieht.

Die Stadt lockt mit drei großen Versprechen: Kurze Wege, individuelle Entfaltung und soziales Wohlergehen. Diese Vorstellungen bilden einen Sog. Städte sind heute Lebensmittelpunkt für vier Milliarden Menschen weltweit. Tendenz steigend. Setzt sich der Trend fort, dann leben bald zwei von drei Menschen in einer Stadt. Auch deutschlandweit ist dies zu beobachten: Die 50 größten Städte haben zu Beginn des 21. Jahrhunderts ein enormes Wachstum verzeichnet, vor allem im Süden des Landes. Das Bundesinstitut für Bau-, Stadt- und Raumforschung prognostiziert, dass vor allem die Großen noch größer werden. Und damit werden die skizzierten Probleme wohl auch größer.

Das Wechselspiel von Problemen und Lösungen steht im Fokus dieses Buches. Ganz grundsätzlich zeigen sich Probleme als Fragen, die die Umwelt an ihre Teilsysteme stellt. Bewusst werden sie Gesellschaften oder Individuen durch Beobachtung, Erkennen und Benennen. Welche Schlüsse sie daraus ziehen und welche Antworten sie geben, hängt von vielen Faktoren ab. Das Glück pluralistischer Gesellschaften ist ihre Offenheit, die auf der Unbestimmtheit von Antworten gründet. Wenn es keine Eindeutigkeiten gibt, sind Antworten diskursiv zu erarbeiten. Dieses Aushandeln ist prägend für die zwischenmenschliche Kommunikation, die nirgends konzentrierter und verbindlicher geführt wird als auf dem Markt –

denn der Markt ist die Keimzelle der Kommune. Hier kommt die Stadt im wahrsten Sinne des Wortes zu sich.

So einzigartig die Städte sind, so einzigartig sind die Menschen, die in ihr leben. Dennoch handelt es sich um aufeinander abgestimmte Systeme, die in einem fortlaufenden Austausch stehen, der mal kooperativ, mal konfrontativ ist. Dies ist gut vergleichbar mit dem Treiben auf einem Markt, wo es darum geht, Informationen und Werte systematisch zu verarbeiten. Deswegen ist der rote Faden, der durch dieses Buch führen soll, die Deutung von Signalen (Kognition), ihre sprichwörtliche Verarbeitung (Kommunikation) und die entsprechende Umgestaltung der Lebenswelt (Städtebau). Städte sind von jeher ein Ausdruck von Macht und der damit verbundenen Kontrolle über die Umwelt. Diese Macht zeigt sich in Artefakten, Worten und Aufmerksamkeit. Das gilt für die Realität wie für die Idealwelt. Einfach auf den Punkt gebracht: »Wer das Wort hat, hat das Sagen.«

Das Stadtgespräch ist daher die Brücke zu einem bewussten Umgang mit den Mitmenschen und der Gestaltung des Umfelds. Kernpunkt der Argumentation ist, dass die Kommunalpolitik diskursive Infrastrukturen[1] prägen und Mikroöffentlichkeiten schaffen kann. Vereinfacht gesagt kommen an diesen Orten Menschen zusammen, lernen voneinander und wachsen miteinander. Es sind Reallabore, Werkstätten oder Foren – im Sinne eines Speaker's Corner – an denen echte Begegnung zu einem kreativen und produktiven Durcheinander führen. Innovationen werden gefördert durch Diskussion, Experimente und Reproduktion.

Diese neue Form der Öffentlichkeitsarbeit ist durchaus vergleichbar mit traditioneller Presse- oder Medienarbeit, berücksichtigt aber den Trend, dass sich Öffentlichkeiten situativ und entlang von Themen bilden, weniger anhand von Routinen wie etwa der synchronen Lektüre der Zeitung am Morgen. Ziel von Mikroöffentlichkeiten ist es, zentrale Argumente in Bezug auf politische Maßnahmen zugänglich und verständlich zu machen. Die Bewertung und Einordnung der Argumente wird Foren überlassen, die unterschiedliche Perspektiven und Wissensstände in Einklang bringen, was sie zu Resonanzräumen macht.[2]

Städte wie gewohnt zu betrachten, hilft nicht weiter. Sie sind neu zu interpretieren als Möglichkeitsräume – physische, soziale wie mentale Räume, in denen künftige Entwicklungen angelegt sind, die durch Imagination, Kreativität und Mut zu Fortschritt führen. Möglichkeiten sind nicht gottgegeben, sie sind zu erkennen und zu ergreifen. Räume sind zu erschließen. Sie brauchen Grenzen und Öffnungen, müssen an ihre Umgebung (stets neu) angepasst werden und sind innen wie außen zu pflegen. Ihre Ver- und Entsorgung erfordert eine Infrastruktur, die Stabilität verschafft und das Fortbestehen begründet.

Wie dies gelingen kann, stellt sich die aktuelle Stadtforschung so vor: »Die dynamische Koproduktion und Übermittlung von Ideen und Informationen bestimmt Beziehungen innerhalb und über die städtischen Initiativen hinaus und trägt zur Entstehung und Umgestaltung von Kollaborationsnetzwerken bei.«[3] Was akademisch daherkommt, meint einfach ausgedrückt: Durch Austausch entstehen neue Wirklichkeiten. Der Austausch von Ideen und Informationen in städtischen Netzwerken stiftet kommunales Miteinander. Diese Kommunikation formt die Gesellschaft, indem sie die Zusammenarbeit fördert und die Menschen einander näherbringt.

Das Stadtgespräch befeuert die Dynamik innerhalb sozialer Netzwerke. Wenn Anspruchsgruppen – sogenannte Stakeholder – in unterschiedlichen Konstellationen und Kontexten kommunizieren, reproduzieren sie Wissen und verwandeln urbane Güter wie Informationen, Wissen, Kultur, Kontakte, Netzwerke oder Zeit in Gemeingüter.[4] Wenn zivilgesellschaftliche, unternehmerische oder staatliche Organisationen diese Prozesse fördern, sorgen sie für Wertschöpfung und initiieren Transformation. Das wirkt sich positiv auf die Bürgerschaft aus und wird in der Anschlusskommunikation spürbar.

Diese Argumentation vereinigt Aspekte der Soziologie, der Kommunikationswissenschaften und der Kognitionswissenschaften. Daher ist dieses Werk auch interdisziplinär angelegt und will die Stärken der jeweiligen Perspektiven auf den folgenden Seiten zusammenführen.

Die Kapitel geben Einblicke in die klassische Literatur, neueste wissenschaftliche Forschung und das Erfahrungswissen von Expertinnen und Experten. Sie können für sich gelesen werden, sind aber mehr wie ein Gang durch eine Ausstellung, die zwar logisch kuratiert ist, aber deren Erkundung dem Publikum offensteht. So ist dieses Buch als Verstehensreise mit einem unbestimmten Ziel angelegt. Wichtiger als das Ankommen sind Erfahrungen, die durch Wissen neue Erkenntnisse und Geschichten schaffen. Diese Reise soll bestärken, kommunale Public Relations neu zu denken, die transformatorische Kraft des Stadtgesprächs zu erkennen und es aktiv mitzugestalten.

Zwischenstationen sind Modelle, die menschliches Handeln, Wirken und Kommunizieren auf einen Nenner bringen. Warum aber Modelle – jede Stadt, jeder Mensch, jedes Gespräch ist doch einmalig? Von Originalen können wir uns ein Bild machen. Zum Beispiel, indem wir uns vor Ort umschauen oder in den Medien recherchieren. Zwar können wir in ihren Kosmos eindringen, ihre Komplexität aber nur in Ausschnitten erfassen. Wir sind also gezwungen, zu vereinfachen und unsere Vorstellungen in Annahmen oder Analogien zu kleiden. Individuell geht dies sehr schnell im Unterbewusstsein. Diese Schlüsse erweisen sich manchmal als Trugschlüsse. Empirisch belastbare Aussagen liefern wissenschaftliche Modelle. Zur Modellierung ist es wichtig, die Funktionen des Originals korrekt und vollständig zu erfassen, um dadurch Relationen beschreiben zu können. Damit ist ein Modell niemals originalgetreu – sondern ein Kalkül, das als vereinfachtes Abbild der Wirklichkeit nebensächliche Komponenten außer Acht lässt. So entstehen Denkfiguren, die neue Bezüge herstellen, Prognosen möglich machen und damit helfen, das Original zu optimieren. Allerdings besitzen Modelle auch Schwachstellen: Sie vergröbern, abstrahieren und formalisieren – und simulieren nur das Original und seine Beziehungen zur Realität. So haben sich Menschen Modelle als Auseinandersetzung (mit) ihrer Umwelt geschaffen. Dazu haben sie sich spezielle Aspekte angesehen, durch Fokussierung andere Aspekte ausgeblendet, sie hinterfragt, in Einzelteile gegliedert und die Welt neu zusammengesetzt. Das hat Lösungen eröffnet, zu Feedback, Kritik und Updates geführt – ein Sinnbild für den iterativen Prozess der Meinungsbildung. Die Akzeptanz, dass Wahrheiten auszuhandeln sind, ist Fundament liberaler Demokratien.

Dieses Aushandeln braucht Aufmerksamkeit, die ein knappes Gut ist. Die grundlegende Abhandlung der Ökonomie der Aufmerksamkeit stammt – wie könnte es für dieses Buch anders sein – aus der Feder eines Stadtplaners.[5] Der Österreicher Georg Franck schreibt Ende des 20. Jahrhunderts von einem mentalen Kapitalismus, der sich von einer Fixierung auf materielle Produktion und Konsum gelöst hat. Er erkennt früh eine zunehmende Vernetzung und die Bedeutung neuer Medien, die die Kosten für Information und Unterhaltung reduzieren. Aufmerksamkeit wird zur Ressource: ein begehrtes Einkommen, ökonomisches Kapital und soziale Währung zugleich. Diese Melange zeigt sich in seiner Urfassung auf dem Markt des antiken Griechenlands. Das Verhandeln auf der Agora und der Imperativ der Mitgestaltung der Polis sind Marksteine für das kommunalpolitische Verständnis. Der deutsche Soziologe Max Weber hat mit seiner undogmatischen und wirtschaftshistorischen Analyse gezeigt, wie der freie Austausch von Gütern, Waren und Ideen zu einer gesellschaftlichen Transformation und einer individuellen Spezialisierung führt. Dies Entwicklung ist besonders gut in Chicago untersucht – dem Geburtsort der Stadtsoziologie. Ihre Säulen Dichte, Größe und Heterogenität tragen erheblich zum Verständnis moderner Metropolen bei. Um Einheit zu erreichen, braucht es verbindende Elemente – diese können technischer oder gesellschaftlicher Art sein. Somit sind Infrastrukturen die Lebensadern unsere Gesellschaft: Straßen, Brücken oder Parks legen den Grund für den individuellen Alltag im Stadtleben. Die deutsche Stadtforschung leitet daraus ab, dass Kommunen menschliche Züge und sogar eine Eigenlogik aufweisen. So wie Menschen den Vergleich brauchen, suchen ihn auch Städte. Die dazu erforderlichen Daten werden aber nicht nur zum Zwecke der Selbstbespiegelung erhoben, sondern auch zur zielgenauen Fortentwicklung, die bis hinaus in virtuelle Welten reicht. Wie aus Ideen Wirklichkeit wird und wie Menschen künftig Städte formen sollten wird mit realutopischen Vorstellungen veranschaulicht. Auch hier zeigt sich, welche Formen der politischen Ansprache effektiv sind.

Die Sprache steht in der Logik dieses Buches zwischen Städtebau und Kognition. Kommunikation ist schon vom Wortstamm (Kommune) ein verbindendes Element der Stadtgesellschaft. Ausgehend von der Idee, dass Nachrichten Statusmeldungen von Systemen sind, will ich zeigen, wer diese Meldungen verbreitet und unter welchen Rahmenbedingungen verarbeitet. Jede Meldung zeigt eine Veränderung der Umwelt oder der eigenen Handlungsmöglichkeiten, daher verlangt sie selbst nach Veränderung. Diese ist mit der eigenen Lebenswelt abzustimmen – dazu müssen Teilsysteme mit ihr in den Austausch treten oder eben mit ihr kommunizieren. Lohnenswert ist der Rückgriff auf ein klassisches Modell. Aristoteles Dreiklang von Ethos, Pathos, Logos sorgt auch heute noch für stimmige, unmittelbare Kommunikation. Die moderne Lebenswelt wird aber viel stärker durch vermittelte Kommunikation geprägt. Medien verbinden und trennen uns, sie filtern und verstärken, sie sorgen für Unterhaltung, Bestätigung und auch Verstörung. Nur wer ihre Logiken kennt, kann sie für sich nutzen. Das zeigt die mathematische Informationstheorie von Claude Shannon und Warren Weaver, sie ist die »Magna Charta des digitalen Zeitalters«. Da uns Informationen über immer mehr Kanäle erreichen, sind die richtigen Fragen oft hilfreicher als Antworten, wie Harold Dwight Lasswell pointiert fragt: »Wer sagt was zu wem über welchen Kanal?« Und dass keine Antwort auch eine Antwort sein kann, hat Paul Watzlawick mit seinen konstruktivistischen Analysen ausgeführt, die von Friedemann Schulz von Thun kongenial weiter verarbeitet werden zum berühmten Kommunikationsquadrat. Rund geht es dann mit dem Goldenen Kreis. Simon Sinek empfiehlt, die Frage nach dem Warum in den Mittelpunkt zu rücken und strategische wie praktische Aspekte hintanzustellen. Warum sich politische Kommunikation so von der Alltagssprache unterscheidet, wird anschließend mittels des wissenschaftlichen Ansatzes des Framings – also der kognitiven Rahmung – dargestellt. Auch im Privatleben schaffen Worte neue Welten, warum dies seit Erfindung des Feuers so ist, zeigt Yuval Noah Harari mit seinen drei Ebenen der Kommunikation eindrucksvoll. Und da es im Wesentlichen Medien sind, die uns in neue Lebenswelten führen, sei ihnen und den Wortführern anschließend viel Raum gegeben. Im Fokus stehen dabei der Journalismus, die sogenannten sozialen Medien, die Public Relations und das neue Feld des Corporate Listening.

Zuhören, Zuschauen und Mitfühlen sind wichtige Teile menschlicher Wahrnehmung – die Brutstätte unseres Bewusstseins. Wie grundlegend Emotionen individuelles Bewusstsein[6] oder politische Entscheidungen[7] beeinflussen, zeigt die Neurowissenschaft eindrücklich. Kenntnisse neuronaler Informationsverarbeitung sind auch für die Kommunalpolitik zweckdienlich. Daher wird beleuchtet, welches Bild wir uns von der Welt machen, wo die Quelle unseres Bewusstseins versteckt liegt, welche Wegeführung im Gehirn vermutet wird und welche Bewusstseinsmodelle sich gerade ein Kopf-an-Kopf-Rennen liefern. Anschließend will ich zeigen, wie Menschen zu Entscheidungen kommen und warum sie dafür gern auf Erzählungen zurückgreifen. Zwar mag der rationale Austausch von Fakten wünschenswert erscheinen, aber Bedeutung erlangen Informationen erst, wenn sie in eine Geschichte eingebettet werden.

Dies klingt einleuchtend und herrlich unbürokratisch. Storytelling scheint ungeeignet für Behörden, die dem Sachlichkeitsgebot unterliegen. Allerdings haben sie auch einen Informationsauftrag. Ihn zu erfüllen, wird immer mehr zur Herausforderung: Die gesellschaftliche Transformation macht vor Verwaltungen nicht Halt. Daher kommt der Bürokratie ein gesonderter Blick zu. Den Ausgang bilden auch hier die klassischen Modelle. Den Zweck moderner, rationaler Bürokratie hat niemand so nachhaltig verfasst wie Max Weber. Seine liberalen Überlegungen sind heute teilweise überholt. Agilität und Digitalisierung sind Treiber eines Wandels, den innovative Behörden zur Frischzellenkur nutzen und Mitarbeitende als »Intrapreneure« in einer vernetzten Gesellschaft befähigen.

Dem Aktenstudium folgt ein Spaziergang an der frischen Luft. Der Ausflug in den Wald zeigt, dass die Logiken des Netzwerks keinesfalls menschengemacht sind. Es lässt sich von Flora und Fauna viel lernen. Vielleicht sind Menschen die mächtigsten Baumeister auf diesem Planeten. Die Gestalt ihrer Siedlungen ist zwar durchlässig, aber auch auf Abgrenzung ausgerichtet – wie eine semipermeable Membran, die in der Natur Durchdringung und Abdichtung gewährleistet. Dennoch: Menschen sind wie alle Teile eines Ökosystems nur unter bestimmten Voraussetzungen überlebensfähig. Sie bedürfen einer Nische, die ihnen Schutz bietet, und müssen zugleich in Austauschbeziehungen mit ihrer Umwelt treten. Dies gelingt am besten über eine organisch gewachsene Vernetzung – was abstrakt klingt, wird am Beispiel der Pilze sichtbar. Sie zeigen wie Funktionalität, Verwurzelung und Anpassung ganze Ökosysteme zusammenhalten.

Weil dieses Buch unkonventionell voranschreitet, ist auch der Rückweg kein gewöhnlicher. Wegmarken sind nicht meine Antworten, es sind die Fragen, die zurück zum Stadtgespräch führen. So richte ich im umfangreichsten Kapitel des Buchs Fragen an Menschen, die Wissen vermitteln. Ihre Vorstellungen vom Stadtgespräch, seinen Formen und Ausprägungen, sind im Wortlaut wiedergegeben. Es würde weder ihrem Fachwissen noch ihrer Persönlichkeit gerecht, die Ansichten zu subsummieren und in einen Fließtext zu integrieren. Wer die Worte akustisch auf sich wirken lassen möchte: Alle Gespräche sind als Podcast abrufbar auf der Website https://dl.kohlhammer.de/978-3-17-044450-8.

Zum Schluss versuche ich all die Geistesblitze, Gedankenschnipsel und Ideenkonstrukte zusammenzuführen. Damit soll die Vorstellung eines individuellen und gesellschaftlichen Wachstums begründet, der Wert der Zuversicht bemessen und die Macht der kollaborativen Fortentwicklung gezeigt werden.

Festzuhalten ist: Kommunen haben mehr technische Anlagen als jede Generation zuvor, ihre Bewohnerinnen und Bewohner verfügen über mehr Wissen, sind mobiler und medial global vernetzt – dennoch gleicht unser Umgang mit der Umwelt und die Gestaltung der Zukunft einem Stochern im Nebel. Dieses Buch vermittelt ein Gespür fürs Gelingen, für Gespräche und für Gemeinschaften. Es zeigt, dass Botschaften – egal um im politischen oder im privaten Umfeld – nur unter bestimmten Voraussetzungen ankommen. Sie wirken, wenn Öffentlichkeit als Geflecht von Beziehungen wahrgenommen wird, Kommunikation als Wechselspiel von Reiz und Reaktion und Kognition als Wegbereiter rationaler Entscheidungen.

Liebe Leserin, lieber Leser, es wird Ihnen manches bekannt vorkommen, einiges wird Sie überraschen, Sie werden neues erfahren und sich – hoffentlich – gut unterhalten fühlen. Dies alles sind kognitive Prozesse: Erinnern als Besinnung auf Bewährtes, Entdecken von Anschlussfähigem, Befriedigung der Neugier und Unterhaltung als Konsolidierung oder Entspannung. Daher regt dieses Buch dazu an, ein neues Bewusstsein für moderne Kommunen und zeitgemäße Kommunikation zu entwickeln – und zielt augenzwinkernd auf einen eng umrissenen Kreis an Interessierten. (▶ Dar. 1).

Dar. 1: Bemerkenswertes Schild im Merkel'schen Bad in Esslingen/Neckar

AUFWÄRTS:
Was das Stadtgespräch und einen Vogelschwarm verbindet

Das Stadtgespräch ist in aller Munde. Jeder weiß etwas davon, spricht darüber und erfährt, was gerade Sache ist. Das macht das Stadtgespräch einfach phänomenal. Betrachtet man es nüchtern, so umfasst es alles, was »in der Stadt immer wieder als Gesprächsthema aufgegriffen, besprochen, erörtert«[8] wird. Oder man rückt das Stadtgespräch als »Unterhaltungsthema in einer Stadt« in die Nähe von »Gerede, Gerüchteküche, Klatsch und Tratsch«[9]. Wer das Stadtgespräch aber aus der Vogelperspektive betrachtet, kann dabei ins Schwärmen geraten, wie nun zu zeigen sein wird.

Um das Stadtgespräch zu ergründen, hilft systemisches Denken. Abstraktionen sind wichtig, um konkrete Phänomene des urbanen Alltags zu verstehen. Städte, Kommunikation, Bewusstsein, Verwaltungen sind allesamt Konstrukte aus einer Vielzahl eigensinniger Subsysteme, die ihrem Wesen nach Ordnung ins Chaos bringen und das eigene Umfeld stabil halten wollen. Die jeweiligen Handlungen sind wie ein Doppelpendel: Ihre Bewegungen scheinen zufällig und ihre Dynamik ergründbar, wenn auch schwer berechenbar.

Grundsätzlich braucht ein Stadtgespräch Lokalbezug. Das Lokale umfasst dabei

- die Routinekontakte der Bevölkerung, die in Städten, Gemeinden oder Nachbarschaften ablaufen,
- Begegnungsräume wie Wochenmärkte oder Stammtische,
- Orte der Stimmabgabe (Wahllokal) und
- einen Habitus, der aus der Zusammenführung dieser Komponenten ersichtlich wird.

Das Stadtgespräch ist eine »Ordnungsbegrifflichkeit«.[10] Menschliche Gemeinschaften entstehen durch Austausch, in materieller und ideeller Hinsicht. Wir sind auf die Waren und Leistungen anderer angewiesen und auf Entlohnung im Sinne von Anerkennung, Prestige und Wertschätzung. Dazu bilden wir Tauschgemeinschaften, um Güter, Erfahrungen oder Hinweise zu handeln. Der deutsche Soziologe Niklas Luhmann schreibt, dass im antiken Griechenland das »tatsächliche Leben der Menschen in Gemeinschaften eingeteilt war; und dies nicht nur in eine Vielzahl von politischen Gemeinschaften, sondern überall in die der Art nach unterschiedlichen Gemeinschaften von Haushalten und politischen Gemeinschaften.« Im Übrigen stamme aus einer »nicht mehr greifbare(n) Vergangenheit (die) Gepflogenheit, ja, die Notwendigkeit, sich an Meinungen anderer zu orientieren.«[11] Diese

Orientierung bietet das Stadtgespräch. Und zwar als Form des kommunikativen Handelns. Der deutsche Philosoph Jürgen Habermas würde hier von einer Verständigung sprechen, die eine ergebnisoffene Diskussion und Deutung bestimmter Situationen ist und um Geltungsansprüche kreist. Dieser Prozess verläuft zwanglos, trägt zur Koordination von Handlungen bei, zielt auf höhere Einsicht und erreicht bestenfalls einen rationalen Konsens.[12]

Fest steht: Es gibt ein Stadtgespräch. Die im Zuge der Recherche befragten Expertinnen und Experten vertreten einhellig diese Auffassung (dazu ausführlich das Kapitel AUFZEICHNUNG). Eine wichtige Erkenntnis aus den Interviews ist, dass Gespräche von Impulsen ausgelöst werden, die sich in lokalen Netzwerken verteilen. Ihre Ausbreitung korreliert mit dem Grad an Intensität: Je mehr Nachrichtenwerte der Impuls entfaltet, desto mehr Multiplikatoren werden erreicht.

Durch die Effekte der Vervielfältigung und der subjektiven Verarbeitung erklären sich sozialpsychologische Unterschiede in der Wahrnehmung des Themas. Der Diskurs ist nicht vorbestimmt. Er lebt vom Engagement, von gezielten Impulsen und der Verarbeitung der Resonanz. Die 22 Interviews zeigen, wie dynamisch Kommunikation wirkt. Kommunikation hat das Vermögen, Gemeinschaften zu formen, Interaktion zu erzeugen, die Teilnehmenden zu beeinflussen, zu bestärken und zu verändern. Voraussetzung ist eine kognitive Eingängigkeit des Themas und eine thematische Verbundenheit der Teilnehmenden. Der Diskurs selbst verläuft kontigent: Ansichten können sich ändern, vorherrschende Trends einander ablösen, bestimmte Ereignisse neue Einsichten zu Tage fördern. Kommunikation bedeutet auch Exposition, die angreifbar macht. Kommunikation führt zu Reaktion, diese ist vor der Äußerung einzuschätzen. Daher wirkt Öffentlichkeit disziplinierend und bestenfalls inspirierend, wenn Formen des zivilen Umgangs eingehalten werden.

Daher liegt die Analogie des Lagerfeuers nahe. Durch Feuer entsteht Licht (im Sinne der Aufklärung) und Wärme (im Sinne der Anziehung). Mit der Entdeckung des Feuers rücken Menschen wie Geschichtenerzähler oder Schamanen in die Mitte der Gemeinschaft, die bislang nichts Materielles beigetragen haben. Es ist daher kein Zufall, dass man Feuer – sprachlich betrachtet – unterhalten kann. So ist Feuer ähnlich voraussetzungsvoll wie Kommunikation. Es bedarf eines brennbaren Stoffes, einer bestimmten Verbrennungstemperatur und Sauerstoff. Fehlt eine dieser Komponenten, sprengt der Funke nicht über oder das Feuer erlischt. Kommunikation braucht, um in diesem Bild zu bleiben, ein Thema (Stoff), ein Vorverständnis (Temperatur) und Publikum (Sauerstoff).

Was der kommunikative Brand bewirkt, hängt im Wesentlichen vom Publikum ab. Was fängt es mit dem Feuer an und was nimmt es mit? Und wie blickt die Gemeinschaft auf das Feuer bzw. wie managt sie den Funkenflug? Das Feuer ist unter ständige Beobachtung zu stellen. Diese Brandwache ist Aufgabe der Medien. Durch Einordnung verleihen sie Normen und Werten erst Sinn, sie erweitern durch Übertragung den individuellen Erfahrungskreis und schränken ihn gleichzeitig durch Filterung ein. Ihre Zuschreibungen schaffen Verständnis, führen zu Erkenntnis und bilden Meinung.

Daher ist es interessant, wie das Stadtgespräch von Lokalmedien wahrgenommen wird: Dieser Begriff wird regelmäßig, vor allem samstags, deutschlandweit verwendet, was eine besondere Aufnahmefähigkeit der Gesellschaft vermuten lässt. Entsprechende Rubriken haben etwa die taz, die Berliner Zeitung, der Trierische Volksfreund und WDR 5 hat eine Hörfunk-Reihe. Der Konstanzer Südkurier organisiert: »Lokalredaktion im Stadtgespräch – Der Mittagstreff im Theater«. Dies trägt der Annahme Rechnung, dass Nahes mehr Aufmerksamkeit findet als Fernes. Zudem soll die Identifikation mit der Lokalität gefestigt werden, weil verlässliche Informationen Handlungsfähigkeit vermitteln.

Ziel ist eine Verständigung, die ein *ständiges* Aushandeln und Neubewerten der sozialen Realität ist. Jedes Gespräch lässt eine neue Wirklichkeit entstehen, macht im besten Fall Vorstellungen greifbar und rückt sie von der Mikroebene der Kognition über die Mesoebene der Kommunikation auf die Makroebene der Interaktion.

Führt man alle Hauptthesen des Buches zusammen, nämlich:

- Kommunikation ist soziales Verhalten,
- die Stadt fordert auf Grund ihrer Dichte rationales, berechenbares Verhalten,
- Systeme müssen kommunizieren, um in ihrer Nische überlebensfähig zu sein, und
- die Abstimmung vernetzter Systeme erzeugt Emergenz – eine sichtbare und kaum vorauszubestimmende Dynamik,

dann zeigt sich das Stadtgespräch als idealtypisches Schwarmverhalten (▶ Dar. 2). Allen Beteiligten des Schwarms gelingt es durch Kommunikation, ihre Aktionen so aufeinander abzustimmen, dass eine sichtbare kollektive und vielfältige Einheit entsteht.[13] Die Eigenlogik dieser Schwärme ergibt ein Schauspiel, das sich in neuen und unerwarteten Formen wiederholt. Durch eine wissenschaftliche oder journalistische Beobachtung und Auswertung dieses Phänomens entsteht ein Bewusstsein für Wechselwirkungen. Dieses erlaubt Rückschlüsse auf den Zusammenhalt der Gruppe.

Die Intensität der Interaktion hängt von der Nähe ab. Außerhalb des Familienkreises sind es Nachbarn, Vereinskameraden oder Kollegen, die soziales Verhalten nachhaltig beeinflussen. Wenn wir Mitmenschen auf der Straße, am Gartenzaun oder via Smartphone beobachten, entdecken wir Entsprechungen, Gleichklänge und Normverstöße. All diese Einsichten führen zu Anschlusskommunikation und weiterer Abstimmung. Wir reagieren so auf äußere Einflüsse, Trends und Strömungen. Jede Äußerung ist Teil eines kollektiven, alltäglichen Manövers, das soziale Struktur und Flexibilität offenbart. Es gibt Orientierungspunkte (Regeln und Leitfiguren), aber die wesentlichen Entscheidungen werden im Kollektiv getroffen. Dazu erforderlich ist Synchronisation[14], wodurch individuelles Verhalten erkennbar auf das Kollektiv einzahlt und das Gemeinwesen dem Individuum das gewähren kann, was es zum Fortbestand zwingend braucht: Sicherheit vor Isolation und Achtung seiner Würde.

AUFWÄRTS: Was das Stadtgespräch und einen Vogelschwarm verbindet

Dar. 2: Der Schwarm ist der Star (© Hendrik Bogaard)

Menschliches Schwarmverhalten äußert sich über Moden, Techniken und Sprachbilder. Es ist mit einem geflügelten Wort: ›der Zeitgeist‹. Dieser erscheint flüchtig, ist aber greifbar, nämlich in gebauten Umwelten. Die Sinnbilder, die unser Leben kennzeichnen, werden manifest in den Strukturen unsere Städte. Ihre Gebäude, ihre Verbundenheit wie auch ihre Abgrenzung zur Umwelt zeigen menschliche Bedürfnisse, die seit Jahrhunderten unverändert sind.

Städte sind modellierte Gespräche. Daher bilden Modelle die Grundlage für den weiteren Diskurs über das Stadtgespräch – hin zu einem besseren Bewusstsein für eine zeitgemäße Kommunikation und den Einflussmöglichkeiten von kommunalen Entscheidungsträgerinnen und Entscheidungsträgern.

AUFBAU:
Die Logik der Städte

Was macht einen begrenzten Raum zur Stadt? Dazu fünf steckbriefartige Überlegungen:

- Die Stadt manifestiert eine gesellschaftliche Ambition, autonom die Umwelt zu bestimmen.
- Die Stadt ist die Summe aus: Markt + Mauer + Stadtrecht + Kultur.
- Die Stadt ist republikanisch – als *res publica* ist sie Angelegenheit der Öffentlichkeit.
- Die Stadt zivilisiert. Dichte und Austausch erfordern saubere Anlagen: technische (Straßen oder Parks) wie menschliche (Sprache). Verunreinigung führt zu Krankheiten oder Kränkungen.
- Die Stadt verknotet neuronale Punkte im Netzwerk der Gesellschaft – sei es durch technische Bauwerke, Insignien sozialer Macht oder kulturelle Feste.

Hinter diesen Überlegungen steckt die Idee eines Schutzraums, der die Befriedigung menschlicher Bedürfnisse garantiert, der den Austausch von Waren und Gedanken ermöglicht und eine Plattform für Innovation, Darstellung und Aufstieg bietet. Jeder Möglichkeitsraum braucht normative Systeme und Institutionen. Diese sogenannten »soziale Tatsachen«[15] zivilisieren Personen und stabilisieren das Gemeinwesen.

Lokale Gemeinschaften entstehen bereits um 7.000 v. Chr. zwischen der Türkei und Ägypten. Im fruchtbaren Halbmond treiben die herrschenden Eliten Bauern durch Waffengewalt zusammen und bereiten dem nomadischen Leben ein Ende. Sie sichern und weiten ihre Einflusszone. Das ermöglicht der Elite die Umgestaltung der Umwelt. Es ist ein mühsamer, langsamer Prozess. Ihre Dynamik verdankt die Stadt im Wesentlichen der Aufklärung und der anschließenden Industrialisierung. Die Globalisierung, die fortschreitende Beschleunigung und die stete Neuvermessung der Welt beeinflussen die moderne Stadtgestaltung maßgeblich.

Damit starten wir einen Parforceritt durch die Geschichte der Stadt mit dem Ziel, markante Eckpunkte für Metropolen der Zukunft zu benennen. Der oben aufgeführte Steckbrief wird in den folgenden acht Unterkapiteln ausgeführt: Die zur Diskussion gestellten Modelle haben unterschiedliche Baumeister und sind steingewordene Verkleidungen des Zeitgeists. Diese Systematik des Kapitelaufbaus liefert den Schlüssel für ein Bewusstsein, wie Städte soziologisch verfasst sind und woher ihre wirtschaftliche Prosperität rührt. Im Kern geht es um die Frage, wie

Städte die Probleme lösen können, die sie selbst verursachen. Es ist ein iterativer, öffentlicher und diskursiver Wettstreit um die besten Ideen.

Vorhang auf!
Die Stadt und ihre Öffentlichkeiten

Wenn es stimmt, dass »Städte nicht in der Natur des Menschen, aber sehr wohl in seiner Geschichte«[16] liegen, wie der Politikwissenschaftler Benjamin Barber schreibt, muss die Reise zur modernen Stadt auf dem Marktplatz des antiken Griechenlands beginnen: Die Agora schafft Öffentlichkeiten und ist heute noch Referenzpunkt, wenn es um das Ideal einer Stadt geht.

Die griechischen Metropolen bringen »Glanz und Elend, Eilte und Masse, und in alldem Faszination und Schauder« zusammen.[17] Metropolen sind wörtlich Mutterstädte, also Städte, die Kolonien (Tochterstädte) ausgebracht haben. Ihr Gegensatz ist die Provinz. Heute versteht man unter der Metropole den zentralen Ort oder die Hauptstadt. Markenzeichen sind Weltläufigkeit, Urbanität, Anziehungskraft und Ausstrahlung.

Die Stadtstaaten im antiken Griechenland – vor allem Athen und Sparta – sind Motoren der politischen, sozialen und wirtschaftlichen Entwicklung. Sie stehen idealtypisch für eine deliberative Demokratie, also einen zivilisierten Meinungsaustausch, der verbindliche Entscheidungen auf Basis eines öffentlichen Diskurses herbeiführt. Der Ausgangspunkt ist ein »unermüdliches Experiment«, in das die Athener Bürgerschaft »verstrickt war: als Träger von Ämtern, als Träger von Verantwortung. So entstand in der Stadt, deren repräsentative Sphäre den Namen Polis trug, jener Kompetenzbereich, den man seither Politik nennt«, schreibt der Kunsthistoriker Rainer Metzger.[18]

Polis meint ursprünglich die »auf einer Anhöhe befindliche Burg«. Sie hat nicht immer ein städtisches Zentrum (Sparta etwa ist dörflich geprägt) und umfasst oft auch das Umland. Die Polis wird zum Zentrum des Kantons, in dem sie Menschen und Wohlstand konzentriert und ihre Macht über das Umland ausbreitet. Die Sozialstruktur der Polis ist komplex, wesentlich ist der Unterschied zwischen freien Griechen und der Urbevölkerung. Nur erstere genießt das volle Bürgerrecht. In Athen, dem »Muster der höchstentwickelten Polis«[19], leben etwa 200.000 Menschen, 30.000 Männer kommen in den Genuss des Rechts auf Mitgestaltung.

Was Griechen begeistert, ist Auseinandersetzung, Diskurs, ein »vitales Vis-à-Vis von Kontrahenten«. Es geht »nichts ohne Wettbewerb, kein Theater ohne Konkurrenz der Dramatiker, keine Spiele ohne Sieger, und auch der Krieg, den sie in den Schlachtreihen der Phalanx führten, hatte seine sportive Seite«.[20] Er nennt die rhetorischen Diskurse eines Sokrates (»taxiert von einem Publikum«) in einem Atemzug mit den panhellenischen Kampfspielen. Mit ihrem kultisch-sakralen Charakter sichern sie den Landfrieden zwischen den Städten, sorgen für einen sozialen Wettkampf und vermitteln kulturelle Gemeinsamkeit. Berühmtestes Beispiel sind die Olympischen Spiele (776 v. Chr. bis 393 n. Chr.). Die Siegerlisten sind die ersten schriftlichen Zeugnisse des archaischen Griechenlands und dank der Buchstabenschrift auch heute noch interessant. Die Bedeutung der olympischen Spiele in der Neuzeit wird noch thematisiert.

Zugang haben die Griechen zu drei öffentlichen Bereichen: die Nekropolen (Bereich für die Toten), die Orte für die Heiligtümer und die Agora, den Platz der Politik. Die öffentliche Zusammenkunft wird hier zum Ritus. Die Agora als antiker Marktplatz wird etwa 560 v. Chr. von Peisistratos errichtet, dem »Prototyp des volkstümlichen Tyrannen.«[21] Gelegen zwischen der Akropolis und zwei Hügeln finden sich dort Monumente, Denkmäler, Tempel und politisch-funktionale Gebäude. Im Nordwesten findet sich ein Marmorpfosten mit der Inschrift »Ich bin der Grenzstein der Agora«, unweit vom Staatsgefängnis, in dem Sokrates hingerichtet wurde.

Dar. 3: So stellt sich KI (Dall-E) die Agora vor (Februar 2024)

Die Agora ist der Ort für das kulturelle und religiöse Leben der Gemeinschaft. Hier treffen sich »Gleichen unter Gleichen«, so Hannah Arendt. Es ist ein Zusammenkommen auf Augenhöhe, herrschaftsbefreit. Arendt schreibt: »Das Politische, in diesem griechischen Sinne verstanden, ist also um die Freiheit zentriert, (es ist) ein nur von Vielen zu erstellender Raum, in welchem jeder sich unter seinesgleichen bewegt.«[22] Die Griechen sind sich bewusst, dass es neben dem öffentlichen Raum auch einen privaten Bereich des Rückzugs geben muss. Im Haushalt befriedigen Menschen ihre »eigentlichen physisch-natürlichen Bedürfnisse«, so Arendt.[23] Das Private legt den Grund der Ökonomie: Der Haushalt ist im Griechischen oikos.

Privates und öffentliches Leben sind demnach streng zu trennen. Das Private schafft das Refugium und damit den erforderlichen Spielraum für einen Auftritt in der Agora. Dieser Auftritt ist unerlässlich, will man mehr als die Existenz absichern, also etwa Spuren für die Nachwelt hinterlassen. Das Privatleben ›idion‹ hat auch heute keinen guten Beiklang. Denn als Einzelner (idiòtes) lässt sich das Überleben nicht sichern. Dies geht nur über die Zusammenführung der Haushalte in der »Sphäre der Politik«[24] und das ist der öffentliche Raum.

Öffentlichkeit – abgeleitet von *publicus* – ist Gegenbegriff zum Geheimen oder Privaten. Dass Menschen zusammenkommen, ist das »allgemeine Öffentlichkeitsprinzip der Demokratie«, wie es das Bundesverfassungsgericht vorschreibt.[25] Öffentlichkeit zu definieren, gelingt durch die Zusammenführung von sprachlichen, soziologischen und rechtlichen Vorstellungen. Sprachlich ist die Sache einfach. Für den Duden ist Öffentlichkeit der »als Gesamtheit gesehener Bereich von Menschen, in dem etwas allgemein bekannt [geworden] und allen zugänglich ist«[26]. Philosophisch spricht man dort von Öffentlichkeit, »wo Menschen an die Grenzen direkter Beziehungen untereinander stoßen und es notwendig wird, nicht allein dem Eigenen zu trauen, sondern auch mit nicht bekannten Anderen eine Umgangs- und Verkehrsform zu finden.«[27]

Wichtigste Referenz für Fragen, die die Öffentlichkeit betreffen, ist der Philosoph Jürgen Habermas, der die Idee der sichtbaren Sphäre kommunikativen Handelns umrissen hat.[28] Hier verläuft der Diskurs zwanglos, Ziel ist ein rationaler Konsens, Verständigungsprozesse dienen einer einvernehmlichen Koordinierung von Handlungen. Der Austausch von Argumenten zielt perspektivisch auf höhere Einsicht und wirkt integrativ. Der Diskurs ist durch Sitten, Normen und Prinzipien gekennzeichnet wie etwa die Gleichheit aller Teilnehmer – also ein fair verteiltes Recht auf Rede und Aufmerksamkeit des Publikums, die Problematisierbarkeit aller Themen, also die Möglichkeit, jedwede Angelegenheit öffentlich zu verhandeln, und eine Unabgeschlossenheit des Publikums. Wer das Wort ergreift, muss sich verständlich machen können und erhebt letztlich einen Anspruch auf Wahrheit, Wahrhaftigkeit und Richtigkeit – seine Aussagen müssen Entsprechungen in der Wirklichkeit finden.[29] Die Öffentlichkeit wird zur zentralen Legitimationsinstanz der Republik – die Res publica ist eine Herrschaft, die sich des Wandels der Öffentlichkeit bewusst ist und eine fortwährende, egalitäre Debatte einfordert.

Allerdings: Die Öffentlichkeit ist selten ein aufgeschlossener Raum mit unvoreingenommener Beratschlagung und wechselseitiger Anerkennung. Wahrgenommen zu werden, bleibt oft ein frommer Wunsch. Geht er in Erfüllung ist oft kritisches Feedback die Folge. Fraglich scheint, ob eine moderne Gesellschaft in der Arena tatsächlich zu sich selbst finden kann. Denn: Erstens ist die Macht der Aufmerksamkeit durch Traditionen oder Konventionen ungleich verteilt. Durch öffentliche Positionierung machen Menschen sich angreifbar. Sie laufen Gefahr, ihr Gesicht zu verlieren. Es wächst die Angst vor der Meinung anderer Menschen, die der Psychologe Michael Gervais auf die Formel FOPO (*Fear Of People's Opinions*) bringt. Sie kann davon abhalten, individuelles Potenzial auszuschöpfen. Diese Angst sei zu einer irrationalen Obsession geworden, die weitreichende negative Auswirkungen hat. »Indem wir uns immer weniger darauf konzentrieren, was uns einzigartig macht – unsere Talente, Überzeugungen und Werte – und stattdessen versuchen, den Erwartungen anderer zu entsprechen, schränken wir uns ein.«

Gervais Ausführungen erinnern stark an die Forschung von Elisabeth Noelle-Neumann über menschliche Vorsicht, die zu Furcht und einer Schweigespirale führt. Die öffentliche Meinung sei jene, die man ohne Gefahr von Sanktionen öffentlich aussprechen kann. Das macht sie zur vorherrschenden Meinung, die zu beachten ist, weil sie Zuwiderhandeln mit Isolation bedroht.[30] Um die Angst vor den Meinungen anderer zu überwinden, empfiehlt Gervais Selbstbewusstsein. »Wir sollten eine tiefere Verbindung zu unseren inneren Überzeugungen und Werten aufbauen. Ein erster Schritt dazu ist die Entwicklung einer persönlichen Philosophie, die als Kompass für unsere Handlungen, Gedanken und Entscheidungen dient.«[31]

Das kann aber nicht im luftleeren Raum geschehen. Um im öffentlichen Diskurs zu bestehen, ist es vorteilhaft, seine aktuellen Spielregeln zu kennen und zu beherrschen. Tonangebend sind Meinungsführer – die die Politologen Thomas Friemel und Christoph Neuberger als »konstitutive Knotenpunkte der Netzwerköffentlichkeit« bezeichnen. Sie übernehmen Rollen, die weder vorbestimmt noch statisch sind. Öffentliche Kommunikation ist mehr ein »sinnhaftes Handeln, das wechselseitig aufeinander bezogen ist«. Sie befördert Varianz und Dynamik. Weil die Relationen der Knotenpunkte so wichtig sind, hängen ihre kommunikativen Handlungen von einem lokalen, für sie beobachtbaren Umfeld ab. Äußerungen dienen dem Ziel, Aufmerksamkeit zu gewinnen, die Reputation zu pflegen und die Meinungsbildung im Netzwerk zu beeinflussen. Weil die Rollen in einem dynamischen Netzwerk nicht festgelegt sind, ergeben sie sich aus den jeweiligen Handlungen. Der Prozess der öffentlichen Meinungsbildung ist dynamisch, Themen nehmen Karrieren entlang eines volatilen öffentlichen Interesses. Öffentliche Kommunikation entwickelt sich folglich von einem »kontrollierten, periodischen, linearen und abgeschlossenen zu einem offenen, kontinuierlichen, interaktiven und zyklischen Prozess«.[32]

Um zu erkennen, was Karrieren befördert, ist die Textur der Öffentlichkeit zu beschreiben. Sie als Gegensatz des Privatlebens zu begreifen, scheint zu einfach, dient aber als Bezugspunkt, da der Mensch in der arbeitsteiligen Gesellschaft nicht als Selbstversorger durchkommt, sondern auf die Zusammenarbeit, die Akzeptanz und die Wertschätzung anderer angewiesen ist. Anerkennung macht Menschen zum Knotenpunkt im sozialen Netz. Diese hängt ganz wesentlich mit seiner Bekanntheit zusammen, die durch sichtbares, öffentlich wahrnehmbares Handeln erlangt wird. Es geht um Repräsentation, also darum, dass stellvertretend »im Namen von Anderen« und »im Angesicht von Anderen« das Wort ergriffen und gehandelt wird.[33] Das erfordert Sichtbarkeit, die im öffentlichen Raum zu erlangen ist. Dazu gibt es Voraussetzungen, Gesetzmäßigkeiten und Spielregeln. Was öffentlich be- und verhandelt wird, folgt bestimmten Interessen, daher ist auch die Begrifflichkeit »öffentliches Interesse« rechtlich unterlegt. Dabei handelt es sich um einen nicht normativ festgelegten Begriff, sowohl Verwaltungen wie auch die Staatsanwaltschaft können im Einzelfall »öffentliches Interesse« geltend machen. Im Verwaltungsrecht sind damit Belange des Gemeinwohls gemeint, also entweder die Handlungsfähigkeit der Kommunen oder auch schützenswerte Interessen größerer sozialer Gruppen. Wenn es beispielsweise um die Errichtung einer Unterkunft für Geflüchtete geht, können Anwohner schützenswerte private Interessen geltend machen, die Kommunen pochen auf ihre gesetzliche Pflichtaufgabe zur Unterbringung. Was nun überwiegt, liegt im Ermessen des Betrachters, egal ob Journalist oder Richterin.

Ob und was öffentlich verhandelt wird, entscheiden oft die Gesetzmäßigkeiten des Marktes. Sie bilden sich im Übergang zur Moderne heraus, wie der deutsche Soziologe Max Weber zu Beginn des 20. Jahrhunderts anschaulich beschrieben hat.

Marktgängig?
Wie Stadt auf dem Markt zu sich kommt

Städte sind Siedlungen, die an günstigen Lagen entstehen. Etwa an Flussfurten oder Bergpässen, die Anlaufstelle sind für Händler und Reisende. Eine Nutzung als Rast- oder Umschlagsplatz bzw. die Passage ist zu vergüten. Häufig befestigen geistliche oder weltliche Herrscher zusätzlich Orte, die Handwerker für ihren Haushalt nutzen können. Zur Versorgung der Handwerker und zum Austausch mit den durchziehenden Händlern entsteht ein Markt, der rechtliche Privilegien genießt, etwa dass in Nachbardörfern kein Markt eingerichtet werden darf.[34] Privilegien sind nicht nur zu gewähren, sondern auch abzusichern. Daher werden die Siedlungen befestigt und durch Wälle oder Mauern umschlossen. Dass viele Städte heute noch die Burg im Namen tragen, zeugt davon. Im Hoch- und Spätmittelalter erkämpfen sich Städte Freiräume und knüpfen weiträumige Handelsnetze wie etwa die Hanse. Dominiert werden sie von einem Logistikzentrum; eine solche Gateway-City verfügt über einen Zugang zum Meer. Venedig, Genua oder London verbinden ihr Hinterland und die Weltwirtschaft, indem sie Produkte wie Wissen schaffen, bündeln und verteilen.

Dieser historische Schnelldurchgang umreißt die Grundsätze, die Max Weber am Phänomen Stadt ausgeführt hat. Sein Kerngedanke ist: Aufklärung und Fortschritt entstehen durch freien Austausch von Gütern, Waren und Ideen. Dies erfordert eine individuelle Spezialisierung. Für den Einzelnen ist es nur vernünftig, aus einer Nische heraus die Stadtgesellschaft zu bereichern, um von ihr zu profitieren. Die Marktwirtschaft ist Triebkraft einer florierenden, modernen Stadt.[35]

Max Weber weist die These anhand der Struktur und Dynamik der Städte im Mittelalter nach. Die Stadt wandle sich zum Gebilde, das »die Einheit von politischer Souveränität, religiöser Moral und geldvermittelteter Tauschwirtschaft« gewährleiste.[36] Mit seiner kulturvergleichenden Forschung hebt er sich von den ideologischen Debatten zwischen Sozialismus und Konservatismus ab. Als Modernist will er historische Wahrheiten, Gesetzmäßigkeiten und Beziehungen ergründen.[37]

Der »Verband der Stadtgemeinde« formt den Ausgangspunkt der abendländischen Demokratie. Die Urbanisierung erschafft eine Psychostruktur, deren Rationalität sich in der Steigerung von Prozessen, der Beherrschung der inneren und äußeren Natur und der Berechenbarkeit sozialer Handlungsabläufe zeigt. Es geht im Konkreten darum, was Politik im Ganzen ausmacht, also »soziales Handeln, das auf Entscheidungen und Steuerungsmechanismen ausgerichtet ist, die allgemein verbindlich sind und das Zusammenleben von Menschen regeln.«[38] Die Stadtgemeinde wird getragen von einer spezifischen Rechtsordnung. Kernelement ist das Bürgerrecht, geprägt von rationalen und formalen Normen. Das erhebt die Bürger in einen eigenen Stand, stattet sie mit Privilegien und Pflichten aus. Ein »stadtratlicher« Verwaltungsstab konstituiert und stabilisiert die Ordnung nach außen und setzt nach innen den Gehorsam der Bürger durch. Kraft schöpft die Gemeinschaft aus einer religiös kultischen Ordnung: Einem »asketischen Protestantismus«[39]. Die sakrale und bürgerliche Rechtsgleichheit manifestiert sich durch einen Schwur, in dem sich jeder von anderen Zugehörigkeiten lossagt und für eine Selbstermächtigung ausspricht. Dieser Eid macht den Einzelnen zu einem handlungsmächtigen Akteur, der sich bereiterklärt, Teil einer neuen Gemeinschaft zu werden.

Ökonomisch getragen wird die Kommune vom Markt – einer Ordnung, die am Bedarf orientiert ist und durch Tauschbeziehungen, Dynamik und rationales Erwerbsstreben gekennzeichnet ist. Dies sei eine neue Sphäre der Menschheit, weil der Lebensunterhalt individuell zu erwirtschaften sei und nicht mehr aus einer Sippe oder Verwandtschaft erwachse, so Weber.

An die Stelle des Privathaushalts tritt der Markt als ökonomisches Organisationsprinzip, das einen neuen Menschenschlag herausbildet. Der Homo oeconomicus achtet auf Nutzenmaximierung, Zugewinn und Konkurrenzfähigkeit. Der Markt schafft durch Auswahl und Wettbewerb eine neue Form des Miteinanders. Er ist die »unpersönlichste praktische Lebensbeziehung, in welche Menschen miteinander treten können. Nicht, weil der Markt einen Kampf unter den Interessenten einschließt [...]. Sondern, weil er spezifisch sachlich, am Interesse an den Tauschgütern und nur an diesen, orientiert ist. Wo der Markt seiner Eigengesetzlichkeit überlassen ist, kennt er nur Ansehen der Sache, kein Ansehen der Person, keine Brüderlichkeits- und Pietätspflichten.«[40]

Der Markt bietet einen flexibleren Rahmen als feudale, traditionelle oder gottgegebene Strukturen. Durch Tauschen, Feilschen und Konkurrieren entstehen ständig neue Anschlussmöglichkeiten. Etwa auch in Richtung Politiktheorie. Der Nationalökonom Joseph Schumpeter definiert Demokratie als Markt und Methode. Dieser Idee zufolge sind Wahlen und Konsum gleichzusetzen. Schumpeter nutzt die Theorien der Massenpsychologie vom Beginn des 20. Jahrhunderts, um die Parallelen von Politik und ökonomischem Wettbewerb zu verdeutlichen. Der Gemeinwille sei keine feststehende und unabhängige Größe, er entwickle sich mittels eines Rational-Choice-Verfahrens.[41] Seine Ausführungen werden von der aktuellen Wahlforschung aufgegriffen, die den Wochenmarkt zum Anschauungsort der Demokratie erhebt und als Metapher für Beziehungsspiele und Resonanzräume begreift. So schreibt der Politologe Karl-Rudolf Korte in seinem erhellenden Buch dazu: »Marktplätze sind Ausdruck einer Bewegungsdemokratie. Sie enthalten ein Versprechen. Hier existieren Räume der Überschneidung, wo sich sehr unterschiedliche Bürger absichtsvoll oder beiläufig austauschen können – ein sozialer Raum als

Dar. 4: Wie verführerisch, der Naschmarkt in Wien stillt viele Bedürfnisse

Demokratieerlebnis. Idealerweise befriedigt eine derartige öffentliche Infrastruktur auch paradoxe Bedürfnisse wie das Verlangen nach Nähe und Fernsucht zugleich. Es sind Orte des Verweilens ebenso wie des Vorbeilaufens.«[42]

Ähnlich argumentiert auch der Soziologe Richard Sennett. In Anlehnung an Max Weber befindet er, dass die »Offene Stadt«[43] den größten Grad an Individualität und Einzigartigkeit ermögliche. Auch wenn sich die Stadt innerhalb ihrer Grenzen habe entfalten können, zehre der Konflikt zwischen Religion und Wirtschaft sehr an ihr, drohe gar, Gesellschaften zu spalten. Urbanität trägt laut Senett Zeichen des Dualismus: In der Stadt kann man sich aus der Enge althergebrachter Gemeinschaften lösen wie auch der Sehnsucht nachkommen, Gleichgesinnten nahe zu sein.

Damit bemüht Sennett, aufgewachsen in Chicago, die Säulen der Chicago School. Sie zählt zu den wichtigsten Schulen der Stadtsoziologie. Ihr Dreiklang Größe + Dichte + Heterogenität bestimmt die Stadt als Funktionsraum. Eine Stadt wächst auf eine bestimmte Größe, um Menschen aufzunehmen. Die Unterschiede führen zu Heterogenität und die räumlichen Begrenzungen zu Dichte. Die sich daraus ergebenden Wechselspiele zeigen sich idealtypisch in Chicago.

My Kind of Town: Dichte, Größe und Heterogenität in Chicago

Die Chicago School stellt Anfang des 20. Jahrhunderts die Stadtsoziologie vom Kopf auf die Füße. Die Lehrmeister wollen Urbanisierung nicht vom Schreibtisch aus erfassen, sondern sich die »Schuhe dreckig machen«[44]. Sie verbinden Empirie mit Theorie bzw. Analyse mit Deutung. Stadt sehen sie als ständiges Werden und Vergehen. Um den Kreislauf von Zerstören, Planen, Bauen, Zerbrechen, Wiederaufbauen darzustellen, verfassen die Soziologen Biographien, erstellen Fallstudien und betten diese in den Gesamtkontext ein. Individuelle Lebensläufe (Mikroebene) werden relativiert und in Sozialraumkarten (Makroebene) integriert.[45] Die Schule benennt Probleme, Leid und Chancen der Personen, beschreibt zugleich die Möglichkeiten neuer Organisationsformen und Lebenstypen. Dabei sind sie pragmatisch-inspiriert, alteuropäisch motiviert und vom Naturalismus durchdrungen. Ihr Kerngedanke lautet, eine Gesellschaft, die über sich selbst informiert ist, präzisere Möglichkeiten der Sozialplanung hat und den Individuen mehr Freiräume verschaffen kann.[46]

Warum ausgerechnet Chicago? Ernest Burgess und seine Mitstreiter leben und arbeiten in dieser Stadt, die für sie das Reißbrett der Moderne darstellt. In ihren Studien gehen sie weiter als Max Weber. Sie erkennen die Auflösung sozialer Bindungen und konfliktbehaftete Neuorganisationen. Antriebskräfte sind die Wirtschaft und die Migration. Chicago, im Nordosten des Bundesstaates Illinois gelegen, erlebt zwischen 1890 und 1930 einen wahren Boom: Die Einwohnerzahl verdreifacht sich auf 3,3 Millionen Menschen. Chicago gehört damit zu den zehn größten Städten weltweit. Die Zuwanderung aus den USA, Schweden, Polen, Deutschland oder Italien führt zu bunten ethnischen Wohnsiedlungen, gleichzeitig zu Segregation, Rassismus, schroffen Gegensätzen: Chicago wird zugleich zur Welthauptstadt des Jazz – etwa durch Louis Armstrong – als auch zur Kapitale der Kriminalität – Gangster wie Al Capone treiben ihr Unwesen, außerdem erschüttern massive Aufstände die Stadt. Nach einem verheerenden Brand (1871) forciert die Weltausstellung (1893) den Wandel. Sie verleiht Kunst und Architektur einen immensen Schub und steigert das Selbstwertgefühl der Bürgerschaft. Erfindungen wie der Fahrstuhl, der Stahlskelettbau und die Klimaanlage befördern den Bau der ersten Hochhäuser. Wirtschaftlicher Motor ist die Fließbandproduktion der Schlachthöfe. Hier finden 30.000 Menschen Arbeit und Literaten Stoff für Romane[47] und Theaterstücke[48], denn die Ausbeutung der Belegschaft und die hygienischen Umstände sind erschütternd.

Zu den prägenden Figuren der Chicagoer Schule gehören Robert Ezra Park, Ernest Burgess und Louis Wirth. Ihre Studien zeigen, was Städte ansprechend und abstoßend macht, wie Menschen sich ein passendes Umfeld formen und dieses wiederum menschliches Verhalten formt. Ihre Ideen sind weiter aktuell, weil sie urbane Dynamiken beschreiben und diese von ruralen und vormodernen Logiken abgrenzen.

Robert Park arbeitet Ende des 19. Jahrhunderts als Gerichts- und Polizeireporter, studiert in Berlin, u. a. bei Georg Simmel, bereist Europa und kehrt nach Chicago zurück. Für ihn ist Stadt ein ›state of mind‹ – in Referenz an seinen Lehrvater[49] – ein Ort der brüchigen Moderne mit instabilen Gleichgewichten. Park schreibt: »Die Stadt ist ein Körper von Gewohnheiten und Traditionen, sowie von organisierten Einstellungen und Gefühlen, die in dieser Tradition verankert sind. Die Stadt ist also nicht nur ein physischer Mechanismus und eine künstliche Konstruktion. Sie ist ein Produkt der Natur und insbesondere der menschlichen Natur.«[50] Seine Arbeit ist deskriptiv und nicht wertend. Park grenzt sich scharf ab zu den »do-gooders« mit ihren moralisch geprägten Sozialstudien. Fakten, etwa zum Elend von Prostituierten, stellt er kühl zusammen: »Social junk« (gesellschaftlicher Abfall) sei Teil des Fortschritts und gehöre zur Substanz großer Städte.

In der Stadt, so Park, finde sich ein »Mosaik kleiner, benachbarter und doch getrennter Welten, es ist das natürliche Habitat des zivilisierten Menschen«. Die große Welt – mit ihrer internationalen, sich von Herkunft und Ethnie lösenden Ökonomie – verbinde sich hier mit der kleinen Welt des Intimen, Persönlichen und der Tradition. Weiter heißt es bei ihm: »In der Verdichtung zeigt die Stadt das Gute und Schlechte der menschlichen Natur im Überfluss. Vielleicht ist es diese Tatsache, mehr als jede andere, die die Ansicht rechtfertigt, die Stadt sei ein Labor oder eine Klinik, wo die menschliche Natur und die sozialen Prozesse bequem und ertragreich studiert werden können.«[51]

Ernest Burgess ist noch am ehesten ein Berufssoziologe. Sein Verdienst ist es, urbane Austauschprozesse zu modellieren, zu kartographieren und zu operationalisieren. Zusammen mit Park gibt er 1925 das Werk »The City« heraus – das Grundlagenwerk der Chicagoer Schule. Weil An- und Neuordnung ihn faszinieren, zeichnet er Karten über die Typen kultureller, ethnischer und ökonomischer Räume. Daraus erwächst ein »konzentrisches Zonenmodell«, das Ringe um den tonangebenden Geschäfts-, Konsum- und Kulturkern legt, der »Loop« genannt wird mit Bezug auf die Hochbahnschleife. Jedes Segment weist bestimmte soziale und wirtschaftliche Charakteristika auf, die nicht isoliert stehen. Dem Naturalismus folgend zeigt sich hier ein Stoffwechsel (Metabolismus).

Dar. 5: Die ikonische Hochbahn The Loop schlängelt sich durch die Wolkenkratzer in Chicago (© XtravaganT)

Louis Wirth ist besonders für seine griffige Definition von Urbanität bekannt. In seinem einflussreichen Aufsatz »Urbanism as a Way of Life«[52] untersucht er 1938, wie das Leben in Städten die sozialen Beziehungen und die Persönlichkeiten der

Menschen beeinflusst. Wirth argumentiert, dass urbane Lebensräume zu einer charakteristischen Lebensweise führen, die sich durch Diversität, Anonymität und flüchtige Beziehungen auszeichnet.

Merkmale der Urbanisierung sind beschleunigter sozialer und kultureller Wandel. Urbanes Leben kennzeichnet sich durch die Größe, Dichte und Heterogenität der Bevölkerung. Diese Mischung führt zu Norm- und Wertkonflikten, zu Unpersönlichkeit im Umgang, und sie erschwert authentische Kommunikation. Materialismus und Individualismus sind vorherrschend. Die hohe Mobilität innerhalb der urbanen Gesellschaft schwächt lokale Gemeinschaftsbindungen.

Wirth beschreibt deutlich die Differenzen zwischen Land und Stadt. Das Land kennzeichnet sich durch direkten persönlichen Austausch und die Gemeinschaft der »old settler« die Stadt ist geprägt durch formale, mediale Kommunikation und die Individualität der Immigranten. Damit greift Wirth einen Topos auf, den der Soziologe Emilie Durkheim wenig zuvor in Frankreich erkennt und benennt. Städte befreien das Individuum vom »Joch des Kollektivs«. Sie stünden für Freiheit und Emanzipation. Eine moderne Gesellschaft dulde Abweichungen von der Norm, das Dorf verharre hingegen in Einförmigkeit und Homogenität.[53] Die städtische Anonymität konstituiere eine Sphäre freien Handelns und ein Recht auf größere Autonomie. Stadtmenschen seien kultivierter und intelligenter als Bauern, aber auch rastloser und neurotischer. Durkheim meint sogar, Städtern ein größeres und empfindlicheres Gehirn attestieren zu können, »denn man muß sich den Kopf zerbrechen, um die Mittel zu finden, weiterzukämpfen, um neue Spezialisierungen zu finden.« Aus seinem umfassenden Datenmaterial leitet er eine neuartige Krankheit ab, die Neurasthenie – eine »intensive nervöse Aufwallung des Nervensystems.«[54]

Dass Stadtleben an den Nerven zehrt, kann auch im 21. Jahrhundert diagnostiziert werden, gleichfalls das Stadt-Land-Gefälle. Der Journalist Roman Deininger gibt im Interview für dieses Buch zu bedenken[55]: »Die Kluft zwischen Stadt und Land ist durch die erhitzten Großkrisen der vergangenen Jahre eher größer geworden. Das hat materielle und kulturelle Gründe, oft sind es Verlustängste. Die Leute fragen: Kann ich mein Leben auch in Zeiten des Wandels so weiterleben, wie ich es gewohnt bin?« Das sei inzwischen eine zentrale politische Frage in Deutschland. Deininger sagt weiter: »Ich habe den Eindruck, dass das Nervenkostüm angespannt ist: Auf beiden Seiten gibt es eine gewisse Bereitschaft, sich über die anderen lustig zu machen und den jeweils anderen Lebensentwurf als ›großstädtisch‹ oder ›ländlich‹ zu bespötteln. Auf dem Land ist das Verständnis für die Stressfaktoren des Stadtlebens enden wollend. Oft hört man: ›Ihr Münchener steht ja bloß an Ampeln. Ihr verliert so viel Lebenszeit. Ihr zahlt eine irre Miete für eine Wohnung, die eng ist und nur einen Minibalkon hat.‹ Ja, und aus der Stadt hört man: ›Auf dem Land würde ich es nicht aushalten, weil es dort geistig so eng ist. Es fehlt die Buntheit, es fehlt die kulturelle Stimulation.‹ Das klingt vielleicht überzogen, aber das Kulturkämpferische ist leider gerade massiv zu beobachten. Die Politik muss da einen großen Graben überbrücken.«

Gräben zu überwinden und Brücken zu bauen, ist ein Leitmotiv vieler Kampagnen vor Bürgermeisterwahlen. Brücken verbinden Menschen und Orte: Sie sind

Zeichen der Bezwingung wilder Flüsse oder tiefer Täler und weisen den Weg zu neuen Horizonten. Wenn sie gut geplant, massiv gebaut sind und regelmäßige Wartung erfahren, sind Brücken tragender Teil der städtischen Infrastruktur. Fallen sie aus oder ein, sind die Folgen fatal.

Infrastrukturen: Menschliche Anlagen im Hinter- und Untergrund

Zur Überbrückung ist ein grundsätzlicher Gedanke wichtig: Das Wesen der Stadt entsteht außerhalb der Haushalte. Es ist das Leben zwischen Häusern, das Kommune ausmacht. Dieser Gedanke stammt von Jan Gehl, »einer Legende der Stadtplanung«[56]. Berühmt macht ihn der Umbau Kopenhagens zu einer grünen und nachhaltigen Kommune. Gehls Credo ist: »Denkt zuerst an die Menschen, dann an Verkehrswege. Eine gute Stadt ist wie eine gute Party. Die Leute bleiben dort länger als nötig, weil sie sich wohlfühlen.« Die Aktivitäten im öffentlichen Raum teilt er in drei Kategorien ein: Notwendiges, Freiwilliges und Soziales. »Jede Aktivität stellt andere Anforderungen an die physische Umgebung.«[57] Anders formuliert: Die Physis einer Stadt formt die Infrastruktur und die wiederum formt die Menschen. Und um diese Formungen soll es nun gehen.[58]

Infrastrukturen sind weit mehr als Brücken, Tunnel oder Straßen. Sie sind Visionen des Ermöglichens, realisierte Träume, angefertigte Innovativen. Infrastrukturen bilden ein dichtes, verwobenes Netz, das dynamisch, systemisch und zerbrechlich ist. Der Historiker Dirk van Laak nennt sie die »Lebensadern unserer Gesellschaft«.[59] Er erklärt Infrastrukturen als »gebaute Umwelten, in denen sich Menschen routiniert, fast intuitiv und wie in einer zweiten Natur bewegen, auf die sie zugleich in hohen Maßen angewiesen sind.«[60] Die Netzwerke der Ver- und Entsorgung, der Kommunikation, des Verkehrs und der Energie sind Fließräume, die sich so tief in unseren Alltag eingeschrieben haben, dass ihre Benutzung unterbewusst erfolgt. Bildlich gesprochen sorgen sie für den städtischen Stoffwechsel, also die persönliche und gesellschaftliche Versorgung mit Nährstoffen und die Entsorgung von Reststoffen.

Infrastrukturen »codieren in diesem Sinne menschliche Handlungen, den Habitus, das Wissen, sie bilden die Basis für kulturelle Praktiken, für soziale Organisation, Kommunikation und Information [...]. Als säkularer Prozess der Vernetzung (sorgen sie) für den Anschluss an die Moderne.«[61] Denn sie setzen Räume in Wert, ermächtigen die Nutzenden, strukturieren Gesellschaften und sind materialisiertes Gemeinwohl.

Die technischen Handlungsgeflechte zeigen sich in Städten dreifarbig:

- *Graue* Infrastruktur umfasst rein technische, gebaute Elemente (Straßen, Schienen, Wasserleitungen, Kabel und Trassen).
- Grüne Infrastruktur umfasst natürliche und naturnahe Flächen. Gemeint sind weniger einfache Grünflächen, sondern eher ihre Ökosystemleistungen: der

Nutzwert der Pflanzen, die Bereitstellung von Nahrung, die Aufnahme von Kohlendioxid, der Schutz vor Überflutungen oder die Möglichkeit zur Naherholung.
- Blaue Infrastruktur umfasst alle unter- und oberirdischen Wasserflächen. Dies ist im Zuge der Klimaerhitzung bedeutsam, da Wasserspiele ihre Umgebung spürbar kühlen. Und Trinkbrunnen sind im Sommer eine wichtige Anlaufstelle.

Neben diesen greifbaren gibt es abstraktere menschliche Verflechtungen:

- *Soziale* Infrastruktur: Sie umfasst Kitas, Schulen, Sportplätze, Freizeit-, Betreuungs- und Begegnungsorte. Soziale Einrichtungen sind zentrale Bestandteile der Lebensqualität.
- *Virtuelle* Infrastruktur: Auch Informationen folgen Intrastrukturen. Umfang und Geschwindigkeit des Wissensaustauschs bestimmen »Algorithmen, Digitalität und das Internet«.[62] Der Soziologe Andreas Reckwitz argumentiert, dass sie durch ihren »instrumentellen Stellenwert (an) der Etablierung einer globalen Kulturmaschine« mitwirken. Die neuen Technologien bilden – vereinfacht gesagt – vernetzte Plattformen, die einer Agora im virtuellen Raum entsprechen.
- *Mentale* Infrastrukturen: Die menschlichen Anlagen – also Intelligenz, Sprache, angeborenes oder erlerntes Verhalten – ergänzen die materiellen und institutionellen Infrastrukturen. »Die institutionellen Infrastrukturen regulieren das Wachstum, die materiellen manifestieren es, die mentalen übersetzen es in die lebensweltliche Praxis«, argumentiert der Soziologe Harald Welzer.[63]
- *Kognitive* Infrastrukturen: Sie umfassen Tatsachen, die als Faktenwissen kollektiv anerkannt und als Regelwerke institutionalisiert sind.[64] Hinzu kommen Traditionen, Konventionen oder Routinen, die nicht immer wieder neu hinterfragt werden.
- *Diskursive* Infrastrukturen: Sie umfassen Räume, Medien oder Plattformen, die den Austausch von Ideen und Informationen fördern – idealtypisch mit dem Ziel, gemeinsames Verständnis zu erreichen. Der Politologe André Bächtiger zieht diesen Vergleich: »Wenn auf dem Land ein Bahnhof geschlossen wird, fühlen sich – und sind es auch – die Menschen abgehängt. Ähnlich ist es mit der Information und damit Debatte: Wenn es nicht mal eine ordentliche Lokalzeitung gibt, verstärkt auch das das Gefühl, abgehängt zu sein.«[65]

Infrastrukturen sind wachsende Konstrukte. Sie müssen geschaffen, gestaltet und gepflegt werden. Dies ist Aufgabe der öffentlichen Hand. Ihre Bereitstellung muss politisch vereinbart und finanziert werden. Abzustimmen sind die Operationsweise und die Verhaltensstandards für Bertreiber, Regulierer und Nutzer und wie die »Verfahren, durch die diese Regeln in verbindliches Recht (z. B. Sanktionen) umgesetzt und für die tägliche Praxis konkretisiert werden«.[66]

Da Infrastrukturen Teil der Daseinsvorsorge und damit ein öffentliches Gut sind, hat prinzipiell jeder Zugang. Wer sie nutzt, unterwirft sich ihrer Logik und da nichts im Leben kostenlos ist, ist die Benutzung kostspielig. Im öffentlichen Raum

Mehr als ein Gedankenspiel? Städte und ihre Eigenlogik

Dar. 6: Infrastrukturen rücken ins Bewusstsein, wenn sie fehlen: Hier wird Rosensteinbrücke über den Neckar »ertüchtigt« (Fotograf: Thomas Hörner; © Tiefbauamt der Stadt Stuttgart)

wird der Verschleiß durch Steuern, Maut oder Gebühren ausgeglichen. Im privatwirtschaftlichen Sektor werden die Spuren der Nutzung in Spuren aus Daten verwandelt, die von Plattformen zu Marketingzwecken umgemünzt werden.

Geballt finden sich Infrastrukturen in Städten – und zwar technischer und sozialer Art. Hier konzentriert sich politische, soziale und ökonomische Macht. Deswegen sind Infrastrukturen mehr als Artefakte – sie sind städtische Kommunikation: Als Ausdruck von Notwendigkeiten, die planerisch erkannt, politisch beschlossen und substantiell genutzt worden sind.

Die Gemeinschaft verwirklicht sich in und mit Infrastrukturen. Sie organisieren Zusammenleben, definieren Alltag, differenzieren persönliches und individuelles Weiterkommen. Jede Stadt arrangiert das »Leben zwischen den Häusern« auf ihre Art, sie schafft sich eigene Infrastrukturen, die dann eine eigene Logik entfalten.

Mehr als ein Gedankenspiel?
Städte und ihre Eigenlogik

Eine neue Perspektive liefert neue Einblicke. Die Betrachtung aus dem All[67] zeigt, wie verwoben städtische Infrastrukturen sind, wie zentrale Punkte geschützt werden, Offenheit erzeugt und Abgrenzung gewahrt wird. Urbane Ballungszentren erinnern stark an menschliche Nervensysteme.

Wandelt man durch die Stadt und hat die Analogie des Organismus im Sinn, sieht man funktionale Ausprägungen wie Orts- und Verkehrsschilder, Rathäuser, Kirchen, Parks, Denkmäler mit anderen Augen. Jedes Gebäude, jedes Artefakt ist für

Dar. 7: München bei Nacht (© Deutsches Zentrum für Luft- und Raumfahrt)

sich bedeutsam und kann über seine Funktionen im System erschlossen werden. Was die Chicago School soziologisch anspricht, kann auch metaphysisch ausgelegt werden: Städte weisen menschliche Züge auf.

Wir personifizieren Städte bereits sprachlich: Die Gründer werden zu »Stadtvätern« stilisiert, der Oberbürgermeister ist das »Oberhaupt« und der Gemeinderat das »Hauptorgan« der Verwaltung. Mehr noch: Ein Wiener Neubaugebiet nennt sich »Stadt mit Herz und Hirn, in der das ganze Leben Platz hat«[68], Parks bilden »die grüne Lunge der Stadt«[69] und Bremerhaven bietet eine Reise zur »Seele« der Stadt an.[70]

Wenn der Stadt eine Seele zugeschrieben wird, dann hat sie vielleicht sogar eine eigene DNA. Stadtplaner haben sich Anfang des 21. Jahrhunderts auf Spurensuche gemacht und dazu hundert Städte auf den »Röntgentisch« gelegt. Die entwickelten Schwarzpläne machen – ähnlich dem eingangs gezeigten Blick aus dem All – beeindruckende Strukturen kenntlich.[71] So lässt sich »ablesen, wie die Geschichte der Stadt mitgespielt hat. Was sie aufblühen ließ, welche Wunden sie davontrug und wo das nächste Kreativ-Quartier entsteht.« Vereinheitlichung und Vereinfachung machen urbane Strukturen offenkundig, gerade weil ein städtebauliches Baukastensystem zu Tage tritt: Plätze für Markttätigkeit oder Versammlungen, breite Straßen, wenn das Militär sie für Paraden brauchte, Befestigungen, Gemeindezentren oder Schulbauten. Die Forscher meinen: »Diese Stadtbausteine sind die Vokabeln des Städtebaus. Sie zu kennen, heißt die Sprache der Stadt verstehen lernen.«

Diese Sprache ist auch in anderer Verkleidung wieder erkennbar, wie eine Promotion zeigt, die im gleichen Jahr erschienen ist. »Kleider machen Städte« heißt die Arbeit. Kristina Siekermann hat sich 2014 in Frankfurt und München umgesehen und kommt zu dem Schluss, »dass die jeweiligen modischen Besonderheiten an das Selbstverständnis der Stadt anknüpfen: So präsentiert sich der Frankfurter Modestil als schlicht, modern und konzipiert für beruflich erfolgreiche Frauen und Männer. Er ist weder auffällig noch schrill, sodass er sich in das Bild der modernen Arbeitswelt Frankfurts einfügt. [...] In München hingegen, wo Kontinuität und ›Gemütswerten‹ ein hoher Stellenwert beigemessen wird und wo man der Freizeit neben der Arbeit eine besondere Relevanz einräumt, versucht die Mode ebenfalls, diese Elemente mit einem Brückenschlag zu vereinen: Sportlich-elegante Mode, gerne mit (prächtigen) Trachtenelementen, und weniger ›reine‹ Businessmode prägt das lokale Bild.«[72] Nebenbei bemerkt: Heute – also zehn Jahre später – würde man wohl eher bemerken, wie Menschen ihre Haut zu Markte tragen. Tätowierungen mögen von der Trägerin oder vom Träger als individuell empfunden werden. Sie lassen sich zu gesellschaftlichen Mustern aufrechnen, da sie persönliche Spezialisierungen zur Schau stellen.

Siekermanns Arbeit fügt sich in die Idee der Eigenlogik der Städte ein – ein Modell, das wissenschaftlich auslegen will, dass Städte unterschiedlich »ticken«. Eigenlogik ist dabei ein Behelfsbegriff, der sich »im unhinterfragten, intuitiven Handeln« zeigt, wie Siekermann ihr Forschungsfeld mit Anspielungen auf die Chicagoer Schule umreißt.[73]

Entwickelt hat die Idee der Eigenlogik die Soziologin Martina Löw. Sie sieht in Städten »regelgeleitete, routinisierte und über symbolische wie auch materielle Ressourcen stabilisierte Handlungsformen«. Daher sind Eigenlogiken »vor Ort eingespielte, zumeist stillschweigend wirksame Prozesse der Sinnkonstitution«. Diese Strukturen »weben sich in die für die Lebenspraxis konstitutiven Gegenstände hinein, in den menschlichen Körper, in die Materialität der Wohnungen, Straßen, Zentrumsbildung, in die kulturelle Praxis, in die Redeweisen, in die emotionale Besetzung einer Stadt, in die politische Praxis, die wirtschaftliche Potenz, in die Marketingstrategien und so weiter«. Sie durchziehen »die Stadt wie ein Rückgrat in allen sozialen Gruppen und in der Organisation des öffentlichen Lebens«.[74]

Der Ethnologe Rolf Lindner geht noch weiter und bezeichnet Städte als »offen oder verschlossen, mondän oder ordinär, bieder oder prahlerisch, [...] ernst oder spielerisch«.[75] Ihre Biografie präge sie und lasse Routinen und Konventionen erkennen. Das menschliche Habitat und der urbane Habitus verstärkten sich wechselseitig. Das Habitat definiert der Soziologe Pierre Bourdieu als »Spiel-Raum«, gemeinhin das soziale Geschehen, dessen Feld und Regeln von den Spielern intuitiv erfasst und umgesetzt werden. Ihr Habitus ist ein Produkt der praktischen Erfahrungen, der gesellschaftlichen Positionierung und der daraus folgenden sozialen Beziehungen.[76] Lindner deutet den Habitus als »Gewordenes, das das Handeln nach der Kausalität des Wahrscheinlichen leitet, indem es etwas auf Grund von Geschmack, Neigungen und Vorlieben, kurz: Dispositionen, nahelegt.« Eine anthropologische Betrachtung sei zulässig, weil Städte in ihrer singulären Beschaffenheit eben mehr seien als die Ansammlung von Menschen und Gebäuden und der dazu gehörenden Infrastruktur. Sie seien eine Sinnesart, ein Ensemble von Gewohnheiten und Traditionen und von verfestigten Einstellungen und Gefühlen, die sich in Gewohnheiten niederschlagen.

Diese Argumentation kann sich auf christlich-soziale Wurzeln berufen. Paulus referiert in einem Brief über die Gemeinsamkeiten von Christus, Körpern und Gemeinschaften – allesamt bildeten eine »Einheit aus vielen Gliedern [...] Wenn der Fuß sagt: Ich bin keine Hand, ich gehöre nicht zum Leib!, so gehört er doch zum Leib [...]. Wenn der ganze Leib nur Auge wäre, wo bliebe dann das Gehör? Wenn er nur Gehör wäre, wo bliebe dann der Geruchssinn? [...] Nun aber hat Gott jedes einzelne Glied so in den Leib eingefügt, wie es seiner Absicht entsprach [...]. (G)erade die schwächer scheinenden Glieder des Leibes sind unentbehrlich. [...] Wenn darum ein Glied leidet, leiden alle Glieder mit; wenn ein Glied geehrt wird, freuen sich alle anderen mit ihm.«[77]

Was so fundiert und in Teilen dogmatisch daherkommt, bleibt nicht unwidersprochen. Der Stadtforscher Norbert Gerstring hält die These für nicht plausibel, weil sie »die sozial-räumlichen Differenzen innerhalb von Städten ausblendet, ein einseitiges Verständnis der Relation Raum [...] und Handeln impliziert.«[78] Eine Logik für eine ganze Stadt sei unpraktikabel. Dazu das Beispiel Köln: Die Bezirke Chorweiler, Rodenkirchen oder Porz sind demographisch, ökonomisch oder topographisch höchst unterschiedlich, was auch weniger Ortskundige schon durch die Ausdifferenzierung der 16 Stadtteile von Porz ersehen können.

Auch der Ethnolohe Jens Wietschorke fragt, ob der Ansatz »weniger ein Fall für die Wissenschaft als viel mehr für schöngeistige Magazine und Städtebände (oder einfach) das Stadtmarketing« ist. Als Antwort erinnert er an Beobachtungen des Romanciers Joseph Roth: »Es ist eine große Vermessenheit, Städte beschreiben zu wollen. Städte haben viele Gesichter, viele Launen, tausend Richtungen, bunte Ziele, düstere Geheimnisse, heitere Geheimnisse. Städte verbergen viel und offenbaren viel, jede ist eine Einheit, jede eine Vielheit, jede hat mehr Zeit als ein Berichterstatter, als ein Mensch, als eine Gruppe, als eine Nation«.[79] Dennoch sei die Frage erlaubt, wie berechenbar Städte und ihre Bürgerschaft sind. Georg Simmel zählt bereits 1903 Berechenbarkeit zum städtischen »Geisteslebens«: Der Großstädter pflege »verstandesgemäße« Beziehungen, die »mit den Menschen wie mit Zahlen rechnen, wie mit an sich gleichgültigen Elementen, die nur nach ihrer objektiv abwägbaren Leistung ein Interesse haben. (Damit wird) alle Qualität und Eigenart auf die Frage nach dem bloßen Wieviel nivelliert.«[80]

Wieviel Berechenbarkeit ist für das Stadtgespräch möglich und nötig? Wenn Zahlen Beweise ohne Worte sind und Daten ein Schatz, der zu heben ist, dann werfen wir doch einfach einen Blick ins Reich der Mathematik.

Vermessen?
Planen nach Zahlen

Was Tulpen für das 17. Jahrhundert, Kohle für das 18. Jahrhundert, Gold für das 19. Jahrhundert, Öl für das 20. Jahrhundert bedeuten – das sind Daten für das 21. Jahrhundert. Wir leben vermeintlich in einer Zeit des Dataismus – dieser Philosophie zufolge »besteht das Universum aus Datenströmen, und der Wert jedes Phänomens oder jedes Wesens bemisst sich nach seinem bzw. ihrem Beitrag zur Datenverarbeitung«.[81]

Die Berechenbarkeit von Daten und ihre globale Anwendbarkeit machen sie zur Leitwährung der Digitalisierung. Weil Menschen und Maschinen mittlerweile riesige

Mengen an Daten sammeln und mittels Künstlicher Intelligenz zum Sprechen bringen können, meint man fast: Alles, was gemessen werden kann, sollte gemessen werden. Daten sind in diesem Verständnis eine zuverlässige Linse, die Emotionalität und Ideologie herausfiltern und die Zukunft wertneutral vorhersagen. Sie sind der »Heilige Gral«[82], der alle wissenschaftlichen Disziplinen vereint.

Daten haben besondere Qualitäten: Sie sind präzise, eindeutig und scheinbar neutral. Sie codieren und normieren, sie setzen Wertigkeit fest und ermöglichen Vergleichbarkeit: Zwischen Selbst- und Fremdbild sowie zwischen Status und Optimum. Ihre Auswertung inszeniert einen Wettbewerb zwischen Städten. Im Rahmen der Aufmerksamkeitsökonomie betreiben Umfragen und Studien Inventur. Sie sind Gradmesser der Wettbewerbsfähigkeit und der Reputation. Dies ist an drei Ansätzen mit unterschiedlicher Validität zu zeigen. Außerdem können Städte mithilfe von Daten über sich hinauswachsen und im virtuellen Raum als Zwilling entstehen.

Alles, was zählt, sind Daten? Der neue Taktgeber ist der Algorithmus? Steile Thesen, vielleicht sogar vermessen. Fakt ist: Daten wohnt eine immense Transformationskraft inne, weil sie Ungleichheiten aufzeigen können. Allein dieser Gedanke macht verständlich, dass es sich bei Daten um Werte handelt. Werte sind sozial verfasst und nicht objektiv erfassbar. Das Bewerten, das Entziffern von Daten, der Erkenntnisgewinn für den Alltag, das erfordert humane und soziale Intelligenz. Es liegt immer am Menschen, welche Daten gesammelt, aufbereitet und gedeutet werden. Kurzum: Wie Empirie mit Leben gefüllt wird. Dies zeigt sich in Städten und ihren Abbildern.

Auf Märkten strukturieren Preissignale den Wettbewerb. Nun hat das Stadtleben fraglos seinen Preis, der aber nur bedingt zu quantifizieren ist. Quantifizieren ist eine Übersetzungsleistung: Phänomene oder Beschaffenheiten sind in die anschlussfähige Sprache der Zahlen zu transferieren. Dies verwandelt komplexe Umwelten in Standards und ordnet eindeutig in kleiner oder größer. Hinzu kommt: »Indikatorisierung, Dokumentation, Evidenzbasierung und Transparenz sind mächtige Hebel der politischen Steuerung, die viele Akteure für sich zu nutzen wissen. Die mit ihnen verbundenen Interessen sind so vielfältig wie die Kontexte des Einsatzes und der neuen Infrastrukturen der Datenerfassung und des Monitorings selbst«, wie der Soziologe Steffen Mau kritisch anmerkt. Er mahnt: »Der magischen Kraft der Zahlen und des Vergleichs kann sich niemand so einfach entziehen.«[83]

Diese Magie zeigt sich in der Wucht, die Studien in den Medien hinterlassen. Allen voran die Untersuchung zur Lebensqualität der englischen Wochenzeitschrift Economist. Ihr jährliches Ranking findet weltweit Beachtung bei Medien, Politik und in der Stadtplanung. Die Studie quantifiziert die Lebensbedingungen in 173 Städten auf fünf Kontinenten. Untersucht werden 30 Faktoren in den Bereichen: Stabilität und öffentliche Sicherheit, Gesundheitsversorgung, Kultur- und Unterhaltungsangebote, Umwelt, Bildung und Infrastruktur. Im Ergebnis zählen Wien, Kopenhagen, Melbourne und Sydney, Vancouver oder Zürich zu den attraktivsten Städten. Insgesamt hätten sich 2023 die Lebensbedingungen in Städten weltweit verbessert, die Corona-Pandemie scheine überwunden. Der Index deutet auch an, dass das Leben in den Städten besser sei als jemals zuvor.[84]

Der Zukunftsindex des Wirtschaftsforschungsinstitut Prognos[85] folgt einem anderen Rhythmus und hat einen anderen Fokus: Alle drei Jahre legen Forschende einen »Zukunftsatlas« vor, der anhand von 29 makro- und sozioökonomischen Indikatoren die Perspektiven der Regionen ausweist. Dazu gehören die Bevölkerungsentwicklung, die Schulabbrecherquote oder die Kaufkraft. Zu jedem Indikator liegen Daten für alle 400 Kreise und kreisfreien Städte in Deutschland vor. Diese Daten fließen in die Berechnung eines Indexwertes ein. Der Zukunftsindex soll Aussichten aller Regionen vergleichbar machen. Aktuell werden Erlangen die besten Zukunftsaussichten zugeschrieben. Die mittelfränkische Kleinstadt entthront 2022 sogar den Seriensieger München. Die Forschenden vermuten gar ein »Comeback der Provinz« und nennen dafür vier Faktoren: In Erlangen findet sich der weltgrößte Unternehmensstandort von Siemens, eine starke Uni, sehr viele Ansiedlungen in forschungsstarken Branchen wie der Medizintechnik. Zudem sei die Metropolregion Nürnberg, von der Erlangen ein Teil ist, mit 3,5 Millionen Einwohnern München ebenbürtig.

Solche medienwirksamen Studien lassen sich auch mit einem persönlichen Blick lesen: Wo finde ich Arbeit und geordnete Verhältnisse? Wo kann ich eine Familie gründen? Wo finde ich Unterhaltung? Die Studien wollen auch Standortberatung für Unternehmen sein: Wo kann ich sicher einen Standort bauen und finde zufriedene Mitarbeitende? Darüber hinaus sind sie auch kommunalpolitisch relevant, weil sie Meilensteine der Standortentwicklung bestimmen und für Vergleichbarkeit sorgen.

Spannend ist, dass das System Stadt und seine Subsysteme beobachtet und deren Wohlergehen untersucht wird. Wie es um das System und das Umfeld in der Landeshauptstadt Baden-Württembergs bestellt ist, zeigt die Stuttgart-Umfrage seit fast 30 Jahren. Aktuell sagen 76 Prozent von sich, dass sie gern in Stuttgart wohnen. Gründe für die Zufriedenheit liegen in den Möglichkeiten zum Arbeiten, Studieren und Einkaufen sowie in einer zuverlässigen Beseitigung des Abfalls und dem kulturellen Angebot. Weniger zufrieden sind die Befragten mit den Parkmöglichkeiten, der Situation für Fahrradfahrende, der Ladeinfrastruktur für Elektrofahrzeuge und dem Wohnungsangebot in der Stadt.[86]

In einzelnen Bereichen hat die Zufriedenheit merklich gelitten, so etwa bei der ärztlichen Versorgung, der öffentlichen Sicherheit, der Versorgung mit Alten- und Pflegeheimen, der Arbeit der Stadtverwaltung oder dem Angebot an Kindergärten. Die Studie wirft auch einen Blick in die Zukunft: Die Befragten wünschen sich mehrheitlich, dass ihre Stadt in der Zukunft mit anderen Eigenschaften in Verbindung gebracht wird, etwa: »Klimabewusst und nachhaltig«, »Grün und erholsam« sowie »Sozial und gerecht«.

Solche Zahlen, Daten und Fakten liefern wichtige Impulse zur kommunalen Selbstverwaltung. Statistiken fassen große Mengen an Informationen zusammen, machen Trends sichtbar und lassen von Beobachtung auf abstrakte Muster schließen. Statistiken tragen so zur politischen Meinungsbildung bei. Sie können Thesen empirisch stützen oder widerlegen. Oder noch wichtiger: Die Wirksamkeit von Maßnahmen stichhaltig auf Effektivität, Gültigkeit und Akzeptanz auswerten.

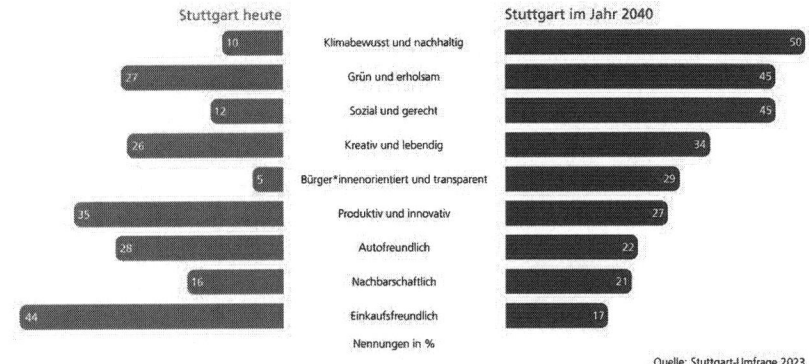

Dar. 8: Stuttgart heute und morgen in der Vorstellung der Bürgerschaft

Daten sind ein Treibstoff der politischen Debatte, etwa als Pulsmesser städtischer Entwicklung. Einige Kommunen zeigen dies auf Smart City Dashboards. Braunschweig hat zum Beispiel solch ein Armaturenbrett.[87] Gemessen werden Wetterdaten, die Pegelstände der beiden Flüsse, die Frequenz des Rad- und Fußverkehrs, der Verkehrsfluss, die Belegung von Parkhäusern oder die Luftqualität an »smarten Mooswände«. Solche Dashboards sind Plattformen, die detailliert und fortlaufend Informationen über die sich ändernden Realitäten einer Stadt bieten. Die Vermessung der Stadt geht noch viel weiter und führt in eine neue Dimension: Städte entstehen ein zweites Mal, nicht statisch am Reißbrett, sondern dynamisch im virtuellen Raum: Als »Digitale Zwillinge«[88] tauchen sie im Metaverse auf. Dieses Spiegelbild repräsentiert reale Objekte, Prozesse oder Systeme. Die Zwillinge »integrieren urbane Daten aus verschiedenen Quellen, erstellen Modelle für Simulation und Echtzeitmonitoring und dienen der Vorhersage und Gesamtsteuerung«, schreibt die Verwaltungsexpertin Sophia Weß. Sie sieht den Mehrwert »in verbesserter Entscheidungsfindung durch Test und Veranschaulichung von Politikvorschlägen, ressortübergreifendem Arbeiten und der Einbeziehung städtischer Akteure sowie der Zivilgesellschaft.«[89]

Durch das Füttern mit Daten steht die virtuelle Stadt im ständigen Austausch mit ihrem realen Pendant. Dies macht, teilweise ergänzt durch maschinelles Lernen und KI, einen Blick in die Zukunft möglich: Der Verkehrsfluss kann im Voraus berechnet, das Umweltmanagement modelliert oder die Wartung der Infrastruktur (egal ob im Tief- oder im Hochbau) prognostiziert werden. Das Fraunhofer-Institut benennt als Vorteile: »Erhöhte Ressourceneffizienz, Echtzeit-Monitoring, Verbessertes Risikomanagement, Verbesserte Entscheidungsfindung, Verbesserte Kollaborationsmöglichkeiten, Ermöglichung neuartiger Geschäftsmodelle«.[90] Etwas pathetisch wird daraus gefolgert: »Die Potentiale von Digitalen Zwillingen für Städte sind gigantisch. Wir benötigen mutige Kommunen, die den praktischen Nutzen für Deutschland aufzeigen.« Konkreter benennt Weß als Potentiale: »Simulationen von Verschattungseffekten, integriertes Flächenmanagement durch automatisiert identifizierte

Nachverdichtungspotenziale und dank Gebäude- sowie Verkehrssimulationen die Analyse von Auswirkungen auf Luftqualität oder Lärmentwicklung.«[91]

In München[92] kann man sich schon ein Bild von der Parallelstadt machen. »Der Digitale Zwilling ist das digitale Herzstück der Zukunftsstadt München. Damit kann den Herausforderungen der Smart City München mit innovativen Lösungen begegnet werden«, verspricht die bayrische Landeshauptstadt.[93] Grundlage sind detaillierte Geodaten, dazu kommen Daten aus der Stadtverwaltung, von den Stadtwerke sowie der Münchner Verkehrsgesellschaft und Echtzeitdaten wie Wetter, Lärm- oder Luftschadstoffmessungen sowie Verkehrsmengen. So erhofft sich die Stadt, umfangreiche »Was-Wäre-Wenn-Szenarien« zu simulieren, etwa bei den Herausforderungen des Klimaschutzes, urbaner Mobilität oder für innovative Ansätze der Stadtentwicklung.

Dar. 9: Doppelt so schön – der digitale Zwilling vereint Bits und Beton (© YouraPechkin)

Zahlreiche Städte experimentieren mit Geodaten. So soll in Köln die Verbindung zwischen der linken und rechten Rheinseite optimiert werden. Mit Hilfe eines digitalen Modells der Rheinbrücke sind unterschiedliche Varianten und deren Auswirkungen auf den Gesamtverkehr analysiert worden. Koblenz nutzt ein digitales Modell zur Sanierung des Denkmals am Deutschen Eck, es kombiniert terrestrische Laserscans und Drohnenaufnahmen. In Bremen visualisiert ein Programm in Planung befindliche Bauprojekte. Augmented Reality bietet dort neue Möglichkeiten der Bürgerbeteiligung. Leipzig setzt Daten aus Drohnenflügen in Flurbereinigungsverfahren ein. Das digitale Stadtlexikon Stuttgart lässt Geschichte im virtuellen Raum ablaufen. Es verortet seine Artikel geografisch auf aktuellen, historischen und thematischen Karten und illustriert sie mit Fotos, Gemälden, Grafiken und Texten aus dem Stadtarchiv.[94]

Immer mehr Städte nutzen Spielräume der virtuellen Realität als Ausweitung und Neujustierung der gebauten Wirklichkeit. Solche Modellierungen sollen zwar Komplexität reduzieren und Entscheidungsfindung erleichtern – dennoch sind sie ungemein anspruchsvoll und verlangen intensive Pflege und viel Sachverstand. Kein Zweifel: Die datengetriebene, virtuelle Realität entwickelt sich zum zentralen Spielfeld der Kommunalpolitik. Sie wird die Stadtplanung bereichern, wenn sie gemeinwohlorientiert angewandt wird. Dass Städte Gemeinwohl schaffen und erhalten, gehört zur idealtypischen Vorstellung eines Gemeinwesens. Was Gemeinwohl ausmacht, wie es auszulegen und zu pflegen ist, das handelt die Kommunalpolitik aus und tariert dabei liberale, soziale und konservative Werte aus. Wer diese Denkschulen im Stadtgespräch wiedererkennt, kann leichter wirkungsvolle Akzente setzen.

Zum Wohl!
Das Gemeinwohl der Städte

Freiheitliche Demokratie gründet auf einem Verständnis für Gemeinwohl, das gesellschaftlich anschlussfähig ist. Wenn wir mit Aristoteles davon ausgehen, dass der Mensch »von Natur auf die staatliche Gemeinschaft hin angelegt ist«, braucht Gemeinschaft Zweckbestimmung und individuelles Engagement, etwa nach seinem Motto: »Das politisch Gute ist das Gerechte, und dieses ist das, was der Allgemeinheit zuträglich ist.«[95]

Staatliche Wohlfahrt steht allen offen. Sie umfasst Maßnahmen sozialer, materieller und kultureller Art. Nur Autokraten haben die Weisheit gepachtet, über das Gemeinwohl zu verfügen. Pluralistische offene Gesellschaften müssen Interventionen stets aufs Neue abwägen. Dazu wägen sie partikulare Interessen und gesellschaftliche Ziele. Politisch gibt es nicht einen goldenen Pfad, auch die Wissenschaft zeichnet ein differenziertes Bild. Die grundlegende Auslegung von Wohlfahrt nimmt zwar Staaten in den Blick, lässt sich aber auch gut auf Städte anwenden. Der dänische Soziologe Gøsta Esping-Andersen definiert Wohlfahrt: liberal, konservativ und sozialdemokratisch.

Esping-Andersen untersucht die Logik und das Verhältnis von Staat und Markt bei der Bereitstellung sozialer Leistungen. Er differenziert zwischen der Art und Qualität der Leistungen und auch, wie sich die Sozialpolitik auf die politische Machtverteilung auswirkt.[96] Das liberale Modell geht einher mit limitierten Sozialleistungen, strengen Anspruchsvoraussetzungen und der Ermunterung privater Wohlfahrt. Das sozialdemokratische Modell umfasst universale Leistungen des Staats, betont Gleichheit der Standards und identische Rechte für Arbeitgebende, Arbeitnehmende und Beamte. Die konservativ-korporatistische Variante konzentriert sich auf den Erhalt von traditionellen familiären oder gesellschaftlichen

Strukturen und verleiht Betriebs- und Privatleistungen eine nachrangige Rolle. Wie konkret sieht eine »Wohlfahrt-Stadt« nach diesen Varianten aus?

Liberale können aufatmen. »Stadtluft macht frei nach Jahr und Tag« – so lautet ein Rechtsgrundsatz im Mittelalter: Leibeigene, die im Gewühl der Städte untertauchten, konnten von ihren Grundherren nach Ablauf eines Jahres nicht mehr zurückgefordert werden und galten als frei. Sie nutzten die Stadt zur Selbstverwirklichung und zum Aufbau eines unabhängigen Lebens. Anders als auf dem Land steht hier nicht die Erzeugung von Lebensmitteln im Vordergrund, sondern deren Konsum und der Handel von Dienstleistungen. Dieses Umfeld schafft Selfmademen, also Menschen, »die wenig oder gar nichts der Geburt, der Verwandtschaft, der freundlichen Umgebung, dem geerbten Reichtum oder den früh erworbenen Bildungsmitteln verdanken; die sind, was sie sind, ohne die Hilfe irgendeiner der begünstigenden Bedingungen, durch die andere Männer gewöhnlich in der Welt aufsteigen und große Erfolge erzielen [...]. Die Gelegenheit (zum Aufstieg) ist wichtig, unerlässlich ist die Anstrengung«[97], wie der amerikanische Staatsmann Frederick Douglass – ehemals Sklave – Mitte des 19. Jahrhunderts schreibt. Demzufolge gründet die Stadtkultur und die arbeitsteilige Gesellschaft ganz wesentlich auf Offenheit und Toleranz – getreu dem Motto, das Friedrich Höderlin etwa zur gleichen Zeit verfasst: »Glückliches Stuttgart, nimm freundlich den Fremdling mir auf.«[98] Der Gedanke urbaner Toleranz wird auch heute verfochten, allen voran von der Publizistin Caroline Emcke. Ganz plastisch fordert sie, »dass wir uns nicht mögen müssen, dass wir nicht einander gleich sein müssen, dass wir uns selbst entscheiden dürfen, was wir unter einem guten Leben verstehen. Wir müssen einander nicht zustimmen oder uns ähneln. Wir müssen einander nur lassen können. Das ist die Entlastung, die eine offene, pluralistische Demokratie gegenüber den Zumutungen autokratischer, religiöser, totalitärer Ordnungen bietet. Wir dürfen einander auch freundlich gleichgültig sein.«[99]

Dar. 10: Der Freiheit einen Schritt näher – Menschen eilen durch die Stadt (© M. Gierczyk mit KI)

Diese liberale Logik hat eine starke soziale Komponente, wenn sie kompakte Infrastruktur mit passgenauer Daseinsvorsorge verbindet. So hält schon 1884 der Mediziner Rudolf Virchow fest: »Der Unterschied der Stände wird mit jedem Tag geringer. Jede neue Einrichtung, die Wasserleitung, die Kanalisation, die Beleuchtung, falls sie allgemein wird, bringt etwas Demokratisches in die Verhältnisse. Der Eine muss es machen wie der Andere [...]. Wir benutzen alle dasselbe Gas, dasselbe Wasser, dieselben Kanäle«.[100] Insbesondere in der aufkommenden Elektrizität sehen Sozialdemokraten eine emanzipatorische Kraft. August Bebel schreibt in dieser Zeit über die Chance, dass Strom Frauen von den Fesseln der alltäglichen Arbeit befreien könne, sie am gesellschaftlichen Leben teilhaben lasse und ihnen Chancen auf eine Erwerbstätigkeit eröffnen werde.[101] Auch Fragen der Sicherheit werden neu beleuchtet: Die Gaslampen werfen auf öffentliche Plätze ein ganz neues Licht.

Mehr Helligkeit, mehr Sichtbarkeit, mehr Freiräume: das ist die sozialliberale Wunschvorstellung von Stadt. Dazu kommen staatliche Leistungen für Benachteiligte, die Härten des Kapitalismus abfedern und so den Markt am Laufen halten. Laufend das Umfeld erkunden und Dienstleistungen erreichen zu können – so lautet Versprechen moderner Stadtplanung. Ein Pionier ist Carlos Moreno, der an der Pariser Sorbonne-Universität 2016 sein 15-Minuten-Modell präsentiert. Mit Blick auf seine Umgebung wundert dies nicht: Paris gilt als Vorreiter der Stadt der kurzen Wege. Der Fuß- und Radverkehr hat vielerorts Vorrang, in 15 Minuten sind viele Einkaufsmöglichkeiten, Gesundheits- und Kultureinrichtungen erreichbar – meist ohne Auto. »Hört man Carlos Moreno zu, fällt besonders oft das Wort ›mixité‹, ein Schlüsselbegriff der 15-Minuten-Stadt: Die Mischung von Menschen, die Mischung von Funktionen. In Wien nennt man es soziale Nachhaltigkeit, aber das Ziel ist dasselbe: Ghettos vermeiden, eine Nachbarschaft von Bewohnerinnen und Bewohnern mit unterschiedlichem Einkommen schaffen. Mit Erfolg sagt Moreno: Im Sommer 2023 gab es gewalttätige Proteste in Paris und der Banlieue. Aber hier in Clichy-Batignolles war alles ruhig. Auf dem ehemaligen Bahnareal nördlich des Gare Saint-Lazare ist seit 2007 ein neues Stadtviertel entstanden: Über 3.000 Wohnungen, drei Schulen, Shops, Cafés und in der Mitte ein großer Park – ein Idealbild der sozialen Stadt.[102]

Die Kerngedanken des Konservatismus sind: Stabilität, Komfort und Bewahren eines lebenswerten Umfelds. Konservativ betrachtet sind Städte ein System, das »einen akzeptablen Lebensstandard unabhängig von der Marktteilnahme«[103] schafft. Dies sichert individuellen Status wie auch soziokulturelle Unterschiede. Richard Sennett führt aus: »Der wirtschaftliche und soziale Erfolg der Stadt gründet auf der Zusammenarbeit von Menschen, die sich zu Interessengruppen zusammenschließen und ihre Fähigkeiten ergänzen.«[104] Menschen suchen und finden hier ihresgleichen. Hinzu kommt: Die Gesundheitsversorgung ist besser, das Kulturangebot erbaulicher und die Bildungslandschaft reichhaltiger. Dies ist Nährboden für Wachstum, Distinktion und maßvolle gesellschaftliche Transformation – und damit das ideale Umfeld zur Umsetzung der katholischen Soziallehre, die von der Leistungsbereitschaft des Einzelnen, der gemeinschaftlichen Vertrauensbildung und einem fürsorglichen Gemeinwesen ausgeht. Ihr Herzstück ist die Subsidiarität, die Freiräume für ein selbstbestimmtes Leben vorsieht und staatliche Ebenen, die maßvoll und zurückhaltend agieren. Denn Mitsprache und Vergemeinschaftung entstehen nicht durch Vorgaben, sondern aktive Kollaboration, die sich in Netzwerken manifestiert. Clubs, Vereine und Verbände fordern zur Mitwirkung auf, sichern Werte und bilden einen Resonanzraum, der Themen öffentliche Beachtung verleiht. Wer etwa Unbehagen verspürt und ein Nein gegenüber Bestrebungen oder Trends demonstrieren will, braucht Wahrnehmung – diese verschafft die urbane Bühne. Allein in Stuttgart werden jährlich über 1.700 Kundgebungen angemeldet. Nicht erst seit dem Protest gegen Stuttgart 21 wohnt Demonstrationen ein quasireligiöser Gedanke inne. Sie können kollektive Identität stiften, weil Menschen der Monstranz einer gemeinsamen Vorstellung folgen und sei es die der Ablehnung.

Dass die Stadt ein Erfolgsmodell der Bürgerlichen werden könnte, zeichnet sich zu Beginn des 19. Jahrhundert ab. Karl Marx und Friedrich Engels bringen ihre Befürchtungen mit anerkennendem Unterton vor: »Die Bourgeoisie hat das Land der Herrschaft der Stadt unterworfen. Sie hat enorme Städte geschaffen, sie hat die Zahl der städtischen Bevölkerung gegenüber der ländlichen in hohem Grade vermehrt und so einen bedeutenden Teil der Bevölkerung dem Idiotismus des Landlebens entrissen. Wie sie das Land von der Stadt, hat sie die barbarischen und halbbarbarischen Länder von den zivilisierten, die Bauernvölker von den Bourgeoisvölkern, den Orient vom Okzident abhängig gemacht.«[105] Heute zeichnet die Gesellschaft aus, dass sie »individualistischer, kurzfristiger, volatiler, weniger kohärent« ist, wie der linke Historiker Anton Jäger schreibt.[106] Dabei nimmt er interessanterweise direkt Bezug auf die konservativen Beobachtungen des Soziologen Robert Putnam, der im Jahr 2000 in seinem Werk »Bowling Alone«[107] die Erosion von Institutionen beschrieb: Amerikaner spielten immer noch Bowling, aber nicht mehr in Clubs, sondern ganz allein. Putnam spricht von einem »Einigeln«, die Konfrontation mit Andersartigem könne zum Rückzug führen. Über Jahrzehnte habe das zivilgesellschaftliche Engagement nachgelassen: Dass Gewerkschaften, Parteien oder Sportvereine, selbst die Pfadfinder massiv an Mitgliedern verlören, bedeute den Verlust an sozialem Kapital. Wer, so Putnam, nur für sich bowle, partizipiere nicht am gesellschaftlichen Leben. Jäger wiederum weitet den Fokus: Die Politik der »Hochmoderne« verbindet hohe Politisierung mit Institutionalisierung und Verbindlichkeit. Seit dem Ende des Kalten Krieges habe sich der Grad der Politisierung verringert. In den 1990er-Jahren entstand aus dem Wunsch nach unpolitischen Räumen – in Kneipen oder auch nur Wohnzimmern, wo die Partei nicht zuhört – die Postpolitik. Wendepunkte seien die Bankenkrise 2008 und die Proteste gegen Stuttgart 21. Teile der Gesellschaft repolitisieren sich gegen tatsächliches oder vermeintliches Missmanagement der wirtschaftlichen und politischen Elite. Ob und wie aus politischer Überzeugung soziale Verbindlichkeit werden kann, ist gesellschaftlich auszuhandeln. Wünsche sind zu artikulieren, gesellschaftlich zu thematisieren und politisch zu entscheiden. Diese Diskussion braucht eine Bühne und das Licht der Öffentlichkeit.

Diese Denkschulen und ihre Spielarten sind abstrakt. Diese Modelle machen aber bewusst, worum es bei Debatten rund um die Stadtplanung wirklich geht, nämlich die Frage, wie der Mensch sein Umfeld erhalten und gestalten kann. Diese Debatten sind durchdrungen vom Zeitgeist, ihm aber nicht ausgeliefert. Die Ergebnisse sind eine stete Fortentwicklung der menschenzentrierten Stadtplanung, wobei die Debatten heute weniger zentralistisch, dafür spielerischer sind als vor wenigen Jahrzehnten. Immer häufiger suchen Behörden die Weisheit der Vielen und beziehen die Bürgerschaft aktiv ein. Woher der Trend rührt und wohin er führt, ergründen wir jetzt.

Der Mensch im Zentrum: Wie Realutopien Wirklichkeit werden können

Städte sollen menschenzentriert sein. So der Plan. Wie dieser ausformuliert und umgesetzt wird, sagt viel über den jeweils vorherrschenden Zeitgeist aus. Von Generation zu Generation gibt es neue Visionen und Antworten auf die Frage: Welche Zukunft ist erstrebenswert? Die Wandlungen der Zeitgeschichte sind in drei Dokumenten verfasst. Eine Charta stammt aus Athen, zwei aus Leipzig. Am Ende steht ein Neubeginn: Die Realutopie einer regenerativen Stadt.

Auf dem »Internationalen Kongresse für neues Bauen« diskutieren 1933 in Athen Stadtplaner und Architekten über die funktionale Stadt und moderne Siedlungsentwicklung. Ihre Charta ist im Stil der Neuen Sachlichkeit geschrieben: Eine illusionslos-nüchterne Darstellung des Ist-Zustands und eine klare Vorstellung von Zukunft ohne jedes Pathos. Sie fordern eine funktionale Trennung von bebauten Quartieren nach Wohnungen, Büros, Einkaufsmöglichkeiten, Gewerbe und Industrie, sowie die »autogerechte Stadt«. So heißt es in den 95 Leitsätzen etwa: »Städte zeigen heute ein Bild des Chaos: Sie entsprechen in keiner Weise ihrer Bestimmung, die wichtigsten biologischen und psychologischen Bedürfnisse ihrer Bewohner zu befriedigen. Alle Größenordnungen im Stadtplan dürfen nur durch menschliche Maße bestimmt werden. Die neuen mechanischen Geschwindigkeiten haben den Rhythmus des Stadtlebens zerstört. Sie bilden ständige Gefahrenquellen, führen zu Stauungen und Lähmung des Verkehrs und schädigen die Gesundheit [...]. Die neue Bezirkseinteilung des Stadtgebietes entsprechend den vier Hauptlebensfunktionen (Wohnen, Arbeit, Erholung, Mobilität) bringt diesen in einen harmonischen Zusammenhang, der durch ein zweckmäßiges Netz großer Verkehrsadern gesichert wird. Es ist unbedingt erforderlich, daß jede Stadt ihre eigenen Zielsetzungen entwickelt und die Gesetze zu deren Verwirklichung erläßt.«[108] Ein federführender Verfasser der Charta ist Charles-Edouard Jeanneret-Gris, besser bekannte als Le Corbusier. Er überlegt, wie die voranschreitende Industrialisierung und Motorisierung in das Stadtbild zu fassen sind. Sein Konzept einer Ville Contemporaire, einer zeitgemäßen Stadt, fußt auf einer rationalen Analyse des Status quo – Max Weber wäre begeistert gewesen.

Le Corbusier wollte vom Reißbrett aus Ordnung ins urbane Chaos bringen. Er schreibt: »Der Mensch schreitet geradeaus, weil er ein Ziel hat; er weiß, wohin er geht [...]. Der Esel (hingegen) döst ein wenig, blöde vor Hitze und zerstreut, geht im

Zickzack.«[109] Städte bräuchten Schlagadern für das moderne, schnelle Leben. Das erfordere Gradlinigkeit. Der rechte Winkel bzw. die gerade Linie sind für Le Corbusier nicht nur Achsen, die jede Stadt braucht, um lebensfähig zu bleiben, sondern auch Ausdruck des freien menschlichen Schaffens. »Der Mensch, der eine Gerade zieht, beweist, dass er sich selbst begriffen hat und in die Ordnung eintritt.«[110] Le Corbusier ist Wegbereiter der Stuttgarter Weissenhofsiedlung, einem Meilenstein der Architekturgeschichte. Sie wird 1927 im Rahmen der Bauausstellung »Die Wohnung« eröffnet. Auf dem Killesberg werden 33 Häuser gebaut, zunächst zur Veranschaulichung und dann zur Vermietung. Le Corbusier und 16 weitere Architekten entwickeln 33 Entwürfe für modernes, gesundes, erschwingliches und funktionales Wohnen. Innerhalb von nur vier Monaten strömen 500.000 Besucher in die Ausstellung, die weltweit Resonanz findet. Mittlerweile ist ein Doppelhaus sogar Teil des Weltkulturerbes.

Die Rahmenbedingungen zeigen sich im Bauen: Es herrscht massive Wohnungsnot. Die Architekten sind angehalten, ohne jeden Luxus, schnell und seriell zu bauen. Mies van der Rohe sagt: »Diese Rationalisierung ist Mittel, nicht Ziel.«[111] Herausragend ist der Dachgarten: Auf einem Flachdach findet sich ein Nutzgarten, der den Beton (eine Stahlskelettkonstruktion) schützt und einen Ort der Begegnung und Bewegung schafft. Diese Funktionalität überlebt den Zweiten Weltkrieg und wird Leitgedanke des Wiederaufbaus deutscher Städte: Köln, Hannover oder Stuttgart zeugen davon. Es entstehen Trabantensiedlungen und Autobahnringe, die Schneisen durch die Städte schlagen. Die Wirtschaft prosperiert, der Wohlstand steigt und die soziale Marktwirtschaft schafft die »nivellierte Mittelstandsgesellschaft«.[112] Kennzeichen des Wohlfahrtskapitalismus sind Solidität, Funktionalismus und Planungssicherheit.

Diese Segnungen haben eine Kehrseite: Menschen werden zu »dienenden Verwaltern und Erwerbsmaschinen«[113] – das macht sie asketisch und die Innenstädte spröde. Die Beharrungen und Rückbesinnungen der Nachkriegsjahre weichen bald auf. Die Postmoderne befördert die individuelle Autonomie und zeitigt eine neue Idee der Menschenzentrierung. Sie bestimmt den Zeitgeist ab Mitte der 1960er-Jahre, was bis heute sichtbar ist. »Die Moderne, die glaubte, alles sortieren zu können mit gleichen Häusern, Möbeln und Rechten für alle, wurde verabschiedet, und aus ihren Ruinen entstand eine bizarre, exzentrische Welt.« Die Architektur erklärt den Vergnügungspark zur idealen Stadt und »an die Stelle der Systemkämpfe tritt der Kampf um Selbstverwirklichung. Neue Medien synchronisieren den Globus, und Bilder werden zur Bühne, auf der um Stil und Anerkennung gerungen wurde«, heißt es in der Ankündigung einer Ausstellung zur Postmoderne 2023.[114]

Roman Deininger weiß, was die Ausrichtung der Olympiade im München der 1960er- und 1970er-Jahre bewirkt. Im Interview erzählt er: »Olympia 72 war sicher das Ereignis, das München in die Moderne gewuchtet und auf die Weltkarte gebracht hat. Die erste Phase des *Rama dama*, des Trümmer-Wegräumens in der zerbombten Stadt, war gerade vorbei. Der junge Hans-Jochen Vogel wurde Oberbürgermeister und hatte große Pläne für seine Stadt. Er hat gemerkt, München wächst wieder, aber das hat Konsequenzen für Wohnraum und Verkehr. Er hat einen Masterplan für die Stadtentwicklung aufgestellt, der auf 30 Jahre angelegt war. Durch den Schub der Olympischen Spiele ist er in acht Jahren realisiert worden. Die S- und U-Bahnen sind ausgebaut worden oder auch der Mittlere Ring. Zugleich gab es auch kulturelle Impulse: München ist durch Olympia 72 offener und spielerischer geworden, weil man auf einmal die Welt zu Gast hatte. München hat in vielerlei Hinsicht von diesen Spielen profitiert. So skeptisch heutzutage viele gegenüber Großereignissen sein mögen, so wenig darf man die Kraft unterschätzen, die von solchen Großereignissen ausgehen kann.«

Kurzum: Werte geraten ins Wanken, die Lebensstile werden differenzierter und verspielter, Menschen eigensinniger. Die 1970er- und 1980er-Jahre sind »Schwellenjahrzehnte zu einer neuen Epoche«.[115] Diese zeigt sich auch in der Stadtplanung. Gerade die Frankfurter Schule mache mit ihrer »Neuen Urbanität« die veränderten Anforderungen am »Weichbild und Struktur« der Städte deutlich. Die Transformation von einer Arbeits- hin zu einer Freizeitgesellschaft verlangt attraktive Erlebnis- und Freiräume, deren Funktionalität sich die Nutzenden selbst erschließen. Dafür stehen der Bau der Neuen Stuttgarter Staatsgalerie nach Plänen von James Stirling oder das Frankfurter Museumsufer in Verbindung mit der gigantischen Skyline. Architekten jubilieren über die »Neue Subjektivität« in der Stadtplanung, die Bürgerinnen und Bürger ächzen unter steigenden Wohnkosten und fehlendem Wohnraum.

In der Folge werden Verdichtung, Mischnutzung und Mehrfachkodierung zu Leitsätzen der Stadtplanung. Zugleich werden die Grenzen des Wachstums und Auswirkungen der Klimaerwärmung spürbar. Die Menschheit setzt sich in Rio 1992 das Leitbild einer nachhaltigen Entwicklung mit der Erkenntnis, dass wirtschaftliche Effizienz, soziale Gerechtigkeit und die Sicherung der natürlichen Lebensgrundlagen gleichwertige überlebenswichtige Interessen sind, die sich gegenseitig ergänzen.[116] Wie dies in Kommunen verwirklicht werden kann, ist in zwei Dokumenten sinnbildlich nachzulesen. Beide sind in Leipzig verabschiedet worden: Im Jahr 2007 die »Leipzig Charta zur nachhaltigen europäischen Stadt« und im Jahr 2020 – inmitten der Corona-Pandemie – die »Neue Leipzig-Charta«, die ein »strategisches Rahmenwerk zur gemeinwohlorientierten, integrierten und nachhaltigen Stadtentwicklung« sein will und »auf Herausforderungen und Themen eingeht, die seit 2007 an Bedeutung gewonnen haben«. Hierzu zählen der Klimawandel, der soziale Zusammenhalt oder die Digitalisierung. Die Neue Leipzig-Charta bezieht sich auf fünf handlungsleitende Grundprinzipien, die entlang von drei inhaltlichen Dimensionen und auf drei räumlichen Ebenen in der europäischen Stadt Anwendung finden. Zielgrößen sind dichte, kompakte Stadträume, verkehrsvermeidende Nutzungsmischung und die Reduzierung des Flächenverbrauchs. Zukunftsgerichtete Transformation gelinge durch aktive Bodenpolitik sowie angemessene Gestaltung der Digitalisierung. Dazu empfiehlt die Charta eine integrierte Stadtentwicklung auf nationaler und europäischer Ebene.[117]

Damit sind wir in der Jetztzeit angekommen. Die Urbanisierung schreitet fort und will gestaltet werden. Aber wie? Klar ist: Städte haben nichts von ihrer

Dar. 11: Die Postmoderne ertüchtigt Mensch und Bauwerk – Aerobic vor der Neuen Staatsgalerie in Stuttgart (© Bundeskunsthalle)

Magnetwirkung verloren; Urbanisierung ist ein Megatrend. Die 50 größten Städte in Deutschland verzeichnen zwischen 2011 und 2021 ein Bevölkerungswachstum.[118] Besonders große Städte und kleinere Großstädte in Süddeutschland wachsen überdurchschnittlich. Den Hauptgrund hierfür bildet die Zuwanderung. Es werden mehr Kinder und Jugendliche in Ballungsräumen leben, in ostdeutschen Städten fast 30 Prozent mehr. Der Ausländeranteil steigt an, wobei 20 Prozent der Menschen in Großstädten 2021 keine deutsche Staatsangehörigkeit haben. Sehr viele leben allein: Der Anteil der Einpersonenhaushalte liegt bei 42 Prozent. Auch mehr Senioren werden im Stadtbild sichtbar: Ein Plus von 30 Prozent an Menschen über 85 Jahren. Es setzt sich fort: Strukturstarke Gebiete verzeichnen in den kommenden 15 Jahren Zugewinne.[119] Von den 82 Millionen Menschen in Deutschland werden über 25 Millionen Menschen in kreisfreien Großstädten leben, das ist ein Zuwachs von 3,4 Prozent. Die Großen werden größer. Kleinere und mittlere Städte stagnieren oder verlieren Bevölkerung. Diese Entwicklungen verdichten sich zu einem Megatrend. Das ist in den Worten des Zukunftsinstituts das »Modell für den Wandel der Welt«[120]. Für Oona Horx-Strathern, die dem Zukunftsinstitut angehört, sind Urbanisierung und Konnektivität zentrale Megatrends. Im Interview erzählt sie vom SÄLLBO in Hellsingborg[121], einem schwedischen »Sozialexperiment«, das für Gesellschaft (*sällskap*) und Wohnen (*bo*) steht. Horx-Strathern sagt: »Hier kommen Menschen über 70 und Menschen unter 25 Jahren zusammen in einem Co-

Living-Space. Sie können unter günstigen Konditionen einziehen – mit der Bedingung: Sie dürfen nur bleiben, wenn sie mindestens zwei Stunden pro Woche miteinander verbringen. Sie leben in einer wunderbaren Gemeinschaft, einer Art modernen Agora. Sie haben in ihrem Appartement eine kleine Küche und ein Bad. Das Wesentliche aber sind die Gemeinschaftsräume. Dort kommen sie zusammen, reden, spielen oder trinken einfach einen Tee zusammen – so entsteht ein unglaublich lebendiger Austausch.« Stadtplanung erfordere mehr Empathie für die Belange der Bürger. Horx-Strathern appelliert für Freundlichkeit. So bräuchten Städte unbedingt ein einladendes Antlitz, auf Englisch kind city. Diese Doppeldeutigkeit ist für sie ein grundlegendes Narrativ. Sie berichtet von der Idee, dass künftig Vierjährige in Städten problemlos ohne Eltern zum Eisessen gehen könnten. Dazu müsse die Planung auf Augenhöhe der Kinder gerichtet werden, was auf weitläufige Straßen, mehr Parks, mehr Grün hinauslaufe und die Aufenthaltsqualität und die Verkehrssicherheit steigere. Auch die Kommunikation der Städte solle mehr die Perspektive der Bürgerschaft einnehmen. Im Gespräch berichtet sie: »In einer kleinen Stadt in Österreich gibt es ein interessantes Beispiel. Der Koordinator der Innenstadt suchte neue Ideen zur Verbesserung der Stadtgestaltung und Förderung der Gemeinschaft. Ursprünglich hieß er Koordinator. Dieser Titel fand keine Resonanz, die Menschen zögerten, auf ihn zuzugehen. Um dies zu überwinden, benannte er sich um in »Kümmerer«. Dies führte zu mehr Offenheit und Interaktion in der Gemeinschaft.« Und weiter: »Er organisierte Meetings, die als eine Form von Bürgerbeteiligung fungierten, bei denen die Menschen Pläne diskutierten. Dieser Prozess der Namensänderung eröffnete eine andere Art der Kommunikation. Ähnliche Ansätze sind auch in Schweden zu beobachten, wo ›Co-living Spaces‹ keinen Hausmeister, sondern einen ›Chief Happiness Officer‹ haben. Dies zeigt eine alternative Form der Kommunikation und eröffnet einen neuen Blick auf die Interaktion mit den Menschen.« In Anlehnung an Jaime Lerner, dem ehemaligen Bürgermeister von Curitiba (einer Dreimillionen Einwohnerstadt in Brasilien) plädiert sie für eine ›Urbane Akupunktur‹. Die Idee dahinter ist, dass kleine Veränderungen große Energie freisetzen können, so wie der Stich einer Nadel bei Krankheiten den Heilungsprozess fördern kann. »Es geht darum, Dinge zu starten, die man nicht erwartet. Manchmal reicht ein kleiner Impuls aus, um Menschen und Nachbarschaften in Bewegung zu setzen. In England gibt es sogenannte ›friendly benches‹, die irgendwo in der Gemeinschaft platziert werden. Dort kann man sich hinsetzen und sich treffen. Viele Menschen haben Schwierigkeiten, auf andere zuzugehen. Manchmal reicht eine einfache Idee, um ins Gespräch zu kommen«, so Horx-Strathern abschließend.[122]

Die Funktionalität des Marktes wandelt sich, die Vorlieben der Stadtmenschen ändern sich. Das Pendel scheint von der Rationalität zu Emotionalität auszuschlagen, meint etwa auch Stephan A. Jansen. Wenn er im Interview vom Phänomen Stadt berichtet, ist er kaum zu bremsen. Jansen schwärmt von »einer der erfolgreichsten sozialen Erfindungen der Menschheit. Städte agieren als dynamische Lösungslabore, die selbst geschaffene Herausforderungen auf originelle Weise bewältigen und damit eine inspirierende Transformation zu initiieren. Vor allem zeichnen sich Städte aus durch ›verdichtete Unterschiedlichkeit‹.« So der Experte für Urbane Innovation, der auch Geschäftsführer der Gesellschaft für Urbane Mobilität BICICLI in Berlin und Wien und Mobilitätskonzepte für Quartiere in Berlin, Düsseldorf oder Stuttgart erarbeitet hat. Jansen erzählt weiter: »Städte brauchen Toleranzkulturen. Dazu müssen sie Begegnungen wahrscheinlich machen. Eine Rückbesinnung und Wiederaneignung des öffentlichen Raumes nimmt auch zivilgesellschaftlich deutlich zu. Ich sehe eine Renaissance der Nachbarschaftspflege und der Fürsorge. Das geht für die Städte mit einer massiven Verantwortung einher, nämlich dem strukturierteren Vermieten des öffentlichen und des privaten Raums. Damit sind diejenigen zu bevorzugen, die wirklich Lebenswertes erzeugen und weniger kapitalistische Eigeninteressen verfolgen.« Stadtplanern rät er: »Setzt euch hin auf den Platz, wo ihr seid, und überlegt euch aus der Topographie, aus der Demographie, aus der spezifischen Geschichte, aus den Narrativen, aus den Eigenlogiken, aus dem Sound, aus den Gerüchen und aus der Geschwindigkeit der Stadt, wie Diversität und Inklusion so gestaltet werden kann, dass die Stadt lebenswert wird.« Flankiert wird dies durch einen »taktischen Urbanismus«, bei dem Stadtgemeinschaften versuchen, öffentlichen Raum zurückzuerobern durch etwa Reallabore – eine Form der urbanen Innovation. Jansen nennt dafür den Parking Day, der in San Francisco ins Leben gerufen und jährlich weltweit im September stattfindet. Öffentliche Parkplätze verwandeln sich für einen Tag in Spielwiesen, Diskussionsorte zum Austauschen, Kunsträume oder Erholungsflächen.

Das passt auch zu Beobachtungen, die die Bertelsmann Stiftung in ganz Deutschland gemacht hat. Das Fazit nach einer fast 5.000 Kilometer langen Reise durch die Republik stimmt hoffnungsfroh: »Vieles bewegt sich in eine wünschenswerte Richtung, hin zu mehr Zusammenhalt, besserer Kommunikation, innovativem Denken.« Ein »deutsches Hoffnungspuzzle« setzen die Autoren zusammen und proklamieren: »Anders wird gut.« Das Puzzle besteht aus Initiativen, die Bürgerbeteiligung neu denken, die Dialog zwischen verhärteten Fronten wieder möglich machen; Einzelpersonen, die sich um ihre Mitmenschen bemühen, sich in ihrem Lebensumfeld engagieren oder Gruppen eine Stimme geben.[123]

Ein ausgezeichnetes Beispiel dafür ist die »Gartenwerk!statt«. In Mannheim entstehen ein neues Miteinander und ein blühender Nachbarschaftsgarten. »Hier kocht man zusammen, lernt, werkelt und gestaltet – mit dem Ziel, sich in der Gemeinschaft wohlzufühlen«, beschreibt das Sozialministerium das Projekt, das ihm den Nachbarschaftspreis verliehen hat.[124] Jede Woche engagieren sich bis 35 Kinder und Jugendliche mit und ohne Migrationshintergrund und ältere Menschen. So ist ein Garten mit Sitzecken, Kräuterzupfbeet und Kartoffelbeet zum gemeinsamen Versorgen und Ernten entstanden. In einem Radiobeitrag sagt eine der Beteiligten, sie habe dank des Projekts »Sprechen gelernt. Nicht, dass ich nicht reden konnte. Aber ich kann nicht so mit Leuten. Aber hier geht das.«[125]

Auch in München hat man sich Spannendes ausgedacht. Das Bellevue di Monaco im Glockenbachviertel ist ein Wohn- und Kulturzentrum für Geflüchtete und Interessierte. Bewohner kämpften fast ein Jahrzehnt um den Erhalt. Heute ist es ein Wohnort für über 40 Personen, Anlaufstelle für Geflüchtete sowie Ort für

Workshops. Nach Angaben des planenden Büros Hirner und Riehl sind drei Häuser vor dem Abriss bewahrt und mit begrenztem Budget bei viel ehrenamtlichem Engagement saniert worden. Das preisgekrönte Konzept des Wohn- und Kulturzentrums für Geflüchtete entwickelten man im Dialog mit den Nutzern, deren Genossenschaft gerade im Aufbau war. Das architektonische Ziel ist es, die Qualitäten des Bestands zu sichern und zu entwickeln. Beim Bau engagieren sich ortsansässige Handwerksfirmen und beziehen dabei Geflüchteten als Azubis ein. Ihr Credo: »Wir wollten das Vorgefundene erhalten und ergänzen, lieber in die Reparatur bestehender Bauteile Arbeitszeit investieren als neue Bauprodukte verwenden.« Heute findet man dort einen lebendigen Ort, der den Optimismus der fünfziger Jahre in Gestalt seines 6-geschossigen Wohnturms wieder aufleben lässt.«[126]

Dar. 12: Gemeinschaftlich ausgedacht: Kicken in ungewohnter Höhe (© ReguPol)

Dieses Projekt macht sichtbar, was soziale Quartiersentwicklung auszeichnet: nämlich die Förderung das Zusammenleben der Generationen und des gesellschaftlichen Zusammenhalts, die Stärkung nachbarschaftliche Netzwerke jenseits familiärer Strukturen und die Unterstützung zivilgesellschaftlicher Akteure durch partizipative Prozesse. Soziale Infrastruktur bildet hierbei das Fundament für Aufbau, Pflege und Weiterentwicklung zwischenmenschlicher Beziehungen im Quartier. Die Idee: Wenn es um die Zukunft des Quartiers geht, soll jeder ein Wörtchen mitreden können, dazu sind leicht zugängliche Beteiligungsformate zu entwickeln. »Am Ende stehen sichtbare Maßnahmen, die im Alltag erlebbare Verbesserungen bringen«, heißt es in der Rahmenkonzeption der Stadt Stuttgart, die 2024 mit Leben gefüllt wird.[127] Klar ist aber auch, wenn Städte lebenswert und für die Bewohner erschwinglich bleiben wollen, müssen sie mit knappen Ressourcen –

Fläche, Zeit, Geld und Personal – klug haushalten. Dieses »Weniger an Ressourcen« kann zu »Mehrwerten« für die Stadt führen, wenn die Planung klar fokussiert, ein produktives Selbstverständnis zeigt und auch Mut zur Lücke zulässt. Mithin werden eigenständige Quartiere und gesellschaftlicher Zusammenhalt als Leitziele definiert.[128]

Orientierung bietet die von Mazda Adli begründete Neurourbanistik. Der gelernte Psychiater ist passionierter Großstadtbewohner und behandelt Städte wie Gehirne.[129] Er betont im Interview, Städte böten besseren Zugang zur persönlichen Entfaltung, Bildung, Gesundheitsversorgung und eine enorme kulturelle Vielfalt. Doch gebe es auch Gesundheitsrisiken: »Menschen in Städten haben ein doppelt so hohe Schizophrenie-Risiko oder anderthalbmal so großes Depressionsrisiko.« Neuestes Projekt ist eine Stadtkarte der Emotionen. Über die Urban Mind App teilen Berlinerinnen und Berliner ihre Emotionen mittels Geosignal. Es soll eine emotionale Wetterkarte der Stadt entstehen, die zeigt, wo und wann sozialer Stress entsteht. Adli sagt: »Wenn wir wissen, wie Stadtstress entsteht, hilft uns das, den städtischen Alltag besser zu gestalten. Gerade in Städten geht Stress im wahrsten Sinn unter die Haut. Es ist wichtig, die Vorteile der Stadt für Viele zugänglich zu machen. Grünflächen, kulturelle Ressourcen und soziale Interaktion sind entscheidend. Ich meine, dass Theater einen Beitrag zur öffentlichen Gesundheitsversorgung liefern. Sie sind Orte, die soziale Kohäsion befördern, soziale Interaktion befördern. So wirken sie den relevantesten sozialen Stressoren entgegen: nämlich Isolation und Einsamkeit.« Und weiter: »Theater stimulieren, Zeit vor der eigenen Haustür zu verbringen. Die These des Public-Health-Auftrags dieser Institutionen wollen wir noch empirisch belegen. Hier kann die Politik in unsere Richtung schauen, weil wir aus der Psychiatrie und Psychotherapie viel zu den gesundheitsrelevanten Fragen beitragen können.«[130]

Zeitgemäße Stadtplanung fokussiert meist auf Nachhaltigkeit oder Resilienz. Noch weiter geht der Berliner Think Tank Reinventing Society. Er empfiehlt Regeneration. »Viele Ökosysteme und auch soziale Strukturen sind so degradiert und zerstört, dass ein bloßer Erhalt nicht mehr erstrebenswert ist. Es braucht Wiederaufbau, Heilung und Renaturierung. Wir Menschen verändern unser Selbstverständnis, werden vom Herrscher zum Hüter der Erde und treten in Co-Evolution mit dem Rest des Lebens.«[131] Dazu modellieren sie Faszinierendes in Wort und Bild. Zum einen zeichnen sie Visualisierungen, wie Städte in 20 Jahren aussehen könnten und verfassen Realutopien also »konkrete utopische Ansätze, die bereits gelebt oder praktiziert werden«, aber nicht als absolut zu nehmen seien, sondern vielmehr die »nächstbesseren Logiken für ein schönes und wünschenswertes Leben« enthielten. Sie führen zahlreiche Lösungskonzepte, Prinzipien, Werkzeuge und Methoden auf, die Wege zur Transformation eröffnen. Diese seien in Nischen zu finden. »Realutopien sind zukunftsweisende Ansätze für die Verwirklichung einer lebenswerten, regenerativen und gerechten Gesellschaft, die praktisch umsetzbar sind oder im Kleinen bereits existieren und skaliert werden könnten.« Realutopien werden auf allen gesellschaftlichen Ebenen sichtbar – vom Privaten bis ins Öffentliche. Aktuelle Realutopien sind beispielsweise energieautarke Bauwerke aus Holz mit begrünten

Dächern, Urban Gardening, kostenfreie Leihfahrräder, Cradle2cradle-Produkte, Repair-Cafés, Transition Towns, Foodsharing, der Happy Planet Index. Beispielhaft verweisen sie auch auf Bürgerräte – eine sich bundesweit ausbreitende ergänzende Form der repräsentativen Demokratie.

Dar. 13: Eine Realtutopie in R(h)einzeichnung: Das Köln der Zukunft? (© Reinventing Society – Zentrum für Realutopien)

Es handelt sich dabei um ein konsultatives Beteiligungsformat[132], das primär auf den Dialog zwischen den Teilnehmenden ausgerichtet ist. Der Austausch von Argumenten und die Diskussion alternativer Problemlösungen stehen im Vordergrund. Die Formate sollen neue Ideen schaffen und einen dialogischen Prozess der Meinungsbildung etablieren. Sie können auch dazu dienen, politische Blockaden zu lösen und verhärtete Konflikte aufzubrechen. Die Ergebnisse haben einen beratenden Charakter und sind politisch nicht verbindlich. Sie dienen als Empfehlungen, die den politischen Entscheidungsträgern und Behörden als Grundlage für ihre weiteren Entscheidungen dienen. Bezeichnend ist, wie die Bundestagspräsidentin Bärbel Bas die Teilnehmenden des Bürgerrats »Ernährung im Wandel« begrüßt. Sie sagt im September 2023: »Sagen Sie, was Sie denken. Und reden Sie, wie Sie immer reden.« Für die Politik sei es wichtig, die Perspektive der Bürgerinnen und Bürger zu kennen. Zwar hätten die Abgeordneten viel Kontakt mit den Bürgern, aber viele Menschen wüssten zum Beispiel nicht, dass es Bürgersprechstunden gebe. »Das zeigt, warum wir Bürgerräte brauchen: Hier sollen auch die Menschen zu Wort kommen, die sich sonst nicht von selbst melden und lautstark ihre Meinung kundtun.«[133]

Ihre Ausführungen drehen sich im Wesentlichen um die Kommunikation zwischen Politik und Bürgern. Die Verben lauten: Sagen – denken – reden – kennen – wissen – sprechen – zeigen – zu Wort kommen – melden – meinen – kundtun. Sie wirken ergreifend. Sie vermitteln das Gegenteil davon, am Wahltag seine Stimme abzugeben und das Entscheidungsmandat auf repräsentative Ebene auszulagern.

Nach der Kommune ist nun die Kommunikation an der Reihe. Es verwundert nicht, dass Grammatik, Rhetorik und Dialektik bzw. Logik in der Antike und gleichberechtigt mit Geometrie den Kanon des Wissens bilden. Seitdem gibt es zahlreiche Modelle, die aufeinander aufbauen, Bewährtes hinterfragen oder eigensinnig ihren Weg gehen. Einigen wird nun Raum gegeben.

AUFSATZ:
Die Logik der Kommunikation und ihrer Medien

Demokratie ist organisierte Freiheit. Organisation erfordert Kommunikation. Freiheitlicher Politik gelingt es, Mitsprache institutionell auszugestalten. Zwar scheinen Demokratie und Kommunikation selbstverständlich. Dennoch ist ihr Gelingen und allein ihr Vorhandensein nicht selbstverständlich und das, obwohl wir sie tagtäglich erleben und praktizieren. Genau deswegen gilt es, diese Tatsache vorab zu begreifen und Kommunikation zugleich als »Problem« und »Lösung« anzusehen und sie als gemeinschaftliche Anstrengung anzugehen.[134] Das ideale Spielfeld für diese Anstrengung ist die Kommune, deren Beschaffenheit und Ausgestaltung wir im vorangegangenen Kapitel diskutiert haben. Jetzt widmen wir uns den Spielarten der Kommunikation.

Vorab ein paar steckbriefartige Ideen dazu:

- Kommunikation ist soziales Verhalten.
- Kommunikation schafft Fakten, erschafft Einblicke und verschafft Distinktion.
- Kommunikation konstruiert Realität, thematisiert Diskrepanzen und erzeugt Resonanz.
- Kommunikation vernetzt Teilsysteme.
- Kommunikation macht Vorstellungen zugänglich, veräußert Inneres und erzielt einen gesellschaftlichen Mehrwert durch die »Beeinflussung von Wissen, Verhalten und Einstellungen wichtiger Stakeholder«.[135]

Damit wir unsere Mitmenschen, unsere Umwelt oder einfach uns selbst begreifen können, brauchen wir Zeichen und Formen für die Kommunikation. Mit ihrer Hilfe wird Abstraktes konkret, Komplexes verständlich und Fakten werden sinnhaft. Die Formen, die Kommunikation nutzt, sind mannigfaltig, genau wie die Modelle, die im Folgenden aufgezeigt werden sollen: Dreiecke, Linien, Kanäle, Kreise oder Quadrate zielen als Sprachmodelle auf Universalität. Sie blicken auf allgemeingültige Vorgänge menschlicher Kommunikation. Es geht um Sinn und Zweck von Äußerungen. Weil die Modelle idealtypisch argumentieren, kommt ihnen eine große Reichweite zu. Ihre Aussagen gelten immer, wenn Menschen in einen Austausch treten. Erweitert und ausgeführt werden sie um funktionale Ansätze, die sich auf konkrete mediale Phänomene (Journalismus oder Public Relations) konzentrieren.

Das Modell der Antike:
Ethos, Pathos, Logos

Öffentliches Reden beginnt außerhalb der Komfortzone. Die Beobachtung durch Andere beeinflusst Gedanken und Äußerungen. Publikum entsteht, wenn Menschen die Sphäre der Intimität verlassen und mehr als eine Vertrauensperson am Gespräch beteiligt ist. Öffentlichkeit kann direkt präsent oder indirekt vermittelt sein. Medien multiplizieren die Verbreitung. Sie erfassen, kodieren und übertragen die Äußerungen, wodurch auch Nichtanwesende angesprochen werden. Dazu werden Gesagtes oder Gemeintes aus dem Kontext gerissen und vervielfältigt. Die Bandbreite für die Vermittlung reicht von Stift und Block bis hin zu einem streamenden Smartphone.

Diese Vorrede führt zur öffentlichen Rede – einer Kunst für sich. Was wir als Rhetorik bezeichnen, unterscheidet sich erheblich von der Medizin, Geometrie, Arithmetik oder anderen Wissensgebieten. Rhetorik ist für Aristoteles die Fertigkeit, »das Überzeugende, das jeder Sache innewohnt, zu erkennen.« Um diese Überzeugung zu erlangen, braucht es die Trias von Ethos, Pathos und Logos. Die drei Arten »sind zum einen im Charakter des Redners angelegt, zum anderen in der Absicht, den Zuhörer in eine bestimmte Gefühlslage zu versetzen, zuletzt in der Rede selbst, indem man etwas nachweist oder zumindest den Anschein erweckt, etwas nachzuweisen.«[136]

Aristoteles beleuchtet Glaubwürdigkeit und aus drei Winkeln. Es geht ihm um den Sender, der durch Einsicht, Tugend und Wohlwollen anständig erscheinen soll. Denn den »Anständigen glauben wir eher und schneller, grundsätzlich in allem, ganz besonders aber, wo es eine Gewissheit nicht gibt.« Es geht ihm um das Publikum als Empfänger, das zu überzeugen ist, wenn es »durch die Rede zu Emotionen verlockt werde.« Die Worte sind der Kanal, mit dem der Redner seine Zuhörerschaft »endlich überzeugt, (indem) man Wahres oder Wahrscheinliches aus jeweils glaubwürdigen Argumenten darstellt.«

Dieses Dreieck bildet eine »Tiefenstruktur«[137] der Rhetorik: Die inhaltliche Durchdringung des Gesagten, die Hörerorientierung und die Glaubwürdigkeit des Sprechers. Die Durchdringung vermittelt die Logik. Die Stringenz des Gesagten zeigt ein bewusstes Redeziel und erleichtert der Zielgruppe den Zugang, weil sie als roter Faden durch die Komplexität des Themas führt. Dies erfordert für den Redner einen Perspektivenwechsel. Er oder sie hat Erfahrungen, Überzeugungen, Kenntnisse, Strukturen und Funktionen des Publikums zu berücksichtigen.

Kongruenz schafft Glaubwürdigkeit: Wenn der Inhalt des Gesagten mit der Person in Einklang steht, wenn die Sache im Mittelpunkt steht, wenn der Redner den Sinn seiner Inhalte den Zuhörenden verständlich macht und so Appelle nur andeuten muss. Glaubwürdigkeit ist dann Ausdruck der Haltung des Redners, seines Mindsets.

Aristoteles ist sicher: Glaubwürdigkeit ist zwar greifbar, aber nicht technisch vermittelbar. In der Antike war die Reichweite der Worte eingeschränkt. Die moderne Massenkommunikation bedient sich Sendern, die den Ausdruck vervielfälti-

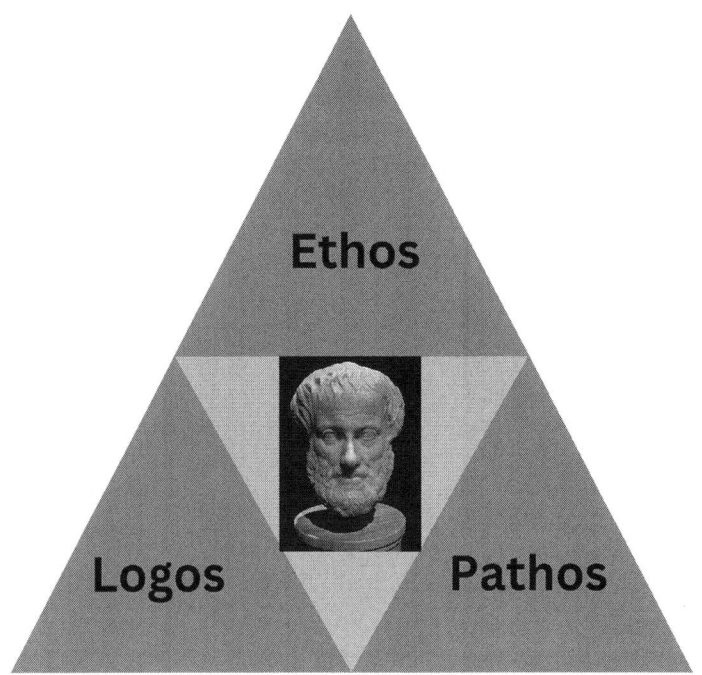

Dar. 14: Um die Ecke gedacht, Aristoteles und seine Ziele. (Das Foto zeigt eine Büste im © Kunsthistorischen Museums Wien)

gen und so mit ihrer Logik die Kommunikation mitbestimmen. Die Rückkopplungen von Technik und Rede – das Feedback – bilden das Spielfeld der modernen Kommunikationswissenschaft.

Das Modell der Reduktion: Weniger ist mehr

Wie berechenbar sind Äußerungen? Kann man den Wert von Information bestimmen? Lässt sich so die Gewissheit gelingender Übermittlung steigern? Diesen Fragen widmet sich die mathematische Theorie der Information. Sie geht davon aus, dass eine Mitteilung nicht per se eine Information enthält. Diese ist aus der Beziehung zwischen Sender und Empfänger zu modellieren. Etwas Neues entsteht kommunikativ nur, wenn zuvor ein Grad von Ungewissheit besteht oder wissenschaftlich ausgedrückt, »wenn es zwischen Kommunikator und Rezipient ein Kenntnis- oder Aktualitätsgefälle gibt [...]. Information kann man daher umschreiben als Verminderung (dieses Gefälles) – kurz: *Information beseitigt Ungewissheit.*«[138]

Gewissheit suchen wir mit einem Blick auf ein Smartphone oder einer Google-Recherche. Die angeforderten Informationen erreichen uns als Bits und Bytes. Diese Reduktion verdanken wir Claude Shannon und Warren Weaver. Die entwickeln in den 1940er-Jahren ein Modell[139], das heute ein Klassiker der Kommunikationswissenschaften und der Psychologie ist.[140] Ihre mathematische Informationstheorie gilt als »Magna Charta des digitalen Zeitalters«. Shannon erzählt in einem Interview: »Ich überlegte, wie man die Informationsübertragung über einen verrauschten Kanal verbessern kann. Das war ein spezifisches Problem, bei dem man über ein Telegraphensystem oder ein Telefonsystem nachdachte. Aber wenn man darüber nachdenkt, fängt man an, in seinem Kopf über all diese breiteren Anwendungen zu verallgemeinern.« Die Anwendung seiner Informationstheorie auf biologische Systeme ist nicht so abwegig, weil auch »das Nervensystem ein komplexes Kommunikationssystem ist, das Informationen auf komplizierte Weise verarbeitet.«[141]

Shannon und Weaver geht es um die optimale Übermittlung der Information, die Reduktion der Störanfälligkeit oder einfach um Anschlussfähigkeit. Daher startet ihre Theorie mit der Annahme, dass Information ein messbares Gut ist. Jeder Kommunikationskanal hat eine maximale Kapazität für die zuverlässige Übertragung von Informationen. Diesem Grenzwert (Shannon-Grenze) kann man sich durch Komprimierung oder Kodierung nähern; ihn aber nie ganz erreichen.

In diesem nachrichtentechnischen Kontext geht es um den Austausch von Informationen zwischen Systemen. So nutzt der Sender als Quelle ein Gerät (Kodierer), um Signale zu senden. Die Signale werden mittels eines spezifischen Kanals übertragen und von diesem zuvor umgeformt (enkodiert). Der Empfänger nutzt ein anderes Gerät als Dekodierer, um die Signale verarbeiten zu können. Beim Telefon ist die Nachrichtenquelle die Person, die in das Mikro spricht, der Sender ist die Anlage, die den Schalldruck in Stromimpulse übersetzt, der Kanal ist ein Draht (heute eine Funkfrequenz) und das Signal ein elektrischer Stromimpuls. Der Kanal ist also das Medium, das Signale vom Sender zum Empfänger transportiert.[142]

Kommunikation kommt zustande, wenn aus Rauschen Resonanz, aus Ereignissen Erkenntnis, aus Signalen Orientierung erwächst. Diese Wahrscheinlichkeit »steigt, wenn die Signale mit den Mitteln des Empfängers so dechiffriert werden können, dass sie nicht zufällig erscheinen, sondern einer Ordnung folgen, die einen Informationswert abwirft«, schlussfolgert der Soziologe Armin Nassehi.[143] Er spricht von einer Signaltheorie, da Shannon und Weaver geschaut hätten, wie viel Signalqualität und -quantität einzusparen ist, ohne dass Informationen verloren gehen. Ihr binäres Modell betont ähnlich wie Aristoteles die aktive Rolle des Empfängers. Er muss in der Lage sein oder in sie versetzt werden, den Sinn des Gesagten zu entschlüsseln und anwenden zu können. Dazu braucht es ein Vorwissen über den Sender und über die technischen Mittel, die die Verbindung zwischen den Gesprächspartnern herstellen.

Das Prinzip der Encodierung und Decodierung ist elementar für Kommunikation. Bei der elektrischen Übertragung von Signalen treten notwendigerweise Störgeräusche auf, die auch bei Gesprächen unter vier Augen festzustellen sind. Denn selbst, wenn Menschen von Angesicht zu Angesicht sprechen, treten Störungen auf. So führt Weaver aus, dass bei unmittelbarer Kommunikation das Gehirn des Sprechers die Nachrichtenquelle ist, seine Stimmbänder Sender sind, weil sie das Signal erzeugen, welches durch die Luft als Kanal übertragen wird. Die

Dar. 15: Stufenweise Reduktion von Kommunikation, Piktogramme zeigen die Benutzung der Rolltreppe

Ohren sind Empfänger, und das Gehirn des Gegenübers ist Bestimmungsort der Botschaft. Die beschriebenen technischen Verzerrungen sind auch im direkten Gespräch denkbar: Das Rauschen der Umwelt ist extern erzeugt – etwa durch Straßenlärm – oder intern angelegt – im menschlichen Bewusstsein.

Noise nennt die Verhaltenspsychologie dieses Phänomen. Daniel Kahnemann beschreibt dieses Rauschen als »Vereinfachungsoperationen«[144] der Intuition. Heuristiken liefern als »schnelles Denken« den Menschen im Alltag nützliche, meist ausreichende Antworten. Ein Aha-Effekt reiche als Verständnis und zur Verständigung. Manchmal entstünden durch Verzerrungen unterschiedlicher Art Fehlwahrnehmungen (Bias), weil wir Menschen es uns gern einfach machten.

Wenn Informationen durch ein Umfeld voller Noise navigieren müssen, wie erreichen sie dann den gewünschten Empfänger und haben den gewünschten Effekt? Fragen über Fragen.

Das Modell der Frage-Stellung: Die Kanäle des Herrn Lasswell

Wie kann Kommunikation gelingen, wenn sie so störanfällig ist? Antworten darauf liefert eine Frage. Der US-amerikanische Kommunikationstheoretiker Harold Dwight Lasswell formuliert zur gleichen Zeit wie Shannon und Weaver eine Frage, die so prägnant ist, dass sie heute noch als Formel in keinem Proseminar fehlen darf: Wer sagt was zu wem über welchen Kanal mit welchem Effekt?

Die Frage formt »das prototypische Modell des Kommunikationsprozesses« – obwohl sie im eigentlichen Sinn gar kein Modell ist.[145] Als Frage beschreibt, organisiert und klassifiziert sie Kommunikation in zentrale Momente. Lasswell geht von der Idee aus: Ein Journalist (Kommunikator) berichtet über ein beobachtetes Ereignis in seinem Beitrag (Aussage) in einer Zeitung oder im Rundfunk (Medium); er wendet sich dabei an ein Publikum (Rezipienten) und beabsichtigt bzw. erzielt eine Reaktion (Wirkung).[146]

Dieser Ansatz ist zielgerichtet, weil er die ausgesendeten Informationen stärker als Shannon und Weaver abschichtet: Nach Absender bzw. Quelle der Information, inhaltlicher Aussage bzw. Botschaft, Empfängerkreis, Medium und Wirkung bzw. Intention. Damit lässt sich eine Botschaft zurechnen, das dazugehörige Programm ableiten, die Rezipienten untersuchen und die technischen Voraussetzungen abbilden.

Lasswell selbst betont, dass jeder Frageteil einen eigenen Forschungsbereich anspricht: Kommunikatorforschung (*wer?*), Inhalts- bzw. Aussageanalyse (*sagt was?*), Medienforschung (*über welchen Kanal?*), Publikums- bzw. Rezipientenforschung (*zu wem?*) und Wirkungsforschung (*mit welchem Effekt?*).[147] Kritisch einzuwenden ist, dass den Kriterien eine gewisse Willkür anhaftet.[148] In der Tat: Es fehlen Dimensionen der Kommunikation, etwa der Aspekt der Intentionalität[149]. Dieses Defizit kann über die Ergänzung der Warum-Frage geheilt werden: Sie wirft ein Licht auf die Interessen, die der Sender verfolgt und die im Dialog Sinn entstehen lassen.

Für eine weiterführende Interpretation ist der zeitliche Kontext wichtig. Eine Verzögerung oder ein Vorziehen von Kommunikation sagt etwas über die Dringlichkeit ihrer Botschaft aus. Außerdem ist der Moment der Aussendung für die Rezeption bedeutsam. Wie wir uns mit relevanten Sachverhalten befassen und sie wahrnehmen, ist zeitlichen und kognitiven Schwankungen ausgesetzt. Die Bereitschaft und die Fähigkeit von Informationen ist gebunden an Ressourcen, Fähigkeiten und Fertigkeiten, einfach ausgedrückt: Aufmerksamkeit ist ein knappes Gut. Das gilt für Personen wie für Gesellschaften. Daher wäre noch das Adverb wann zu hilfreich.

Damit wären wir bei: Wer sagt was wann und warum zu wem über welchen Kanal mit welchem Effekt? Da Lasswell sich eher auf den Sender der Information fokussiert und das Feedback der Empfänger außer Acht lässt, ist Kommunikation eher eine Einbahnstraße. Aus dieser führt eine Anschlussfrage heraus: Und wie wirkt sich das Gesagte auf die Beziehung zwischen Sender und Empfänger aus?

Das Nicht-Modell:
Die fünf Axiome von Watzlawick

Menschliche Beziehungen sind ein Konstrukt. Familiäre Bande, berufliche Gegebenheiten oder gemeinsame Erfahrungen formen sie. Beziehungen schaffen Ordnung und geben Orientierung – sie bestimmen unseren Platz in der Wirklichkeit. Wie Worte Wirklichkeiten schaffen, hat Paul Watzlawick 1969 ausgeführt.[150]

Er geht von einer Wirklichkeit der ersten Ordnung und einer der zweiten Ordnung aus. Die Wirklichkeit erster Ordnung umfasst das faktische Geschehen eines Ereignisses. Beim *Beschreiben* geht es darum, ob ein Ereignis tatsächlich stattgefunden hat – es kann klar mit zutreffend oder nichtzutreffend gewertet werden. Beim *Zuschreiben* geht es um Deutung und Auslegung. Hier entsteht Wirklichkeit durch den Austausch von mindestens zwei miteinander Kommunizierender – sie konstruieren durch Bewertungen, Zuschreibungen und Deutungen ein Ereignis. Watzlawick sieht fünf Axiome, die für die Dialoge relevant sind:

- Man kann nicht nicht kommunizieren.
- Jede Kommunikation hat einen Inhalts- und einen Beziehungsaspekt – die Beziehung bestimmt den Inhalt.
- Kommunikation ist Ursache und Wirkung.
- Menschliche Kommunikation bedient sich analoger und digitaler Modalitäten.
- Kommunikation ist symmetrisch oder komplementär.

Daraus folgt: Kommunikation ist an Voraussetzungen geknüpft und entfaltet erst in einem zwischenmenschlichen Geflecht Wirkung. Watzlawick betont, dass Äußerungen mehr als nur Worte sind. Gerade nonverbales Verhalten – die Körpersprache, die Kleidung oder auch Schweigen – ist kommunikativer Ausdruck, egal, ob es sich um bewusste oder unbewusste Signale handelt.

Zudem unterstreicht er, wie bedeutsam das Verhältnis der Gesprächspartner zueinander und der Kontext des Dialogs ist. Es macht einen Unterschied, ob Freunde auf Augenhöhe (symmetrisch) sprechen oder eine Vorgesetzte Anweisungen (komplementär) erteilt. Das Prinzip von Ursache und Wirkung lässt sich als Kreislauf des Austauschs sehen, also als Aktion und Reaktion. Gesagtes führt zu Verhalten, dieses Verhalten provoziert neuerliche Aussagen, die zu weiterem Verhalten führen.

Dieser Ansatz ist radikal konstruktivistisch und besagt: Menschen zeichnen ein persönliches Abbild der Realität, das sie zu ihrer Lebenswelt zusammensetzen. Ihre Wahrnehmung beruht auf der individuellen Interpretation der Umweltreize. Das Erlernte wird im kommunikativen Austausch angewendet und fortentwickelt. Der Empfänger entscheidet über die Botschaft, die durch seine interpretatorische Auseinandersetzung Wirklichkeit wird. Watzlawick liefert eine Steilvorlage, die der deutsche Philologe Friedemann Schulz von Thun kongenial aufgreift.

Das Modell des Quadrats: Kommunikation im Viereck

Kommunikation ist wie Fußball – das Ergebnis steht erst am Ende fest und nach dem Spiel ist vor dem Spiel. Absolute Ballbeherrschung ist so unwahrscheinlich wie die Kontrolle über die Botschaft.

Kommunikation folgt Spielregeln. Das Ziel kann durchaus auch im Niederringen des Gegners bestehen. Für den Philologen Schulz von Thun ist Kommunikation mehr ein Freundschaftsspiel, bei dem alle gewinnen oder alle verlieren.

Er sieht Kommunikation als dialogischen, interaktiven, reflexiven Austausch, der auf Veränderung der Verhältnisse, Koordinierung von Handlungen oder Stabilisierung der persönlichen Beziehung abzielt. Das Missverstehen oder der Widerspruch münden in Anschlusskommunikation. Was also ist zu tun, um Verständigung zu ermöglichen oder gar Einverständnis zu erlangen?

Das lässt sich im Quadrat veranschaulichen. Schulz von Thun knüpft 1981 an die Beziehungsideen von Watzlawick an und »problematisiert die kognitiven Prozesse beim Senden und Empfangen von Mitteilungen«[151] in einem Vier-Seiten-Modell: Sachinhalt, Selbstkundgabe, Beziehung und Appell. Im Wesentlichen will er dazu beitragen, Missverständnissen vorzubeugen und verhindern helfen, dass Gesagtes und Gemeintes auseinanderklaffen.

Jede Äußerung wirkt vierfach, sie transportiert:

- eine Sachinformation (worüber ich informiere) – blau
- eine Selbstkundgabe (was ich von mir zu erkennen gebe) – grün,
- einen Beziehungshinweis (was ich von dir halte und wie ich zu dir stehe) – gelb,
- einen Appell (was ich bei dir erreichen möchte) – rot.[152]

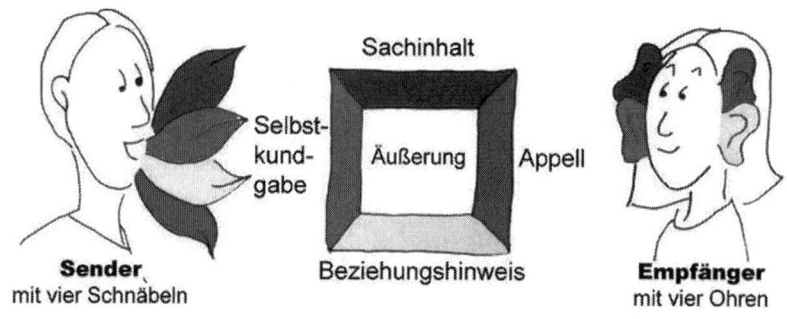

Dar. 16: Quadratisch, praktisch – Kommunikation im Quadrat. (© Schulz von Thun Institut)

Die Äußerung entspringt den »vier Schnäbeln« des Senders und trifft auf die »vier Ohren« des Empfängers. Sender und Empfänger handeln aus, inwieweit der kommunikative Austausch gelingt. Missverständnisse sind die Regel, weil Kommunikation vom Sender und Empfänger mentale Leistung einfordert. So enthält eine simple Aussage wie »*Das Fenster ist immer noch offen.*« vier zu entschlüsselnde Botschaften, nämlich faktisch: »*Es zieht.*«; appellativ: »*Mach zu!*«; relativ: »*Du bist dran.*« und subjektiv: »*Mir ist kalt.*«

Die Sachebene des Gesprächs umfasst die inhaltliche Information, also Daten, Fakten und Sachverhalte. Dabei gelten drei Kriterien: wahr oder unwahr, relevant oder irrelevant, hinlänglich oder unzureichend. Es liegt am Sender, die Sachverhalte klar und verständlich auszudrücken.

Selbstkundgabe hat auch eine marktwirtschaftliche Komponente: Wenn jemand etwas von sich gibt, gibt er auch etwas von sich preis. Jede Äußerung ist symptomatisch für die Persönlichkeit des Senders: Gefühle, Werte, oder Bedürfnisse. Dies kann explizit (Ich-Botschaft) oder implizit geschehen. Die Beziehungsseite umfasst die gegenseitige Einordnung und Wertschätzung. Die Hinweise werden durch Formulierung, Tonfall, Mimik und Gestik vermittelt. Auch hier werden Aussagen implizit oder explizit gesendet. Der Empfänger empfindet sich je nach Interpretation wertgeschätzt oder abgelehnt. Die Einflussnahme auf den Empfänger geschieht auf der Appellseite. Wenn jemand das Wort ergreift, möchte er etwas erreichen. Er äußert Wünsche, Appelle, Ratschläge oder Handlungsanweisungen. Die Appelle werden offen oder verdeckt gesandt. Mit dem Appell-Ohr fragt sich der Empfänger: Was soll ich jetzt (nicht) machen, denken oder fühlen?

Diese Selbstkundgabe bewusst ins Zentrum zu rücken, ist ein erfolgversprechender Ansatz, wenn Botschaften an ein disperses Publikum gesendet werden. Dieser Gedanke hilft etwa, wenn man eine öffentliche Ansprache oder ein Interview vorbereitet. Idealer Ausgangspunkt dafür ist neuerlich eine Frage: Warum? Das wird jetzt zu zeigen sein.

Das Modell der Kreise: Die Frage nach dem Warum

Das Bewusstsein erwacht mit der Frage nach dem Warum. Was für Kinder gilt, die verstehen wollen, warum schon Schluss ist mit Fernsehen, gilt auch für Bürger, die von Baustellenlärm oder Müll in Parks genervt sind.

Herrschaft braucht Zustimmung und ist begründungspflichtig. Wer etwas zu sagen hat, braucht stimmige Motive. Herrschaft oder besser Organisation bedient sich effektiver Kommunikation, wenn Zwang nicht zur Verfügung steht – das gilt für die Familie wie für den Staat.

Wer das Publikum packen und seine Zustimmung ernten will, muss wissen *warum*. Das gilt vor allem für Menschen, die ihr Umfeld oder auch sich verändern wollen.[153] Für die richtige Ansprache hat Simon Sinek ein Modell mit Kreisen entwickelt. Er macht es 2009 in einem TedTalk publik und führt es im Buch »Start with why« aus.[154] Er empfiehlt Unternehmen aller Branchen eine Rückbesinnung (was im Übrigen die wörtliche Übersetzung von *Religion* ist) – und zwar »zum ursprünglichen Ziel, Zweck oder Glauben [...]. Anstatt sich zu fragen: »*was* sollen wir tun, um konkurrenzfähig zu bleiben?‹ muss die Frage gestellt werden: ›*warum* haben wir begonnen zu tun, was wir hauptsächlich tun, und *was* können wir tun, um unseren ursprünglichen Zweck unter Einsatz aller Technologien und Marktchancen heute zu erfüllen?‹«[155]

Seine Vorstellung ist der Golden Circle, ein Verhaltensmuster, das charismatische Leitfiguren anwendeten. Als Ableitung des Goldenen Schnitts, der die Symmetrie der Natur oder die Schönheit der Malerei mathematisch abbildet, helfe der Goldene Kreis, menschliches Verhalten berechenbarer zu machen. Er »erklärt Loyalität und zeigt, wie man eine Dynamik aufbaut, die aus einer Idee eine soziale

Bewegung macht«, so Sinek. Was ich als »Fühlen, Führen, Vorführen« umkreisen würde, sieht nach Sinek so aus (▶ Dar. 16).

Dar. 17: Der Golden Circle nach Sinek – erst die Haltung, dann die Strategie, dann die Umsetzung

WARUM: Es umschreibt das Selbstverständnis, die Ziele und das Mindset. Die Antworten darauf sind prägnant, anschlussfähig und keinesfalls deskriptiv, sondern deklarativ. Laut Sinek bildet Warum den Ausgangspunkt für eine erfolgreiche (Selbst-)Vermarktung.

WIE: Es beschreibt die Unterschiedlichkeit. Es sind die Werte und Prinzipien, die ihren Ausdruck finden in den Systemen und Prozessen einer Organisation, die zu besseren Produkten, einer effizienteren Herstellung oder einer nachhaltigeren Arbeitsweise führen.

WAS: Es beschreibt die Produkte des Unternehmens bzw. die Rolle der Institution im sozialen Gefüge. Es sind die äußerlich leicht zu identifizierenden Leistungen, die als Alleinstellungsmerkmal dem Markt oder der Bürgerschaft zuteilwerden.

Laut Sinek verkörpert dieses Verständnis das Tech-Unternehmen Apple. Während die Konkurrenz im Marketing rational argumentiert: »Wir bauen schöne Computer. Sie haben ein schönes Design und sind anwenderfreundlich. Willst Du einen kaufen?« kommuniziert Apple (zumindest noch zu Beginn des 21. Jahrhunderts) die Botschaft: »Bei allem, was wir tun, stellen wir das Bestehende in Frage. Wir glauben an einen Wandel zum Guten. Deswegen gestalten wir schöne und benutzerfreundliche Produkte. Und wir machen auch großartige Computer. Willst du einen kaufen?« Die Kunden werden damit emotional angesprochen und neu-

gierig gemacht, indem die Reihenfolge der ausgesendeten Informationen umgekehrt wird. »Das Beispiel zeigt, dass die Menschen nicht kaufen, *was* du tust, sondern, *warum* du es tust.« Die Produkte von Apple seien möglicherweise kopierfähig, nicht aber die individuelle Haltung.

Es scheint folgerichtig, dass Sinek seinen Goldenen Kreis humanbiologisch herleitet. Er sei mehr als eine »Hierarchisierung von Kommunikation. Seine Prinzipien sind tief verankert in der Evolution menschlichen Verhaltens.«[156] Der Querschnitt eines menschlichen Gehirns zeigt, dass die Ebenen des Goldenen Kreises den Hauptebenen des Gehirns entsprechen. Außen liegt der Neocortex, der jüngste Teil der Großhirnrinde, der für die Sprache und das analytische Denken verantwortlich ist (Was?). Dazwischen liegt das limbische System, das die Emotionen und die Bedürfnisse verwaltet, somit trifft es den Großteil unserer Entscheidungen, ob bewusst oder unbewusst (Wie? und Warum?). Für die Sprache als ›soziales Handeln‹ ist der Cortex verantwortlich, weswegen wir auch Gefühle nur schwer in Worte packen oder Entscheidungen sprachlich ausführen können. Die Abwägung von emotionalen und rationalen Aspekten, von Beibehaltung und Veränderung, die Suche nach mehrheitsfähigen Lösungen, ist Aufgabe der Politik. Die Sprache der Öffentlichkeit unterscheidet sich stark von der persönlichen. Warum das so ist, wird sich nun weisen.

Das Modell der »Rahmung«: Hier spricht die Politik

Politik ist Befassung mit und Ausgestaltung von Verantwortung. Die Sprache der Politik unterscheidet sich fundamental von der Alltagssprache oder gar der privaten Ansprache. Warum ist das so? Wer zu und mit vielen anderen spricht, muss zunächst verstanden werden. Wer politisch kommuniziert, muss sein Umfeld beachten und Anhänger wie Gegnerschaft berücksichtigen. Kurzum: Das Smartphone in der Hand, das Mikrofon in Greif- oder die Kamera in Sichtweite, all das verändert das Sprechen, es setzt den zentralen Mechanismus in Gang »bei der Generierung, Formulierung und Artikulation politischer Interessen, ihrer Aggregation zu entscheidbaren Programmen, sowie der Durchsetzung und Legitimierung politischer Entscheidungen«[157], wie es die Wissenschaft formuliert.

»Sprache ist nicht nur ein Instrument der Politik, sondern die Voraussetzung für ihre Existenz«[158]. In der politischen Arena wird um die Deutungshoheit gerungen, die Sprache ist das Mittel zur Erlangung, Sicherung und Ausübung von Macht. Die Arena ist ein geeigneter Schauplatz, weil demokratische Politik sich nach der Performanz richtet. Eine »performative Äußerung« verändert Zustände. Sie ist nicht konstantiv, also beschreibend. Performanz schafft soziale Tatsachen.

Einfacher gesagt: Politik hat nie leicht reden, da ihre Worte Probehandlungen sind. Politische Akteure müssen Resonanz antizipieren und evaluieren. Ihr Bestreben ist es, die eigenen »Marktchancen zu testen«[159] und mittels Rhetorik einen Unterschied zu machen. Nur, wer Stimmung erzeugt, kann Zustimmung erlangen.

Wer Wandel anstrebt – und auf physische Gewalt oder materielle Versprechen verzichtet – muss die richtige Ansprache treffen.

Charakteristisch ist, dass politische Worte mehrfach adressiert sind: Potentielle Empfänger sind das eigene Umfeld, die Wählerschaft, der politische Gegner, potentielle Investoren oder Anspruchsgruppen. Das führt zu einer mehrfachen Codierung, da Optionen offengehalten werden müssen und durch Klartext eingeschränkt würden. Klartext wirkt entweder integrierend oder polarisierend.

Damit wird deutlich, dass politische Sprache unsere Wahrnehmung der Realität prägt. Sie beeinflusst unsere Gefühle, Wertungen und Wünsche.[160] Sprache schafft nicht nur neue Realitäten, sondern auch Grenzen (Trumps Slogan: »*Build that wall!*«) oder reißt sie ein (Schabowskis Äußerung vom 9. November 1989 »*Das gilt unverzüglich*«).

Politische Sprache besitzt auch eine ästhetische Dimension. Die Griffigkeit, die Eleganz und die Plakativität schaffen im Zusammenspiel Charisma. Ihm ist es möglich, den Schein vor das politische Sein zu stellen. Symbolpolitik stiftet Identität, legitimiert durch Brot und Spiele Herrschaft und wird vom politischen Gegner als solche gebrandmarkt (Schaufensterpolitik). Bleibt also festzustellen: Sprache »vergegenwärtigt gemeinsame Erfahrungen und macht sie allen zugänglich, die einer Sprachgemeinschaft angehören. Sie ist zugleich Fundament und Instrument« politischen Handelns, indem sie gesellschaftliche Wirklichkeit konstruiert.[161] Sagbares und Machbares passen wie Puzzleteile und formen den Rahmen der politischen Optionen.

Das Rahmen – wissenschaftlich *Framing* – ist ein wichtiges Werkzeug in der Kiste geschickter Rhetoriker. Um in Debatten die Oberhand zu behalten, genügt es nicht, die Fakten auf seiner Seite zu haben, sondern die richtigen »gedanklichen Deutungsrahmen« zu aktivieren.[162] Frames sind wie Bilderrahmen: Sie machen den Unterschied zwischen unwichtigen äußeren und wichtigen inneren Aspekten aus. Das ist eine Parallele zur Idee von Grenzen in der Systemtheorie. Auf einer zweiten Ebene liefern Frames Muster, die auf verborgene Aspekte hinter dem Bild hinweisen. Frames rücken Ereignisse semantisch oder normativ in einen Kontext.

Wehling schreibt weiter: »Frames verleihen Fakten Bedeutung, indem sie Informationen in Bezug zu unseren körperlichen Erfahrungen und unserem gespeicherten Wissen über die Welt einordnen. Frames sind ideologisch selektiv und heben bestimmte Fakten und Realitäten hervor, während andere vernachlässigt werden. Sie bewerten und interpretieren. Sobald Frames durch Sprache, zum Beispiel in öffentlichen Debatten, in unseren Köpfen aktiviert sind, beeinflussen sie unser Denken und Handeln, ohne dass wir es bemerken.«[163]

Nehmen wir als plakative Beispiele die Worte bzw. Unworte der vergangenen Jahre: 2020 – Corona-Pandemie bzw. Corona-Diktatur; 2021 – Wellenbrecher bzw. Pushback; 2022 – Zeitenwende bzw. Klimaterroristen; 2023 – Krisenmodus bzw. Remigration. Diese Begrifflichkeiten rahmen politische Entwicklungen und werfen ein Schlaglicht auf gesellschaftliche Trends. Sie aktivieren unmittelbar Bilder und Gefühle in unserem Bewusstsein. Man kann sich diesem Prozess nicht entziehen, wie bei einer doppelten Verneinung, die auch das Abzustreitende aktiviert (etwa: ›Es regnet nicht.‹)

Die Gründe sind kognitiver Art. Um Gesagtes zu begreifen, aktiviert unser Gehirn vorhandenes Wissen – zum Beispiel passende Bilder, Bewegungsabläufe oder Erinnerungen. Durch Simulation dieser Gedanken werden die passenden Konzepte aktiviert und die Information ›gerahmt‹.

Einzelne Begriffe aktivieren mehr Wissen und Ideen, als uns bewusst ist. Sprache hat somit einen massiven Einfluss auf unsere Wahrnehmung. »Sie kann der Dreh- und Wendepunkt unseres Denkens und Handelns sein. Sprache bestimmt, wie wir unsere Umgebung und andere Menschen wahrnehmen und mit welcher Leichtigkeit Informationen und Fakten von unserem Gehirn registriert werden«, so Wehling.[164]

Wer unsere Aufmerksamkeit hat, steuert unser Denken. Wer Begriffe prägt, prägt unser Begreifen. Wem gestehen wir die Macht zu, zu benennen, was ist und damit unsere Lebenswelt mit Sinn zu füllen? Macht speist sich aus unterschiedlichen Quellen:

1. Politischen Institution: Gesellschaftliche Institutionen wird Autorität zuerkannt. Nehmen wir als Beispiel das Bundesverfassungsgericht, das maßgebliche Begrifflichkeiten des politischen Diskurses geprägt hat wie »freiheitlich-demokratische Grundordnung« oder »Recht auf informationelle Selbstbestimmung«. Institutionen verfügen über symbolisches Kapital. Dass das in Zweifel gezogen oder gar in Abrede gestellt wird, ist Teil eines politischen Diskurses. Grundlegend für die Justiz ist die Annahme eines »unvoreingenommenen und verständigen Publikums«[165].
2. Persönliche Glaubwürdigkeit: Bestimmten Personen wird durch ihre Aura Glauben geschenkt, sie sind würdig genug, dass wir ihnen zuhören. Charismatische Persönlichkeiten glänzen durch Inszenierung und ziehen ihre Zuhörerschaft in den Bann. Sie haben Kompetenzen oder sie wird ihnen zugeschrieben, so wirken sie auch anziehender.[166]
3. Mystik: Der Bezug auf mythische Traditionen ist ein Garant für Aufmerksamkeit. Wenn es gelingt, positiv besetzte Begriffe (Nation, Sicherheit) mit der eigenen politischen Position zu verbinden, steigt die Chance auf kommunikative Akzeptanz.

Das erfordert ein genaueres Verständnis von »Vor-Bildern« und »Ein-Bildung«.

Das Modell der Mythen: Eingebildete und echte Löwen

Informationen bilden Brücken. Sie verbinden Menschen mit Ereignissen, die sie nicht aus eigener Anschauung wahrgenommen haben. Diese Überbrückung ermöglicht es Impulsen oder Boten, den Transport zu übernehmen. Informationen werden manchmal angefordert (»*Sag mal, was wurde eigentlich aus Deiner früheren Chefin?*«) oder ungefragt geliefert (»*Hör mal, Du glaubst nicht, was gestern nebenan passiert ist.*«). Menschliche Kommunikation ist im Kern der Austausch interessanter oder relevanter Informationen. Informationen sind an sich sind nutzlos, ihren Wert handeln Sender und Empfänger im Kontext ihres Gesprächs aus.

Dar. 18: Der Löwe vor dem Fluss – Die Kettenbrücke in Budapest (Bearbeitung: Kata Matis)

Der Historiker Yuval Noah Harari beschreibt die drei Ebenen der Kommunikation so:[167]

1. »Der Löwe am Fluss«: Hierbei werden relevante Sachinformationen über die Umwelt besprochen, die sich ganz unmittelbar auf das eigene Handeln auswirken. Das Wissen darum sichert das eigene Überleben und hilft bei der Koordination komplexer Aktionen.
2. Klatsch: Relation schlägt Funktion. Menschen sind neugierig, sie interessieren sich für soziale Beziehungen und verschaffen sich im Gespräch einen Überblick über das Gefüge ihrer Nachbarschaft, des Kollegiums oder auch des Königshauses. Klatsch ist sozialer Klebstoff und stärkt den Zusammenhalt. Menschen nutzen Klatsch, um »Informationen über konkrete Verhaltenserwartungen an die Mitglieder einer (Gruppe) zu verbreiten und diejenigen sozial zu ächten, die gegen diese Regeln verstoßen. Mithilfe von Klatsch und Lästereien schreiben Gruppen soziale Normen fest«.[168]
3. »Fiktive Sprache«: Neben Normen brauchen Gruppen geteilte Vorstellungen bzw. Leitbilder. Diese formen sie mittels einer symbolbeladenen Zeichensprache. Was früher Stammesgeister waren, sind heute der Berliner Bär oder das Münch-

ner Kindl. Während Klatsch den Zusammenhalt kleinerer Gruppen von bis zu 150 Personen stärkt, ermöglicht die »fiktive Sprache« den Zusammenhalt einer sehr großen Zahl von Menschen, die einander gar nicht kennen. Mythen erschaffen eine »intersubjektive Ordnung«, die in der »kollektiven Fantasie von Tausenden und Millionen von Menschen existiert« und über ein »Kommunikationsnetzwerk [...] die subjektiven Wahrnehmungen miteinander verknüpft.«[169]

Wenn Menschen über Worte neue Welten erschaffen, können große Gruppen wildfremder Menschen effektiv zusammenarbeiten: Gemeinsame Visionen geben Orientierung. Mythen sind mehr als nur Geschichten, sie fordern unsere Vorstellungskraft: Im Rückblick auf Ereignisse, die die Gruppen zusammengebracht haben oder als Ausblick auf eine Zukunft, die zu gestalten ist. Mythen machen Phänomene berechenbar, rechtfertigen menschliches Streben und verleihen Macht, die Lebenswelt nach bestimmten Idealen zu gestalten, was die Mythen des antiken Griechenlands eindrucksvoll zeigen. Sie folgen »dem Aufstieg des Menschen, seinem Kampf, sich von den Übergriffen der Götter zu befreien – ihren Misshandlungen, ihrer Einmischung, ihrer Willkürherrschaft über das Leben der Menschen und ihre Zivilisation. Die Griechen krochen nicht vor ihren Göttern. Sie kannten deren eitles Bedürfnis, angefleht und verehrt zu werden, glaubten aber, ihnen ebenbürtig zu sein [...]. Die Griechen schufen sich Götter nach ihrem Ebenbild: kriegerisch und schöpferisch, weise und bösartig, liebevoll und eifersüchtig, zärtlich und brutal, leidenschaftlich und rachsüchtig zugleich«.[170]

Und heute? Haben Marken die Aura des Mythos. »MYTHOS APPLE. Das Geheimnis des Apfelwahns«[171], war im Stern zu lesen, »Was macht den Mythos der Marke Porsche aus?« fragt das Unternehmen auf seiner eigenen Homepage.[172] Und der Sportartikelhersteller Nike macht einen Haken unter den Namen der griechischen Göttin des Sieges. Nach den Mythen rücken jetzt die Geschichtenerzähler in den Fokus. Bei Harari heißen sie Magier, im folgenden Kapitel nennen wir sie Medien.

Die Modellierung des Marktes – Wie Medien Werte schaffen

Medien verbinden und trennen uns. Ihre Plattformen filtern und zwingen der Wirklichkeit ihre Logik auf. Medien funktionieren wie Werkzeuge, ihre Technologien erweitern die Wahrnehmung der individuellen Lebenswelt. »Was wir über unsere Gesellschaft, ja über die Welt, in der wir leben, wissen, wissen wir durch die Massenmedien«, schreibt Niklas Luhmann 1995. Fast beiläufig ergänzt er: »Das gilt auch für Soziologen, die ihr Wissen nicht mehr im Herumschlendern und auch nicht mit bloßen Augen und Ohren gewinnen können. Gerade wenn sie die sogenannten empirischen Methoden anwenden, wissen sie immer schon, was sie wissen und was sie nicht wissen – aus den Massenmedien.«[173]

Sein Bezug zur Stadtkultur[174] macht deutlich: Wir leben und erleben Stadt. Zwar bewegen wir uns durch ein und dieselbe Stadt, haben jedoch alle ein anderes Bild von ihr. Die Farbkleckse, die das Bild entstehen lassen, sind unsere Erfahrungen,

Wünsche und Hoffnungen. Diese basieren auf externen Stimuli. Diese Signale verstärken oder verstören das Bild, das wir uns von unserer Lebenswelt machen. Da wir nicht alles erfassen können, was um uns herum geschieht, braucht es Mittler, die Perspektiven schaffen, Ausschnitte und Momentaufnahmen bereitstellen. Diese Mittler sind Medien.

Funktionalistisch betrachtet ist die Aufgabe von Medien, Informationen zu speichern, zu übertragen und zu verarbeiten. Im Lateinischen ist das Medium die Mitte – die Mitte ist weit mehr als das, was Anfang und Ende zusammenhält oder das, was geometrisch er*mittel*bar ist. Theatralisch betrachtet findet in der Mitte eine Wende statt. Wenn Aristoteles Stücke in »Anfang, Mitte und Ende« unterteilt, ist das keine mittelmäßige Banalität. Er führt aus, dass die Mitte die »Peripetie« darstellt. Sie ist »die Umwandlung der Handlung in das Gegenteil und zwar nach Wahrscheinlichkeit oder Notwendigkeit«.[175] Es ist der Übergang vom Nichtkennen zum Kennen, von der Freundschaft zur Feindschaft oder vom Glück zum Unglück.

Es handelt sich dabei um mentale Vorgänge, die je nach Stück entweder dem Protagonisten bewusstwerden oder – sollten sie der Hauptfigur verborgen bleiben – sich dem Publikum erschließen. Diese Peripetie ist als plötzlicher Umschlag zu verstehen. Die Bezeichnung verdeutlicht die Verkettung von Mitte und Veränderung: Anfang und Ende sind nicht linear miteinander verbunden, Informationen verbreiten sich nicht ohne mediale Umwandlung vom Sender zum Empfänger. Man muss nicht so weit gehen wie der Sozialwissenschaftler Bruno Latour, demzufolge sich »alles in der Mitte ab(spielt), alles passiert zwischen den beiden Polen, alles geschieht durch Vermittlung, Übersetzung und Netze.«[176]

Dennoch ist es Aufgabe der Medien, als Mittler Ordnung in die Welt zu bringen. Wem fällt dies in Deutschland derzeit zu? Es gibt aktuell rund 340 Tageszeitungen, 30 Wochenzeitungen, 443 Radiosender, 480 private Fernsehprogramme, 21 öffentlich-rechtliche TV-Sender und 70 Radiosender und etwa 7.000 Zeitschriften.[177] Die Zeitungen haben eine verkaufte Auflage von 15 Millionen und zählen 2,7 Leser pro Ausgabe. So kommt der Bundesverband Digitalpublisher und Zeitungsverleger (BDZV) auf über 35 Millionen Printleser am Tag.[178] Auch wenn die Verlage digital zulegen, so ist der Umsatz mit 6,8 Milliarden Euro im Sinkflug, ein Minus von zwei Prozent von 2021 auf 2022. Das Anzeigengeschäft schrumpft gar um sechs Prozent, der Vertrieb um ein Prozent auf 5,04 Milliarden Euro. Die steigenden Druckkosten und Beschaffungsprobleme setzen den Verlagen zu.

Medien sind nie neutral. Sie machen wahrnehmbar, vermitteln, speichern und verarbeiten anders, sowohl auf Ebene des Codes als auch des jeweiligen Kanals. Ihre (Re-)Produktion geschieht unter spezifischen Bedingungen. Deshalb sind Massenmedien rechtlich gesehen »Tendenzbetriebe«.[179] Sie dienen politischen, konfessionellen, karitativen, erzieherischen oder wissenschaftlichen Zwecken. Berichterstattung und Meinungsäußerung fallen im Sinne der Pressefreiheit darunter. Daher gilt für Medienunternehmen ein Tendenzschutz, wonach die rechtlichen Möglichkeiten zur Mitbestimmung des Betriebsrats eingeschränkt sind. Die Verlagsleitung soll die Oberhand über die veröffentlichten Produkte behalten.[180] Tendenzbetriebe unterscheiden sich deutlich von Unternehmen, die in erster Linie Gewinne erzielen wollen. Durch ihrem Programmauftrag folgen sie bestimmten Zwecken der Berichterstattung oder Meinungsäußerung. Damit genießen Verlage, Nachrichtenagenturen, Rundfunk- oder Fernsehanstalten sowie Zeitungsverlage rechtliche Privilegien. Ob ein Gewinnzweck mit dem ideellen Zweck verknüpft ist, ist unerheblich. Etwa bei einem politischen Zeitungsverlag, der mit dem Verkauf von Zeitungen Geld macht. Sie sind vergleichbar mit Gewerkschaften, Verbänden oder gemeinnützigen Einrichtungen.

Was verarbeiten Medien? Welche Freiheiten genießen Medienschaffende? Wie prägen sie städtische Gemeinschaften? Darum soll es nun gehen.

Kann man sich nach Journalisten richten?

Journalisten sind Besserwisser von Beruf. Bescheidenheit ist fehl am Platz. Gefordert wird maximales Sendungsbewusstsein. Der Kommunikationswissenschaftler Tanjev Schulz zeichnet dieses Bild über seine frühere Profession: »Im Buhlen um Aufmerksamkeit, im Umwerben des Publikums streichen Journalisten ihre Vorzüge heraus, das unterscheidet sie kaum von anderen Akteuren, die etwas verkaufen oder loswerden wollen.« Berichterstattung konstruiert eine Medienrealität. Schulz empfiehlt ein Bewusstsein für die eigenen Begrenzungen. Denn »empirische Zusammenhänge sind in einer komplexen Gesellschaft schwer zu durchschauen, vieles ist ungewiss oder beruht auf Wahrscheinlichkeiten.« Und er mahnt an: »Selbst, wenn alle einzelnen Tatsachenbehauptungen in einem Beitrag für sich genommen korrekt sind, kann das das Bild, das er zeichnet, schief, unscharf oder auf dramatische Weise unvollständig sein. Deshalb ist es so wichtig, ein möglichst vielfältiges Medienangebot zu haben. Was die einen übersehen oder nicht sehen wollen, rücken andere hoffentlich ins Bild.«[181]

Allerdings scheinen Klicks und Marktgängigkeit vor Relevanz zu kommen: Welche Story, welche Schlagzeile könnte sich jetzt am besten verkaufen? Es ist eine Durchökonomisierung, die wenig Rücksicht auf qualitative Inhalte nimmt. So findet sich in der Redaktion der Tageszeitung Welt ein Tacho, der morgens im roten Bereich ist und erst bei Abschluss von ausreichend vielen Abos in den grünen Bereich kommt. Das Mitglied einer anderen Chefredaktion bringt es auf den Punkt: »Medienhäuser sind Wirtschaftsunternehmen – es hat niemand was davon, wenn wir in Schönheit sterben.«[182]

Unabhängiger Journalismus ist eine Säule des Rechtsstaates. Er genießt – wie sonst nur noch die Wissenschaft – grundgesetzlichen Schutz. So heißt es in Artikel 5: »Jeder hat das Recht, seine Meinung in Wort, Schrift und Bild frei zu äußern und zu verbreiten und sich aus allgemein zugänglichen Quellen ungehindert zu unterrichten. Die Pressefreiheit und die Freiheit der Berichterstattung durch Rundfunk und Film werden gewährleistet. Eine Zensur findet nicht statt.«

Pressefreiheit ist kein Luxus. Sie verschafft Transparenz und erschafft Öffentlichkeiten. Das ist für Individuen und Gesellschaften bedeutsam: Pressefreiheit macht Veränderungen im Umfeld ersichtlich, wird zum Ausgangspunkt für Selbsterkenntnis und umschreibt Handlungsoptionen. »Komplexe, hochgradig differenzierte Gesellschaften werden von zahlreichen Kommunikationsbarrieren durchzogen; soziale Systeme, deren Mitglieder und Teile sich mangels ungehinderter Kommunikation untereinander nicht verständigen können und zu wenig übereinander erfahren, sind aber auf Dauer nicht lebensfähig«.[183]

Das Bundesverfassungsgericht hält im berühmten SPIEGEL-Urteil[184] aus dem Jahr 1966 fest: »Soll der Bürger politische Entscheidungen treffen, muß er umfassend informiert sein, aber auch die Meinungen kennen und gegeneinander abwägen können, die andere sich gebildet haben. Die Presse hält diese ständige Diskussion in Gang; sie beschafft die Informationen, nimmt selbst dazu Stellung und wirkt damit als orientierende Kraft in der öffentlichen Auseinandersetzung. In ihr artikuliert sich die öffentliche Meinung; die Argumente klären sich in Rede und Gegenrede, gewinnen deutliche Konturen und erleichtern so dem Bürger Urteil und Entscheidung«.[185] Diesen Auftrag formuliert der Pressekodex programmatisch aus: »Die Achtung vor der Wahrheit, die Wahrung der Menschenwürde und die wahrhaftige Unterrichtung der Öffentlichkeit sind oberste Gebote der Presse.«[186]

Hohe Ansprüche – wie wollen Medienschaffende diesen gerecht werden? Aus einer Selbstbeschreibung von Volontärinnen und Volontären der Süddeutschen Zeitung geht hervor: »Vom Grundrecht auf Pressefreiheit sollen nicht nur Medien profitieren, sondern alle. Die Presse ist das Bindeglied zwischen dem Volk und seinen gewählten Vertretern. Presse macht politische und gesellschaftliche Diskussionen transparent, für jeden zugänglich und hält sie in Gang.«[187] Pragmatischer klingt da Gregor Meck, der Chefredakteur des Nachrichtenmagazins Focus. Sein Magazin »ist Begleiter, Ratgeber und Inspiration für alle, die neugierig auf die Welt schauen.«[188]

Eine Mischung aus Pathos und Ernüchterung durchzieht die Analyse von Georg Mascolo, Leiter des Rechercheverbunds von SZ, NDR und WDR. In seiner Auseinandersetzung mit dem Anspruch auf Wahrheit heißt es: »Meist ist man schon damit beschäftigt, überhaupt die Tatsachen herauszufinden und nach sorgfältiger Recherche und vorsichtiger Abwägung jeweils bestmögliche verfügbare Version der ›Wahrheit‹ anzubieten«. Durch Desinformation und Propaganda entstünden »parallele Wirklichkeiten«. Qualitätsmedien wollen ihr Publikum informieren nicht missionieren. »Sie vermelden eine Nachricht schnell, aber widerstehen dem Hang, diese zu deuten, zu erklären, bevor sie tatsächlich verstanden wurde.« Journalismus müsse »Ort der Mäßigung sein [...], des zweiten Gedankens, der Schritt hält mit einer komplizierten Welt.«[189] Dies sind hehre Ideale. Die Dynamik, die moderne Großstädte charakterisiert und wie sie im Kapitel AUFBAU ausgeführt wird, ist auch im Alltag Medien ankommen und wird durch die voranschreitende Dichte spürbar. Der Markt der Meinungen verlangt von den Journalisten einiges ab: Exklusivität und Schnelligkeit sollen Aufmerksamkeit für die Verlagsprodukte schaffen, ganz nach dem viel zitierten Motto: »*Get it first, but first get it right.*«

Die Erwartungen des Publikums[190] wie auch der eigenen Redaktionen sind höher geworden. Gleichzeitig schrumpft die Anzahl der Mitarbeitenden in den Redaktionen. Ressorts werden geschlossen oder auch Printausgaben von Tageszeitungen ganz eingestellt. Hinzu kommen persönliche Aspekte: Hauptberufliche Journalisten verdienen im Durchschnitt rund 2.340 Euro netto pro Monat. Eine Mehrheit (58 Prozent) stuft ihr Arbeitsverhältnis als »eher unsicher« ein, fast die Hälfte (43 Prozent) der Hauptberuflichen schätzt ihre Arbeitssituation als prekär ein.[191]

Für den Journalismus gilt: Die Informationslage ist komplexer, differenzierter und vielschichtiger. Die Konkurrenz ist immens, da quasi jeder zum Medium werden und als Zeuge oder Betroffener die Erstinformation der Öffentlichkeit übernehmen kann. Journalisten verlieren dadurch die Diskurshoheit, weil sie eine Informationsquelle unter vielen sind.

Ihre Aufgaben sind im Presserecht hinterlegt.[192] Journalisten sollen

- kontinuierlich Nachrichten beschaffen und verbreiten,
- Stellung nehmen und Kritik üben,
- An der Meinungsbildung mitwirken und
- eine Informations- und Kontrollfunktion ausüben.

Das Bundesverfassungsgericht hält 2008 fest: Um zu einer »orientierende Kraft in der öffentlichen Auseinandersetzung« zu werden, entscheiden sie »nach publizistischen Kriterien, was sie des öffentlichen Interesses für wert halten.«[193] Die Wertigkeit des Journalismus scheint zu bröckeln: Nur 47 Prozent der Medienschaffenden weltweit blicken laut einer Befragung des Reuters Institute[194] zuversichtlich auf ihren Beruf. Gründe dafür sind: steigende Kosten, sinkende Werbeeinnahmen und mögliche juristische als auch physische Angriffe. 63 Prozent machen sich Sorgen aufgrund des sinkenden Traffics durch Social-Media-Seiten, vor allem bei Facebook und X (vormals Twitter). Erwartet wird, dass ein Großteil des Internets bis 2026 synthetisch erzeugt wird. Wahrscheinlich scheint auch, dass mehr Zeitungen die tägliche Druckproduktion einstellen und große Tech-Plattformen verstärkt auf bezahlte Geschäftsmodelle setzen. KI-Bots und persönliche Assistenten werden an Bedeutung gewinnen.

Was heißt das für die Kommune, wo Lokaljournalismus die intersubjektive Auseinandersetzung mit der Lebenswelt ermöglicht? Womöglich eine »Entöffentlichung« der Gesellschaft und die Ausbreitung von Nachrichtenwüsten, von denen es bereits 200 in den USA gibt.[195] Studien zeigen: Fehlt die »Vierte Gewalt«, schwindet das Interesse an der Kommunalpolitik. Mehr noch: Das Gemeinschaftsgefühl, das Interesse am Ehrenamt, die Wahlbeteiligung lassen nach, weil die Resonanz schwindet. Öffentliche Verwaltungen werden intransparenter, nehmen mehr Schulden auf und Unternehmen begehen häufiger Gesetzesverstöße, da die Wahrscheinlichkeit sinkt, dafür zur Rechenschaft gezogen zu werden Diese Effekte sind »kausal und nicht durch die wirtschaftlichen Rahmenbedingungen bedingt. Wenn staatliche Institutionen nach einer Einstellung des Lokalmediums nicht mehr überwacht werden, geht das mit höheren staatlichen Löhnen und Defiziten und wahrscheinlich auch mit kostspieligen vorzeitigen Rückzahlungen und ausgehandelten Verkäufen einher.«[196] Es ist viel Wahres am Claim der Washington Post: »Democracy dies in darkness«.[197]

Der Journalist Maxim Flösser hat herausgearbeitet, welche Bedeutung der Verlust von Lokalmedien ganz konkret hat. Nach seiner Erhebung fehlt in Baden-Württemberg eine örtliche Zeitung in 207 von 891 Gemeinden. Dies führe zu einem Erstarken von Populismus und lasse insbesondere eine Partei profitieren. Flösser schreibt: »Selbst unter Bezugnahme weiterer Einflüsse wie Arbeitslosigkeit, Migrationsanteil in den Gemeinden, Männer-Frauen-Verhältnis und so weiter bleibt der Effekt der Präsenz einer Lokalzeitung bestehen. Gemeinden mit mindestens einer Lokalzeitung stimmten immer noch durchschnittlich um 0,6 Prozentpunkte weniger für die AfD. Auch wenn der Unterschied nicht riesig ist, so zeigt er dennoch, dass selbst wenn man strukturelle Unterschiede miteinbezieht, die Lokalzeitung ein eigenständiger und signifikanter Faktor für das Wahlverhalten ist.«[198]

Was nun, was tun? Ein Update zur Absicherung von Qualitätsmedien verspricht Sebastian Turner. In seinem Buch schreibt er: »Die Abwärtsspirale aus sinkenden Einnahmen und schrumpfenden Redaktionen ist nicht unabänderlich. Ein neuer Ansatz schafft jetzt die Schubumkehr. Mit ausgebauten Redaktionen und Deep Journalism lässt sich der wirtschaftliche Erfolg steigern. Der Schlüssel dazu ist die Domänenkompetenz.«[199] Er hat dazu das Start-up Table.Media gegründet, das inzwischen mehr als 100 Mitarbeiter beschäftigt, die vertieft zu Europa, Sicherheit, Klima, Nachhaltigkeit, Bildung und Forschung recherchieren. Sie erstellen hochpreisige Newsangebote, die sich an die politischen Entscheider wenden. Es handelt sich um ein »Vertikal-Angebot«, das nicht mit Emotionen um die Erregbaren aus den sozialen Medien buhlt oder auf Werbeeinnahmen schielt. Es will Mehrwert vermitteln und verlangt dafür hohe Preise für die Abonnements.

Bringen wir Licht ins Dunkel und werfen einen Blick darauf, was Aufmerksamkeit erregt, wie das Publikum angesprochen wird und was als berichtenswert erachtet wird.

Der Wert der Nachrichten: Was war? Was ist wahr?

Die Gesamtheit der Nachrichten bildet den Markt der Aktualität. Er umfasst alles, was als bedeutsam gehandelt wird, worüber es wert ist, sich auszutauschen und was menschliche Bedürfnisse weckt oder befriedigt. Den Rummel auf diesem Markt will ich nun ergründen, die Produkte nachrichtlich beschreiben und das Handwerkszeug der Verkäufer erläutern.

Der Mensch sucht Orientierung. Er will wissen, wonach er sich richten kann. Die Nachricht ist begrifflich seit dem 17. Jahrhundert als Mitteilung oder Botschaft zu verstehen, davor eher als Anweisung.[200] Nach medienwissenschaftlicher Definition ist eine Nachricht »eine direkte, kompakte und möglichst objektive Mitteilung über ein neues Ereignis, das für die Öffentlichkeit wichtig und interessant ist.«[201] Den Stoff für Nachrichten bilden also Ereignisse, die mit der Gemeinschaft geteilt werden.

Es ist hilfreich, das Wesen von Ereignissen zu kennen. Auf die Frage, was die politische Agenda bestimme, hatte der britischen Premier Harold Macmillan eine eingängige Antwort gefunden: »Events, dear boy, Events«[202]. Wenn ein Ereignis also »wichtig und interessant« sein soll, dann muss von ihm eine Relevanz ausgehen. Dies macht es zur Zäsur und zum Wendepunkt, der befreiend oder traumatisierend wirkt. Sozialwissenschaftlich ausgedrückt gehen Ereignisse einher mit »unumkehrbaren Veränderungen, die vorab nicht klar erkennbar waren und sich also vorab nicht aus berechenbaren Naturgesetzen hätten ableiten lassen«, schreibt der Kognitionswissenschaftler Fritz Breithaupt. Ereignisse teilen die Gegenwart in ein Vorher und Nachher. Allerdings wohnt ihm keine Deutung inne – es ist aus vielerlei Perspektiven zu beurteilen. »Interpretation ist der Versuch der Reintegration des Ereignisses in den Fluss einer klaren Ordnung.«[203] Das Ereignis ist folglich zu verbinden mit ähnlichen Sachverhalten oder auch mit Perspektiven, die dem Empfänger beim Einordnen helfen und die Relevanz für das eigene Leben erschließen. Dies ist, wie gezeigt, Handwerkszeug der Journalisten.

Die Industrielle Revolution, die Beschleunigung des Lebens und die Urbanisierung sind Quellen und Motoren für den Journalismus, der sich im 19. Jahrhundert formierte. Zum Berufsstand zählen dem Idealtyp nach progressive, investigative Denker, die Vetternwirtschaft oder soziale Missstände zum Thema machen. Dazu graben sie im Mist, was ihnen alsbald den Spitznamen »muckrakers« einbringt, also »Nestbeschmutzer«. Sie revolutionieren die Presselandschaft. Medien nehmen fortan das Regelwidrige, Unerwartete und Atypische in den Fokus und prägen säkulare Gemeinschaften. Auch im Stadtbild macht sich das bemerkbar. Die Paperboys (›Zeitungsjungen‹) preisen als »kongeniale Mittler« journalistische Produkte an. Sie machen sich mit den Nachrichten gemein: Sie fallen aus dem Rahmen und durchbrechen den erwarteten Gang der Dinge, wie Rolf Lindner schreibt.[204] Die Schlagzeilen, die sie lautstark kundtun, benennen ungewöhnliche Ereignisse oder Normverstöße.

Was ist schon gewöhnlich in einer Stadt, die sich meist aus Migranten vom Lande oder gar der Alten Welt zusammensetzt? Zeitungen sind mehr als ein Produkt der Urbanisierung; sie sind treibende Kraft. Sie informieren pointiert, leben von Slogans und Schlagzeilen. Die Erscheinungsweise und die Distribution (Straßenverkauf) ist eine Synchronisation urbaner Verkehrs-, Wahrnehmungs- und Verhaltensformen.

Der Historiker Benedict Anderson zeigt auf, dass gerade die Zeitungslektüre ein Gefühl der Zugehörigkeit begründet. Wenn die Leserinnen und Lesern mehr oder weniger gleichzeitig vom selben Ereignis erfahren, »erfinden sie sich als Nation«.[205] Die Lektüre von Zeitungen schafft beim Publikum die Vorstellung einer Gemeinschaft (»imagined communities«). Was Anderson in den späten 1990er-Jahre darlegt, schrieb fast 100 Jahre zuvor der Franzose Gabriel Tarde über seine Zeitgenossen. Tardes Studien zum Verhältnis von Öffentlichkeit und Masse – ausgehend von seinem kriminologischen Interesse – und zur Meinungsbildung sind heute noch erhellend. Er liefert »Fragmente einer Kollektivpsychologie« und sieht eine »Ansteckung ohne Berührung, eine Gedankenübertragung über beliebige Entfernungen und eine Gruppenbildung auf Grund von geteilten Erregungen.«[206]

Noch weiter geht der Schriftsteller Alain de Botton. Er argumentiert mit Verweis auf Hegel, dass Nachrichten in modernen Gesellschaften die Religion als wesentliche Quelle der Orientierung abgelöst haben. Sie liefern uns Nachrichten Erkenntnisse über Gut und Böse.[207] Aus praktischer Erfahrung würde ich die Theorie ummünzen in: »Nachrichten sind Sensationen – sie berühren Menschen. Zumeist berichten sie über den Verstoß gegen Normen und zeigen die Konsequenzen auf, die daraus für eine größere Öffentlichkeit entstehen.« Oder mit Blick auf die noch zu untersuchenden Neuen Medien: »Die Nachricht ist eine Statusmeldung. Sie ist eine mediale, inszenierte und subjektive Mitteilung über ein Erlebnis, das mit dem Wunsch auf Unterhaltung und soziale Anerkennung verbreitet wird.«

Ereignisse können nur dann Resonanz erzeugen, wenn sie den Logiken bestimmter Systeme entsprechen. Dies markiert der Nachrichtenwert: wirtschaftlich und ideologisch. Als Mitte des 18. Jahrhunderts Telegrafen Informationen von einer körperlichen Übertragung loslösen, erkennt die Finanzwelt rasch ihren Wert. An der Hamburger Börse ist zu hören, dass »Nachrichten, nur um einige Stunden früher eintreffend als sonst, größere Summen wert sein könnten als die jährlichen Kosten der Telegraphenlinie, samt der ganzen Einrichtung derselben.«[208]

Auch ideelle Werte machen Ereignisse zur Nachricht. Die erste Studie zum Nachrichtenwert geht auf Walter Lippmann aus dem Jahr 1922 zurück, der zehn Elemente identifiziert:

Dar. 19: Die 10 Elemente zur Erfassung des Nachrichtenwerts nach Lippmann

Überraschung	Relevanz
Sensationalismus	Schaden
Etablierung	Nutzen
Dauer	Prominenz
Struktur	Nähe

Lippmann beschreibt die Natur der Nachrichten und prägt den Begriff »news value«. Der Nachrichtenwert »ist der von PR- oder journalistischen Kommunikatoren zugeschriebene Wert, den Ereignisse haben müssen, um für PR- oder journalistische Medien als berichtenswert zu gelten und damit die Schwelle zum berichteten Ereignis, d. h. zur publizierten Nachricht, zu überschreiten. Er bildet sich nach bestimmten Mustern bzw. Selektionskriterien, den Nachrichtenfaktoren.«[209] Die Theorie erklärt, nach welchen Kriterien Journalistinnen bzw. Redakteure die Ereignisse auswählen.

Der Nachrichtenwert ist das »zentrale Element der Pressearbeit« ist, wie Annina Baur und Daniel Caroppo in einem aufschlussreichen Kompendium ausführen. Auch wenn in den Redaktionen keine Checklisten mit den Parametern auslägen, so würden »Berufsanfänger in das System hineinwachsen, in dem die Nachrichtenauswahl nach den [...] Faktoren gängig ist.« Denn: »Ein Thema ohne ausreichenden Nachrichtenwert ist kein Thema. Das sollten auch alle bedenken, die sich auf Publikationen in sozialen Medien oder eigenen Blogs konzentrieren und sich damit vermeintlich unabhängig von Nachrichtenfaktoren fühlen: Die Nachrichtenfaktoren orientieren sich an Persönlichkeitseigenschaften von Menschen, die den grundsätzlichen Charakter, das Wesen und moralische Verhalten ausmachen.«[210]

Wenn Berufsanfänger ihr Handwerk erlernen – im Journalismus ist es das Volontariat –, kommen sie am ›Küchenzuruf‹ nicht vorbei. Fehlt er im Beitrag ist dieser »im Sinne von Journalismus unbrauchbar und zu jeglicher Form von Kommunikation ebenfalls nicht tauglich«, schreibt Medienforscher Christoph Fasel.[211] Der Begriff klingt altbacken und tradiert ein antiquiertes Rollenverständnis von Mann und Frau. Er umkreist aber metaphorisch, was Berichterstattung im Kern ausmacht: eine Botschaft, ein Atemzug und vor allem Anschlussfähigkeit. Geprägt hat den Begriff Henri Nannen, Gründungschefredakteur des Nachrichtenmagazins Stern. Er führte seinen Redakteuren folgende Geschichte vor Augen: Hans und Grete machen donnerstags ihre Wocheneinkäufe, Hans bequemt sich nach dem Essen in den Ohrensessel, während »Frau Grete« sich in der Küche sich die Schürze umbindet, um den Abwasch zu beginnen. Hans liest acht Seiten über die Steuerpolitik der Regierung Adenauer und ruft in die Küche: »Mensch Grete, die in Bonn spinnen komplett! Die wollen schon wieder die Steuern erhöhen!«[212]

Diese Ausrichtung am Gesprächswert ist nachvollziehbar. Der Konsum von Informationen muss einen Zweck haben. Menschen wählen Medieninhalte, wenn sie sich davon Wohlbefinden erhoffen oder einen praktischen bzw. einen kognitiven Nutzen. Die Gewichtung mag von Mensch zu Mensch variieren, bleibt aber individuell über die Zeit stabil wie Psychologen gezeigt haben.[213] Die Fokussierung auf menschliche Bedürfnisse und die Ausrichtung am Gesprächswert ist für Redaktionen kein Selbstzweck. Auflage, Reichweite und Einschaltquoten erfordern Aufmerksamkeit und Neugierde. Medienhäuser buhlen um die Gunst des Publikums und passen sich dem Rattenrennen um Exklusivität und Geschwindigkeit an. Ihre Zuspitzung führt dann auch zu einem Clickbaiting – also dem Auslegen eines Köders, um einen Click zu provozieren. Dabei werden starke Emotionen erzeugt und psychologische Effekte genutzt, um Informationen aufzurufen oder zu teilen. Clickbait ist eine umstrittene Praxis, bei der Inhalte durch reißerische Überschriften beworben werden, um die Zugriffszahlen zu steigern und dadurch auch die Werbeeinnahmen zu erhöhen.

Einer der wichtigsten Adepten der Nachrichtenwerttheorie, Johan Galtung, mahnt: »Es war nicht eine Anweisung, wie man Journalismus machen sollte, sondern eine Warnung, wie man ihn nicht machen sollte!« Er findet: Medien würden sich zu stark auf Faktoren wie Negativität und Prominenz fixieren, vorausschauendes Denken und Lösungsansätze würden ausgeblendet.[214]

Studien zeigen: Der mediale Daueralarm führt zu einen »News-Burnout«[215] oder allgemein einer »Nachrichtenmüdigkeit«. Dem Reuters Institute zufolge vermeidet jeder zehnte erwachsene Internetnutzende oft Nachrichten. 65 Prozent versuchen dies mindestens gelegentlich. 29 Prozent der Befragten, die zumindest gelegentlich

Nachrichten vermeiden, gehen bestimmten Themen gezielt aus dem Weg. Am häufigsten werden Nachrichten zum Ukraine-Krieg gemieden, gefolgt von Nachrichten zum Thema Unterhaltung beziehungsweise Prominente, Gesundheit und Sport.[216]

Nachrichtenwerte bilden nicht mehr menschliche Bedürfnisse ab. Die dauerhafte Beschäftigung mit Ereignissen außerhalb des individuellen Einflusses ermüdet. Der österreichische Journalist Armin Wolf hat 2012 diese Entwicklung angedeutet. Er zitiert eine Jugendliche, die stoisch-selbstgewiss von sich gab: »Wenn eine Nachricht wirklich wichtig ist, wird sie mich finden.«[217] Eine Zermürbung konstatiert auch die Journalistin Ronja Wurmb-Seibel. Ihre Kritik lautet, Veränderungen zum Guten laufen prozesshaft ab, dies passt nicht in den Alltag aktuell berichtender Medien. Sie führt aus: »Passiert etwas Schlechtes, merken wir es sofort. Passiert etwas Gutes, ist es weniger auffällig.« Das wirkt sich auch darauf aus, was wir Anderen von unseren persönlichen Erlebnissen erzählen: »Wir berichten eher von der Hundescheiße am Wegesrand als von der aufblühenden Blumenwiese.«[218]

Eine deutschlandweite Studie[219] zeigt, dass die Einstellungen gegenüber Medien in Deutschland zunehmend gespalten sind. Während die Mehrheit der Deutschen grundsätzlich Vertrauen in die Medien hat, ist ein Viertel der Bevölkerung ausgesprochen kritisch. Die Studie legt nahe, dass Misstrauen und Ablehnung gegenüber Medien meist kein isoliertes Phänomen sind, sondern mit einer allgemeinen Systemkritik einhergehen. So fühlen sich 68 Prozent der Medienkritiker von der Politik vernachlässigt. Ihre skeptische Haltung wird flankiert von großen persönlichen Enttäuschungen, Zukunftssorgen oder dem Drang, gegen die bestehenden Verhältnisse aufzubegehren. Die Autoren haben tiefenpsychologische Interviews geführt und kommen zum Schluss, dass sich manche Menschen von der steigenden Komplexität und Angebotsflut der Medien überfordert fühlen. Der fortwährende Medienkonsum versetzt sie in einen Zustand der Hypersensibilität und Dauererregung. Auf diese Überdosis reagieren sie mit dem Rückzug von etablierten Nachrichtenangeboten.

Die Studie weist konstruktivem Journalismus und regionaler Berichterstattung große Bedeutung zu. Durch Berichterstattung über positive Entwicklungen und persönliche Zukunftsperspektiven könne das Vertrauen in die Medien gestärkt und Menschen an die etablierten Nachrichtenangebote herangeführt werden. Da regionale Medien von Kritikern insgesamt positiver bewertet werden als nationale Medien, kommt ihnen eine Schlüsselrolle zu. Durch die Nähe und Berichterstattung zur unmittelbaren Lebenswelt der Menschen können sie die Menschen besser erreichen und ihnen Orientierung geben. Das klingt couragiert und ermutigend. Dennoch ist zu schauen, was die Konkurrenz macht. Der größte Feind der Redaktion ist der Algorithmus. Der Nachrichtenkonsum und damit die Meinungsbildung verlagert sich auf Plattformen und immer mehr in die Katakomben der sozialen Medien.

Das Netzwerk:
Wie sozial sind soziale Medien?

Die Stadt ist das dichteste neuronale Netz, das Menschen erschaffen haben. Getoppt wird es durch das Internet und die sozialen Medien. Als »Ergänzungsraum des realen Lebens«[220] triggern sie fundamentale Eigenschaften des Menschen: Aufmerksamkeit, Neugierde, Neid, Zugehörigkeitsgefühl. Die Aktivitäten Like, Retweet, Fave schaffen Teilöffentlichkeiten, die eine individuelle Positionierung ermöglichen. Man erhält Aufmerksamkeit, die sich auf das Selbstwertgefühl auswirkt. Wer den Status einschätzen will, braucht Abgleich. Plattformen formen eine flache, egalitäre Welt. Das befördert die Vergleichsmomente und stimuliert das Bestreben nach Dingen, Erlebnissen, die im echten Leben unerreichbar wären. Die Welt wird zum globalen Dorf. Dennoch haben sich viele der Wunschträume an die Neuen Medien nicht erfüllt. Gleichwohl werden sie das Stadtgespräch künftig stärker beeinflussen – über das sogenannte Influencing. Getreu dem Motto Menschen folgen Menschen, nicht Marken oder Behörden. Schon heute trägt das Stadtgespräch erste Züge des Influencing. Daher nun eine Spurensuche im Web 2.0 und seinen Updates.

Was sind schon 20 Jahre in der Geschichte der Menschheit? Eine Ewigkeit möchte man meinen, wenn man sich anschaut, welche Vorstellungen man 2005 vom Internet der Zukunft hatte. Tim O'Reilly reflektiert in seinem Essay »What is Web 2.0?« soziale, rechtliche und ökonomische Aspekte. Im Wesentlichen geht es um die Weisheit der vielen. Erfolg verspricht es, die »Kraft des Webs zu nutzen, um kollektive Intelligenz zu bündeln. Die Verlinkung bildet das Fundament des Webs. Wenn Benutzer neuen Inhalt und neue Websites hinzufügen, wird dieser in die Struktur eingebunden, indem andere Benutzer den Inhalt entdecken und darauf verlinken. Ähnlich wie Synapsen im Gehirn entstehen, werden Assoziationen durch Wiederholung oder Intensität verstärkt. Das Netzwerk von Verbindungen wächst organisch als Ergebnis der kollektiven Aktivität der User.«[221]

Die Aktivitäten auf dem virtuellen Marktplatz sind Vorraum und Forum öffentlicher Meinungsbildung. Die digitale Agora erzeugt maximale Aufmerksamkeit, um diese als Werbefläche zu verkaufen. Ihr Spielfeld bezeichnet die Wissenschaft als PINGS-Rahmenwerk: Personalisierung, Inzidentalität, Non-Exklusivität, Granularität und Sozialität sind Charakteristika.[222] Social-Media-Inhalte werden sowohl durch Algorithmen als auch durch eigene Präferenzen personalisiert. Dies ist Geschäftszweck von Plattformen. Nutzer kommen oft unbeabsichtigt mit politischen Informationen in Kontakt, diese Begegnung variiert je nach individuellem Interesse und Aktivität. Einige Nutzer nehmen aktiver an politischen Themen teil als andere, weil politische Informationen mit anderen Inhalten um die Aufmerksamkeit konkurrieren.

Da Politik als störend empfunden wird, hat Meta seine Plattform Instagram Anfang 2024 noch marktkonformer gemacht. Der Konzern, dem auch Facebook und WhatsApp gehören, gibt bekannt: »Wir werden dir proaktiv keine Inhalte zum Thema Politik empfehlen [...]. Wenn du von dir aus Konten folgst, die politische

Inhalte posten, möchten wir dir nicht im Weg stehen.«[223] Dies forciert die Granulität politischer Inhalte. Freischwebende Infoschnipsel werden oberflächlicher und leichter konsumierbar. Die soziale Komponente ist mit Hinweisanreizen verbunden. Likes oder persönliche Empfehlungen beeinflussen den Zugang und die Wahrnehmung von Informationen und sorgen für eine komplexe Dynamik in der Meinungsbildung.

Diese Dynamik stresst die Demokratie, die eine völlig andere Taktung hat als die Plattformen. Die Institutionen brauchen fast zwei Jahrzehnte, um sich im »Neuland« zurechtzufinden und es rechtlich einzuhegen. Das »Gesetz über digitale Dienste« (Digital Services Act, DSA) soll ein sichereres und verantwortungsvolleres Online-Umfeld schaffen. Das Regelwerk gilt seit 2024 für die gesamte Europäische Union. Es schützt Nutzerinnen und Nutzer und bietet Unternehmen im gesamten Binnenmarkt Rechtssicherheit. Erleichtert wird die Entfernung illegaler Inhalte und die Absicherung der Redefreiheit im Internet. Für Online-Plattformen und Suchmaschinen, die monatlich mindestens 45 Millionen User erreichen, gelten besondere Anforderungen. Alle Plattformen, die ihre Dienste im Binnenmarkt anbieten, müssen die neuen Vorschriften beachten. Online-Anbieter sind zum Beispiel Internetanbieter, Domänennamen-Registrierstellen, Hosting-Dienste wie Cloud- und Webhosting-Dienste, Online-Marktplätze, App-Stores, Plattformen der kollaborativen Wirtschaft und Social-Media-Plattformen.

Eine »Plattformisierung« konstatiert die Bundesregierung.[224] Bereits 2021 führt sie im Medienbericht aus: »Die Öffentlichkeit, die sich bildlich gesprochen einst auf dem Marktplatz zusammengefunden hat, trifft sich heute in den Kommentarspalten von YouTube. Längst sind Plattformen [...] fester Bestandteil der Medienlandschaft geworden. Jedoch unterscheiden sich ihre Funktionsweise und Geschäftsmodelle fundamental von denen der ›klassischen Medien‹, sie sind technisch, ökonomisch und soziokulturell ein Novum in der traditionellen Medienlandschaft, die auf diese Entwicklungen schlecht vorbereitet war.«[225] Diese Plattformen verfolgen privatwirtschaftliche Interessen und nutzen die Aufmerksamkeitsökonomie zur Monetarisierung. Sie handeln nicht im öffentlichen Interesse.

Es geht hierbei um andere Effekte: Die vernetzten Medien »schließen das private und das öffentliche Bewusstsein kurz. Sie erzeugen eine neue Dynamik und Dramatik der Enthüllungen. Sie treiben ganze Gesellschaften in Phasen rauschhafter Nervosität und lassen Konflikte in Hochgeschwindigkeit eskalieren [...]. Durch die Digitalisierung und Vernetzung (werden) voneinander getrennte Bewusstseins- und Lebenssphären miteinander verbunden.«[226] Neue Verbindungen wirken auch rückschrittlich und ebnen den »Weg ins digitale Mittelalter«, wie der frühere Google-Entwickler Tristan Harris warnt. Tech-Giganten seien verantwortlich für 11 Milliarden Unterbrechungen pro Tag, ihre Dienste vergleicht er mit Spielautomaten: Designelemente nutzten menschliche Schwächen, wie eben den Spieltrieb, aus und animierten zu impulsiven Handlungen. Bei Social-Media-Diensten scrollt man ewig nach unten, weil man auf neue, interessante Inhalte hofft.[227] Ihre Belohnung sind Neuigkeiten.

Auch der Herdentrieb ist in den virtuellen Arenen zu beobachten. Der Journalist Sebastian Herrmann argumentiert: »Applaus und Zustimmung lassen Meinungen entstehen, ohne dass sich Menschen dessen stets bewusst sind. Wir sagen laut, wofür wir Beifall bekommen; und wir glauben an das, wofür es Zustimmung gibt. Die Reaktion eines Publikums ist in Ansichten meist eingepreist.« Er verweist auf englische Studien, deren These ist: »Menschen bilden Meinungen in Abhängigkeit davon, was sozial erwünscht ist. Als Mitglied einer Gruppe hat man Werte anzuerkennen, sonst droht die ›Exkommunion‹.«[228] Der Meinungskampf auf den Plattformen sei oft ein Übereinanderherfallen von »Meinungsstämmen«, das auf individuelle Auswirkungen habe, die harten Drogen vergleichbar sei, inklusive heftiger Nebenwirkungen und Entzugserscheinungen.

Problematisch ist die Bühne, die sozialen Medien der zwischenmenschlichen Kommunikation bieten. Auf den Plattformen wird der Austausch zur Perfomance. Dazu ein Gedankenspiel: Menschliche Erfahrung entsteht durch Resonanz. Kommunikation ist keine Einbahnstraße, sondern eine Zweirichtungsstraße. Was ist, wenn auf beiden Seiten dieser Straße Tribünen stehen, auf denen Freunde, Bekannte, Rivale und Fremde sitzen, die das Gesagte beurteilen und kommentieren? Dann geht es mehr um den sozialen Status. Aussagen werden zu Effekthascherei. Das Verstehen, vielleicht auch das gegenseitige Verständnis rückt in den Hintergrund.

Die Vermittlung zwischen bestimmten Positionen ist kaum möglich. Alles ist Schlagabtausch. Wahrnehmungsfragen sind wichtiger als Informationsfragen. Meinungen finden sich auf Augenhöhe mit Argumenten, die mühsam zu erarbeiten sind. Früher konnte der Sprecher durch Sachkenntnis Autorität aufbauen. Dieses Fachwissen wird in Abrede gestellt, wenn es der eigenen Auffassung widerspricht.[229] Soziale Medien werden zur »Wutmaschine«, wie Bernhard Pörksen schon 2014 darlegte.[230] Wer sich in seinem realen Umfeld ständig wütend zeigt, wird irgendwann lästig. Virtuell gelten andere Spielregeln. Wut wird positiv gesehen, kann sogar den Status erhöhen. William J. Brady hat die Reichweite von einer halben Million Tweets zu polarisierenden Themen gemessen und festgestellt, dass jedes moralische oder emotionale Wort, das in einem Tweet verwendet wird, dessen Verbreitung um jeweils 20 Prozent erhöht – meist im eigenen politischen Lager.[231] Eine Studie des Pew Research Center aus dem Jahr 2017 zeigt, dass Beiträge, die »empörte Ablehnung« zeigten, fast doppelt so viel Engagement – einschließlich Likes und Shares – erhielten wie andere Arten von Inhalten auf Facebook.[232]

2024 bröckelt die Macht der alten Plattformen, wobei sie immer noch Taktgeber sind. Facebook selbst zählt mehr als 3 Milliarden Nutzer. Soziale Apps nehmen fast die Hälfte der Bildschirmzeit auf Mobilgeräten ein, was wiederum mehr als ein Viertel der Wachstunden ausmacht. Sie verschlingen 40 Prozent mehr Zeit als noch 2020. Soziale Medien sind nicht nur unterhaltsam, sondern auch ein »Schmelztiegel für Online-Debatten und eine Startrampe für politische Kampagnen«, argumentiert der Economist anlässlich des 20. Geburtstags von Facebook. Sein Schluss: »Die neuen sozialen Medien sind nicht mehr besonders sozial. Inspiriert von TikTok bieten Apps wie Facebook zunehmend eine Auswahl von Clips an, die von Künstlicher Intelligenz gemäß des Nutzerverhaltens ausgewählt werden, nicht mehr aufgrund sozialer Verbindungen. Zudem posten Menschen weniger. Der Anteil der Amerikaner, die angeben, ihr Leben online zu dokumentieren, ist seit 2020 von 40 Prozent auf 28 Prozent gesunken. Debatten verlagern sich auf geschlossene Plattformen wie WhatsApp und Telegram.« Das Ende der sozialen Medien, wie wir sie kennen, scheint nahe, weil der digitale Markt seine Spielregeln ändert. Was ist passiert und was heißt das für die politische Kommunikation?[233]

Was machen wir mit den Medien und was machen sie mit uns? Die meisten sozialen Netzwerke bieten mehr Inhalte an, als ihre Nutzer tatsächlich aufnehmen können. Um der zunehmenden Menge an Inhalten und Formaten bei gleichbleibender Aufmerksamkeitsspanne zu begegnen, sind viele Plattformen dazu übergegangen, algorithmische Rankingsysteme anstelle von umgekehrt chronologischen Feeds zu verwenden. Diese sollen den Nutzer nicht mehr die aktuellsten, sondern die vermeintlich für sie interessantesten Inhalte anzeigen. Diese haben in der Regel den höchsten prognostizierten Wert für ein Unternehmen. Sie haben zum Ziel, die Interaktion und Verweildauer von Nutzern auf einer Plattform oder die Aufrufe von Videos zu beeinflussen.

Die Währung auf dem Social-Media-Markt ist Aufmerksamkeit. Die besten Wettbewerber genießen besonders viel davon, sie erfahren Zu- und Widerspruch, erzeugen Resonanz, woraus gesellschaftlicher Einfluss entsteht. Diese Influencer sind Personen, die mit ihren »Onlineaktivitäten große mediale Reichweiten erzielen und sich darüber eine Onlinereputation aufgebaut haben. Als Multiplikatoren nehmen sie viel Einfluss darauf, wie Follower und Fans eine Marke, ein Produkt oder ein Thema wahrnehmen. Das kann für den Erfolg einer Marke sehr wichtig sein. Deshalb haben viele Unternehmen auf die Relevanz bekannter Influencer reagiert, indem sie gezielt auf eine Zusammenarbeit mit ihnen setzen«.[234]

Sogar die Bundesregierung sieht die Beauftragung von Influencern von ihrem verfassungsmäßigen Informationsauftrag gedeckt. So erhalten Influencer zwischen 2020 und 2022 über 1,8 Millionen Euro, primär zur Unterstützung der Corona-Warn-App oder des Aufrufs »Lass dich impfen«.[235] Der Bund argumentiert: »Die Auswahl der Medien ergibt sich aus dem jeweiligen Ziel der konkreten Informationsmaßnahme bzw. der zu erreichenden Zielgruppe, dem zur Verfügung stehenden Budget sowie aus haushaltsrechtlichen Vorgaben. Die Kommunikation findet hierbei – dem veränderten Informationsverhalten der Bürgerinnen und Bürger folgend – nicht nur in den klassischen Medien, sondern auch in sozialen Netzwerken statt.«[236]

Deswegen regt sich Kritik. Der Bund der Steuerzahler argumentiert nicht nur fiskalisch, sondern spricht von demokratietheoretischen Risiken. Der Lobbyverein sieht »die Gefahr, dass unter dem Deckmantel der Authentizität, die das wesentliche Kapital von Influencern ist, politische Vorhaben als besonders vorteilhaft verkauft werden, nur um den parlamentarischen Prozess bzw. die Bevölkerung direkt zu beeinflussen. Hier wäre maximale Transparenz nicht nur der Kosten, sondern auch der konkreten Kampagnen und Inhalte nötig! Es verschwimmt – zumindest normativ – die Grenze von legitimer Information und illegitimer, unterschwelliger Beeinflussung des freien Willensbildungsprozesses.«[237]

Das sind markige Worte, die aber auf ein Kernproblem hinweisen: Aufträge zur Kommunikation an externe Stellen bewegen sich in einer Grauzone. Beim Influencing verschwimmt etwas, was für Journalismus Voraussetzungen sind: Die Trennung von Bericht und Meinung und die Trennung von Information und Werbung. »Wenn ich beispielsweise einen Werbespot eingeblendet bekomme, während ich ein Video sehe, dann ist das ein bisschen wie ein Fremdkörper. Sie können die Werbung überspringen. Das geht bei Influencer Marketing nicht in dem Maß. Die Werbung ist hier eingebettet, sie ist manchmal gar nicht direkt erkennbar«.

Der Medienexperte Lutz Frühbrodt hat sich intensiv mit Werbebotschaften auf YouTube beschäftigt. Das Ergebnis: die meisten Werbebotschaften werden dort unterschwellig vermittelt. Produkte sind in den Inhalt der Videos so integriert, dass sie nicht direkt als Werbung wahrgenommen werden. Ein Beispiel: Ein Youtuber dreht Videos, in denen er erklärt, wie man sich selbst im Internet eine Webseite erstellt. Nach ein paar Minuten empfiehlt er dafür einen bestimmten Anbieter und erklärt fortan, wie man eine Website mit dem Tool dieses Anbieters baut. Dass es eine Anleitung für das Produkt einer bestimmten Firma ist, wird erst im Lauf des Videos klar. »Das Influencer Marketing schafft damit etwas, was klassischer Werbung nur selten gelingt: Sie stört nicht, im Sinne einer Unterbrechung. Im Gegenteil, sie gibt sich als Service, als gut gemeinte Empfehlung. Damit wird diese Art des Werbens für Unternehmen immer wichtiger.«[238] Und die Konsumenten nehmen das allzu oft für bare Münze. Schon 2016 zeigte eine Studie, dass lediglich 80 Prozent junger Menschen zwischen Werbung, Marketing und Nachrichten unterscheiden können.[239]

Es wundert kaum, dass auch die Dichotomie zwischen Marketing und Public Relations aufweicht. Immer mehr Unternehmen nutzen das Peso-Modell, wonach Inhalte verbreitet werden, die Paid, Earned, Shared oder Owned sind.[240] Ein Viertel der deutschen Dax-Konzerne vermarktet seine Produkte über Influencer.[241] Porsche nutzt ihre »Authentizität« und für Beiersdorf cremen sich junge Leute mit Nivea ein, um Menschen unter 30 zu ködern. Allein in Deutschland haben Unternehmen 2023 etwa 570 Millionen Euro für Influencer-Marketing ausgeben. Der Markt boomt: Bis 2028 könnten die Ausgaben auf über 900 Millionen Euro steigen, wie Statista vorrechnet.[242]

Woher rührt denn der Erfolg des Influencing? Scheinbar mühelos gelingt es den Vorreitern, ihre Gefolgschaft zu berühren und zu führen. Das zeigt Kommunikationsfachmann Bernhard Messer an Videos, die komplexe Sachverhalte thematisieren und dennoch in kurzer Zeit Millionen Klicks generieren. Seine Analyse von Mai Thi Nguyen-Kim, Rezo und Marques Brownlee macht klar, dass sie »stark auf der Beziehungsebene (kommunizieren und) permanent ihre Follower einbinden [...]. Sie wählen die persönliche Perspektive, thematisieren ihre Erlebnisse, Erfahrungen, Gedanken, Meinungen und Gefühle. Auf diese Weise wirken sie authentisch, nah und empathisch.« Ihre Videos zeichnen sich durch eine klare Struktur, Verständlichkeit, die Unterlegung visueller Reize und eine engagierte Körpersprache aus.[243]

Ihre Autonomie verschafft den Influencern eine Agilität, die klassischen Leitmedien nicht innewohnen kann. Sie haben einen gesellschaftlichen Auftrag, nämlich, getrennte Milieus zu verbinden und Partikularinteressen in die öffentliche Debatte zu integrieren. Sie nehmen einflussreiche Akteure unvoreingenommen in den Blick und wirken mit an der Willensbildung. Die Interessen bestimmter Milieus werden wahrgenommen, wenn daran ein »öffentliches Interesse« besteht, wenn etwa Interessen kollidieren. Und dann sind die verschiedenen Auffassungen »ausgewogen und angemessen zu berücksichtigen. Das Gesamtangebot, so regelt es etwa der Staatsvertrag für den Südwestrundfunk (SWR), darf weder einseitig den Interessen einer Partei oder Gruppe noch Sonderinteressen gleich welcher Art dienen«.[244]

Massenmedien interessieren sich vom Grundsatz her mehr für den Output des politischen Systems, also welche Entscheidungen welche Gemeinschaften betreffen. Sie werden auch zum Vermittler der politisch-institutionellen Prozesse im Zuge einer allgemeinverbindlichen Entscheidungsfindung. Dagegen die Situation im Bereich der Social-Media: Sie stehen für politischen Input, schaffen Suböffentlichkeiten, die Interessen artikulieren und über Normen diskutieren. So befördern sie als »Agent des soziokulturellen Wandels eine segmentäre Differenzierung der Gesellschaft«.[245]

Dies ist problematisch, weil Techkonzerne eine demokratische Legitimation aus der massenhaften Nutzung ihrer Plattformen ableiten. Aktivisten generieren Legitimität durch vermeintliche Reichweite. Diesen Rahmenbedingungen und dieser Taktung können Institutionen nicht folgen, sie sind nicht auf Echt-Zeit-Kommunikation ausgelegt, zumindest wenn ihr Anspruch ist, verbindlich, fundiert und nachvollziehbar zu kommunizieren. Die Anspruchsgruppen, auch Stakeholder genannt, sind im Fokus der institutionalisierten Beziehungen zur Öffentlichkeit – gemeinhin: PR.

Public Relations:
Wer hat daran ein Interesse?

Wer neues Denken will, muss Vorhandenes umbauen. Die Beziehungen zur Öffentlichkeit zu gestalten, heißt zunächst, ihre Gesetzmäßigkeiten zu erkennen. Sie lassen sich im Übrigen soziologisch und wirtschaftlich herleiten. So zeigen sich in den Public Relations – den Beziehungen zur Öffentlichkeit – Prozesse der voranschreitenden Säkularisierung, der Verflechtung von Wirtschaft und Staat und der Aufmerksamkeitsökonomie.

Um auf dem Markt zu bestehen, ist ein guter Ruf hilfreich. Ideal ist, wenn Konkurrenten und Interessenten sich danach richten, was man anbietet. Dazu muss man Nachrichten erzeugen, Botschaften verbreiten und Resonanz aufgreifen oder verstärken. Das ist – je nach Deutung – die hohe Kunst oder schlicht das Handwerk der Public Relations (PR).

Die PR sind ein Gewerk der Kommunikation, das die Beziehungen zur Umwelt stabil halten will. Sie sind nicht auf Kurzfristigkeit angelegt, sondern definieren den Markenkern und die daraus abgeleiteten Botschaften, die zur richtigen Zeit am richtigen Ort platziert werden.

Man mag Vorläufer der PR im antiken Athen erkennen, etwa in der Sophisterei, die Reputation mittels rhetorischen Geschicks herstellen will. Erst als diese als Humbug begriffen werden, nehmen die PR sozusagen Fahrt auf. Das ist – wieder einmal – Mitte des 19. Jahrhunderts der Fall. Denn auch die Public Relations sind eine Ausprägung der Moderne. Als »ungekrönter Unterhaltungskönig« gilt Phineas Taylor Barnum.[246] Er baut Kuriositätenkabinette auf und tingelt mit seinen Shows durchs ganze Land: »Er inszenierte Hochzeiten und Schlägereien, streute Gerüchte, stellte Menschen mit Fehlbildungen aus wie Zootiere. Ob siamesische Zwillinge, Fettleibige oder Magere, Menschen mit drei Beinen, Albinismus oder Riesenwuchs – Barnum vermarktete alle, die irgendwie anders waren«.[247]

Er gilt als Meister der Täuschung und bietet der Masse Staunenswertes an, also unterhaltsamen Humbug. Sein Versprechen lautet: »*A litte something for everybody*«. Seine Sprache ist vage, allgemeingültig und verheißungsvoll. Der nach ihm benannte ›Barnum-Effekt‹ beschreibt die menschliche Neigung sich durch Schmeichelei täuschen zu lassen. »Typische Barnum-Aussagen nehmen auf Wünsche und Ängste Bezug, formulieren diese in einem Sowohl-als-auch, verwenden Allgemeinplätze oder Mehrdeutigkeiten, so dass die meisten Menschen auch zustimmen können«.[248]

In Preußen wird zur gleichen Zeit die »Centralstelle für Preßangelegenheiten« eingerichtet. Ihre Aufgabe ist die »Anknüpfung und Pflege von Beziehungen zu der in- und ausländischen Presse« sowie die »Berichterstattung an den Ministerpräsidenten bzw. die einzelnen Staatsminister über die Äußerungen der gesamten Presse.« Der Direktor habe »täglich und unmittelbar« dem Ministerpräsidenten über »die bemerkenswerten Erscheinungen in der Tagespresse« zu berichten. Zugleich kommen vom Ministerpräsidenten »Anweisungen für die Regierungsorgane und durch die Korrespondenten auszuführende Besprechungen der politischen Tagesfrage.«[249] Die Beeinflussung der Medien erfolgte damals nicht nur informell oder informationell, sondern über Subvention und Bestechung.

In den Folgejahren wird der Politik und der Wirtschaft immer deutlicher, dass gesellschaftlicher Widerstand hinderlich und Zustimmung förderlich ist. Ohne Akzeptanz keine Mehrheit, ohne Anerkennung keine Geschäfte. Nach den Vorstellungen von Julius Maggi sollte es eine direkte Verbindung von Produkt und Nutzer geben, daher gründete er 1886 ein »Reclame- und Pressebureau«, das der bis dato unbekannte Schriftsteller Frank Wedekind leitet. Wedekind verfasst ein dutzende Reklametexte. Um sie in der Presse veröffentlicht zu sehen, pflegt er intensiv seine Kontakte zu Journalisten. Wedekind schreibt etwa: »Vater, mein Vater! / Ich werde nicht Soldat / Dieweil man bei der Infantrie / Nicht Maggi-Suppen hat! / Söhnchen, mein Söhnchen! / Kommst du erst zu den Truppen / So isst man dort auch längst nur Maggi's / Fleischconservensuppen.«[250]

Zu Beginn des 20. Jahrhunderts gründen Ivy Ledbetter und Charles Parker erstmals eine PR-Agentur. Sie beraten Menschen des öffentlichen Lebens, die sich gegen Rufmordkampagnen wehren. Sie wollen mit Wahrheit und Offenheit gegen

Gerüchte vorgehen. Sie unterhalten kein geheimes Pressebüro. »Unsere gesamte Arbeit findet in der Öffentlichkeit statt. Unser Ziel ist es, Nachrichten zu liefern. Wir sind keine Werbeagentur [...]. Unser Plan ist es, die Presse und die Öffentlichkeit der Vereinigten Staaten im Namen von Unternehmen und öffentlichen Institutionen offen und schnell mit genauen Informationen über Themen zu versorgen, deren Kenntnis für die Öffentlichkeit von Wert und Interesse ist.« Ihr Ansatz, mittels Transparenz Vertrauen zu schaffen, ist revolutionär. Im Zentrum steht eine wahrhaftige Perspektive und Darstellung der Arbeit, nicht Geheimratspolitik oder Manipulation. Dies ist aber nicht die einzige Strömung der PR.[251]

Ob bewusst oder unbewusst: Sigmund Freud verhilft den PR zum Durchbruch. Er versorgt seinen Neffen Edward Bernays mit aktuellen Forschungsergebnissen zur Psychoanalyse. Bernays geht es um die Erzeugung von Konsens, da in einer demokratischen Gesellschaft alles auf der Zustimmung der Menschen basiere.[252] Klar ist für ihn: »Wenn wir den Mechanismus und die Motive des Gruppendenkens verstehen, wird es möglich sein, die Massen, ohne deren Wissen, nach unserem Willen zu kontrollieren und zu steuern.«[253]

Bernays macht 1917 Amerika bereit, doch in den als »Great War« bezeichneten Ersten Weltkrieg im entfernten Europa einzutreten, obwohl Präsident Wilson versprochen hat, Amerika aus dem Krieg rauszuhalten. Mit dem Komitee für öffentliche Information verbreitet er den Slogan, dass es um Nichts weniger gehe, als die Welt sicher für die Demokratie zu machen. Später verwandelt er die Zigarette in ein Symbol der Emanzipation. Sie brennen als ›Fackeln der Freiheit‹. Bei der Osterparade 1929 gibt es einen Tumult, als von Fotoreportern umringt eine Gruppe junger Frauen versteckte Zigarettenschachteln zückt und genüsslich raucht. »Ein Skandal. Frauen rauchten bis dahin nur heimlich, denn die Zigarette in Händen der Weiblichkeit galt als nicht schicklich, in den USA war Rauchen für Frauen gar per Gesetz verboten. Die Journalisten machten die [...] am nächsten Tag zum landesweiten Aufmacher.«[254]

Für Bernays ist klar: »Die bewusste und zielgerichtete Manipulation der Verhaltensweisen und Einstellungen der Massen ist ein wesentlicher Bestandteil demokratischer Gesellschaften. (Die Herrschenden) beeinflussen unsere Meinungen, unseren Geschmack, unsere Gedanken. Dieser Zustand ist eine logische Folge der Struktur unserer Demokratie: Wenn viele Menschen möglichst reibungslos in einer Gesellschaft zusammenleben sollen, sind Steuerungsprozesse dieser Art unumgänglich.«[255] Für die Über- und die Umsetzung sieht Bernays PR-Berater zuständig. Sie seien »der Mittler, der mithilfe moderner Kommunikationsmittel und gesellschaftlicher Gruppen eine Idee ins Bewusstsein der Öffentlichkeit rückt. Der Berater kümmert sich um Abläufe, Doktrinen, Systeme und Meinungen und vergewissert sich der öffentlichen Unterstützung dafür.«[256]

Sein Grundlagenwerk verfasst Bernays im Jahr 1928. Er nennt es »Propaganda«. Begrifflich geschickt gewählt – propagieren ist laut Duden »ausbreiten, erweitern, ausdehnen, verlängern, fortpflanzen.«[257] Propaganda hat heute einen totalitären Beiklang. Durch Zweckentfremdung während der NS-Zeit ist Propaganda im deutschen Sprachraum als »einseitige, beschönigende oder verzerrende Kommunikation«[258] verbrämt. Ursprünglich hatte die katholische Kirche die Verbreitung des Glaubens im 17. Jahrhundert entsprechend bezeichnet. Auch die Arbeiterbewegung im 19. Jahrhundert verwendet Propaganda positiv – als Vermittlung vieler Ideen an wenige Akteure, das Gegenteil – also einige Ideen an Viele zu vermitteln – wird als »Agitation« bezeichnet. Zu Beginn des 20. Jahrhunderts folgt eine Gleichsetzung mit Reklame. Die Nazis kapern Propaganda als Instrument der Massenbeeinflussung mit dem Ziel, ein »sinnliches Gesamterlebnis entstehen (zu lassen), das die Leute in den Bann zieht.«[259]

Grundsätzlich ist Bernays Recht zu geben: Propaganda ist normativer Teil des demokratischen Wesens. Die Ausbreitung von Informationen ist unerlässlich zum Aufbau und zur Stabilisierung rechtstaatlicher Gesellschaften. Heute spricht man wertneutral von »Politischer PR«, die »Teil des Kommunikationsmanagements politischer Institutionen und Akteure mit ihren externen und internen Umwelten bzw. Stakeholdern«[260] ist.

Management braucht Bindeglieder, diese sind in demokratisch verfassten Staaten Organe. Das Presse- und Informationsamt der Bundesregierung ist in seiner Entwicklung beispielhaft. Es wird konstitutionell für die »Kanzlerdemokratie«. Gegründet unter Konrad Adenauer, als langjähriger Oberbürgermeister der Stadt Köln ein Spross der Kommunalpolitik, trägt das Amt »maßgeblich dazu bei, den Kanzler zu unterrichten und seine Entscheidungen in maßgeblichen Bereichen vorzubereiten (und sorgt) für einen hohen Informationsstand des Regierungschefs gegenüber den Ministerien und dem Parlament sowie für größtmögliche Kontinuität in der Führung der Regierungsgeschäfte.«[261] Auf Basis des Grundgesetzes legt der Kanzler die Richtlinien fest, allerdings müssen die abgeleiteten Entscheidungen auch gesellschaftlich wahrgenommen und reflektiert werden. Dies ist Auftrag des Amts, das bis heute direkt dem Bundeskanzler untersteht: Der Behördenleiter berichtet direkt dem Regierungsoberhaupt. Zentrale Aufgabe ist die »sachliche und verständliche« Information nach außen und nach innen. »Adressaten sind dabei sowohl Bürgerinnen und Bürger als auch die Medien im In- und Ausland« Zudem unterrichtet die Behörde heute »den Bundespräsidenten, den Bundestag, den Bundeskanzler sowie die gesamte Bundesregierung über die aktuelle Nachrichtenlage und die öffentliche Meinung zu politischen Themen.« Dieses Sammeln, Selektieren und Senden an das politische Entscheidungszentrum und dann auch umgekehrt an die Öffentlichkeit wertet das BPA als »wesentlichen Beitrag für das Funktionieren unseres Gemeinwesens: Demokratische Entscheidungen setzen sowohl informierte Bürgerinnen und Bürger als auch informierte Entscheidungsträger voraus.«[262]

Was wissenschaftlich als »Aufnahme (Input), Verarbeitung (Throughput) und Vermittlung (Output)«[263] umrissen wird, stellt Christiane Hoffmann als Erste Stellvertretende Sprecherin der Bundesregierung plastisch dar. Auf die Frage, warum das Amt 550 Menschen beschäftige, führt sie aus: »Wir haben extrem vielfältige Aufgaben, zum Beispiel die Besucherreisen. Die Abgeordneten des Bundestages laden jedes Jahr Bürgerinnen und Bürger aus ihren Wahlkreisen nach Berlin ein, um sie über die Arbeit der Regierung und des Bundestags zu informieren. Das BPA organisiert diese Reisen. In diesem Jahr beispielsweise für rund 100.000 Bürgerinnen und Bürger. Unser Haus organisiert auch Großereignisse wie den Auftritt der Bundesregierung beim Tag der Deutschen Einheit, den Tag der offenen Tür, bei dem das Kanzleramt und die Ministerien jedes Jahr im August ihre Tore für Bürgerinnen und Bürger öffnen, oder verantwortet die presseorganisatorischen Maßnahmen bei G7- und G20-Gipfeln. Dazu kommt die mediale Begleitung der Termine und Reisen des Kanzlers.«

Zudem sind die Bundesregierung und der Bundespräsident zu informieren. Hofmann weiter: »Wir stellen jeden Morgen die sogenannte Kanzlermappe zusammen mit einem Pressespiegel. Wir haben in den letzten Jahren unser Newscenter neu entwickelt, wo Nachrichten und Berichterstattung aus Agenturen, den sozialen Medien und so weiter zusammenlaufen. Neben den Veranstaltungen und der Information, die wir nach innen in die Bundesregierung geben, gehört auch die gesamte Information dazu, die nach außen geht: an Journalisten, aber auch an die Bevölkerung. Dazu gehören die Regierungspressekonferenzen, Hintergrundgespräche mit Beamten aus dem Kanzleramt, Informationskampagnen, Broschüren und die Social-Media-Kanäle der Bundesregierung, des Kanzlers und des Regierungssprechers.« Auch Fake-News und Desinformationen sind ein wichtiges Thema geworden. Hier gibt es eine enge Zusammenarbeit mit dem Innenministerium, dem Auswärtigen Amt und dem Kanzleramt. »Desinformation führt dazu, dass sich viele von der Politik abwenden, weil sie das Gefühl haben, überhaupt nichts mehr glauben zu können. Das zu verhindern, ist eine Aufgabe für die Bundesregierung insgesamt«, ist Hofmann überzeugt.[264]

Nochmal zurück in die Mitte des 20. Jahrhunderts. »Tue Gutes und rede darüber«, so überschrieb der damalige Kommunikationschef bei BASF, Georg-Volkmar Graf Zedtwitz-Arnim, 1961 sein Werk »Public Relations für die Wirtschaft.« Das Buch ist in den Zeiten des Wirtschaftswunders publiziert worden, in denen die Unternehmen immer mehr (inter-)nationaler Konkurrenz gewahr werden. Sie müssen ihre Produktpalette erweitern, ihren Außendienst schlagkräftig machen. Kommunikation dient also dem Vertrieb. PR haben, nach Zedtwitz-Arnim, die Aufgabe, »das Bild, das Image des Unternehmens, so zu formen, daß es für die Öffentlichkeit akzeptabel, daß es sympathiefähig wird und bleibt.«[265] Interessant ist hier die Verwendung des Begriffs Bild. Bildern wird ein hoher Wahrheitscharakter zugeschrieben. Sie scheinen für sich selbst zu sprechen (»Ein Bild sagt mehr als tausend Worte.«) Dennoch haben auch sie eine Grammatik, die zu interpretieren ist: Perspektive, Fokus oder Motivation. Offen lässt Zedtwitz-Arnim zudem, was mit weniger guten Taten geschehen soll: Ob darüber der Mantel des Schweigens zu hüllen sei.

Noch im gleichen Jahrzehnt verabschiedet der Berufstand den Code d'Athènes, der mit Verweis auf die UN-Charta der Menschenrechte, PR-Fachkräfte dazu auffordert, Kommunikationsformen zu schaffen, »die es durch Ermöglichung des freien Informationsflusses dem einzelnen erlauben, sich unterrichtet, angesprochen und mitverantwortlich zu fühlen.«[266] Weiter heißt es, es seien »die geistigen und psychologischen Voraussetzungen für einen echten Meinungsaustausch schaffen und den Partnern die Möglichkeit geben, ihren Standpunkt zu vertreten (und) in jedem Fall so handeln, dass den Interessen beider Seiten, des Auftraggebers und der angesprochenen Öffentlichkeit, Rechnung getragen wird.«

Das ist der Anspruch. Die Mittel zur Zweckerfüllung sind oft alles andere als heilig. »Heimliche Meinungsmache auf dem Weg zur PR-Republik«, »Werbung in Watte« oder auch: »Gehört die Lüge zum Geschäft« schimpft der SPIEGEL bereits 1968. Der Bericht zeigt beispielhaft den Argwohn der klassischen Medien gegenüber der PR-Branche, deckt aber auch schwere Verfehlungen auf. Bemerkenswert sind Protagonisten der Branche, die als »schmückende Galionsfiguren des Unternehmens [...] Handkuß und small talk beherrschen und wissen müssen, wie man formgerecht Hummer knackt.« Und: »Die Mitgliederliste der DPRG [Deutsche Public Relations Gesellschaft, d. Verf.] füllt der Adel zu zehn Prozent, und an die Rangliste eines preußischen Garde-Ulanenregiments erinnert der Namenskatalog deutscher PR-Chefs«, ist in besagtem Artikel zu lesen.[267]

Gut 50 Jahre später gibt der Deutschlandfunk zu bedenken, dass Unternehmen »ihre Botschaften so leicht unters Volk bringen wie nie zuvor – über soziale Netzwerke, Blogs oder eigene Themenportale. Die klassischen Medien benötigen sie dafür nicht. Welche Folgen das für die öffentliche Meinungsbildung haben kann, ist kaum abzusehen. Vor allem, wenn PR verdeckt agiert.«[268] Eine ARTE-Reportage aus dem Jahr 2017 nennt PR in einem Atemzug mit der unverhohlenen Gewalt in Diktaturen. »PR ist Manipulation, Verdrehung von Tatsachen, der unlautere Versuch mittels Beschönigung – bis hin zur dreisten Lüge! – aus verwerflichem unternehmerischem Tun noch etwas Verwertbares zu machen. PR ist also menschenfeindlich (und) gesellschaftsschädigend.«[269]

Muss es wahr sein, was Institutionen verbreiten? Dürfen PR lügen? Fragen wie diese umranken die Branche seit jeher. Im Jahr 2008 kocht die Debatte nach einer bewussten Provokation von Klaus Merten hoch, der über den »Siegeszug der Fiktion« und die »alltägliche Inszenierung« spricht.[270] Er sagt: »Nur der Schein, nicht die Realität ist uns zugänglich.« Er folgert, dass PR wie alle anderen auch das Recht haben müsse, nicht um jeden Preis die Wahrheit zu sagen. »Public Relations als Differenzmanagement von Fakt und Fiktion. Wir unterstellen für Public Relations, dass so gut wie alle Typen von Täuschung in bestimmten Situationen nachgefragt werden können – z. B. wenn sie nachvollziehbar das kleinere Übel darstellen. PR verstehen sich gleichsam darauf, Täuschung differenziert einzusetzen und sie verstehen es auch, über ihr Täuschen hinwegzutäuschen«, so Merten.

Er handelt sich damit eine »scharfe und einstimmige Mißbilligung« des Berufsverbandes ein. Der Deutsche Rat für Public Relations (DRPR) erkennt eine »Rufschädigung für die ganze Branche« und »sieht in solchen falschen und verallgemeinernden Äußerungen einen eklatanten Widerspruch zu den wichtigen Berufskodizes Code d'Athènes, Code de Lisbonne sowie den ›Sieben Selbstverpflichtungen der DPRG‹. Dort werden Lügen in der Ausübung von Öffentlichkeitsarbeit sowie die Täuschung von Öffentlichkeiten nachdrücklich ausgeschlossen.«[271]

Die Wahrheit liegt wie so oft in der Mitte. PR sind ausgehandelte Tatsachenumschreibungen oder auch das »Angebot einer individuellen Perspektive.«[272] Demokratie bedeutet die Suche nach dem stimmigen Angebot und dies unter Berücksichtigung multipler Möglichkeiten. Dieses Konzentrieren, Konferieren und Aushandeln macht sie zum Markt. Oder einfach: »Gespräche sind Märkte.« Denn: Der Markt ist mehr als ein Austausch von Waren, Leistungen und Geld. Er ermöglicht auch den Austausch von Wissen und Erfahrungen, gemeinhin ein Ort der Verhandlung über die zu zahlenden Preise. Diese anregende These stammt aus den späten 1990er-Jahren, als US-Amerikaner 95 Thesen zur Zukunft des Internets postulieren. So heißt es im Cluetrain-Manifesto etwa: »Unternehmen, die sich positionieren möchten, sollten dazu auch eine Position einnehmen. Im Idealfall sollte diese Position dann auch etwas mit dem zu tun haben, was den Markt interessiert.«[273]

Der Markt ist hier eine Chiffre für die Unübersichtlichkeit und die Eigendynamik moderner Gemeinschaften. Abläufe und Verhandlungen können nur teilweise vorhergesehen und geplant werden, Strukturen bilden sich gleichzeitig. Märkte funktionieren nur mit Spielregeln, gleichen Startbedingungen, Überwachung der Regelkonformität und Sanktionierung von Verstößen. Die Rahmenbedingungen sind stabil, der Handel sorgt für Wandel.

Und diesen Wandel durchlebt auch PR-Branche. Las man Ende 2008 auf Wikipedia noch: »PR ist die Gestaltung guter, positiver und fruchtbarer Beziehungen einer Unternehmung zur Öffentlichkeit. Diese Arbeit schließt die sachliche Aufklärung und Unterrichtung in eigener Sache mit ein.«[274] So ist im Frühjahr 2024 PR als Öffentlichkeitsarbeit »ein weit gefasster Begriff für das Management der öffentlichen Kommunikation von Organisationen gegenüber ihren externen und internen Teilöffentlichkeiten bzw. Anspruchsgruppen.«[275]

Der Deutscher Kommunikationskodex gilt als Richtschnur für das Berufsfeld PR. Der Deutsche Rat für Public Relations (DRPR) setzt 2012 »als von den wichtigsten Branchenverbänden getragenes Organ der freiwilligen Selbstkontrolle (damit) einen verbindlichen Verhaltensrahmen für die tägliche Arbeit.« Der Kodex definiert »PR- und Kommunikationsfachleute als Interessenvertreter ihrer Arbeit- oder Auftraggeber. (Sie) erfüllen eine wichtige gesellschaftliche Aufgabe, da sie der Gesellschaft (und den Medien) kontinuierlich Informationen der von ihnen vertretenen Organisationen übermitteln und mit den gesellschaftlichen Gruppen im kommunikativen Austausch stehen. Um der Verantwortung dieser Aufgabe gerecht zu werden, liegt es im Interesse aller PR- und Kommunikationsfachleute, die Grenzen einer verantwortungsvollen Interessenvertretung zu definieren, die Einhaltung der vereinbarten Normen zu überwachen und Verstöße öffentlich zu machen.«

Das irritiert, ist aber rational. In einer pluralen Gesellschaft sind Zielkonflikte programmiert. Schranken finden sich in der Rechtsprechung, quasi als Segment der Kommunikation. Der Markt der öffentlichen Meinung lässt Interessen idealerweise gleichberechtigt zu, sichert Austausch und Wettstreit ab. So hat das Verwaltungsgericht Stuttgart im Jahr 2020 entschieden, dass der Willensbildungsprozess des Volkes nicht durch staatliche Intervention verzerrt werden darf, »denn der im Mehrparteiensystem angelegte politische Wettbewerb soll Unterschiede hervorbringen – je nach Zuspruch der Bürger. Diesen darf die öffentliche Gewalt nicht ignorieren oder gar konterkarieren.«[276]

Public Relations modellieren Wirklichkeiten durch Kommunikation. Die beiden Nomen sind so eigenständig wie verschränkt. Wirklichkeiten werden innerhalb von Systemen konstituiert (etwa durch Leitbilder) oder entstehen durch Interaktionen mit den jeweilgen Teilöffentlichkeiten (als Form des Verhaltens). Kommunikation ist Vernetzung von Teilsystemen und wechselseitige Sinnvermittlung. Eine gemeinsame Wirklichkeit entsteht reflexiv, also durch interaktive Wahrnehmung.

So wird Kommunikation zum sozialen Handeln, wie Max Weber es beschrieben hat. Verhalten, das sich auf Verhalten anderer bezieht, ist an konkrete soziale Kontexte gebunden. Es prognostiziert und beobachtet die jeweilige Reaktion. Das führt zu einer Verflechtung der Motive und wirkt sich massiv auf die Umsetzung eigener Interessen aus: Einflussnahme erfolgt damit nicht mehr nur über das Senden, sondern viel mehr über das Empfangen und intelligente Verarbeiten von Signalen.

Vom Hörensagen: Wie Zuhören Wert schöpft

Neues Denken bezüglich der Beziehungen zur Öffentlichkeit berücksichtigt, dass Entscheidungen in dieser dynamischen Welt unter Unsicherheit getroffen werden. Die Ansprüche der Bürgerschaft, der Kunden, der Anspruchsgruppen steigen. Eine gelingende Kommunikationsstrategie ist Kopfsache: Wir haben zwei Ohren, aber nur einen Mund – und gerade Behörden sollten sich darauf besinnen – zumal anders als im Fall der Augen, die Ohren nicht zu schließen sind.[277]

Der Hörsinn ist elementar für unsere Wahrnehmung und mentale Gesundheit. Das Motto des Welttags des Hörens lautet: »Das Leben gehört gehört!« Institutionen und Unternehmensverbände mahnen, dass schlechtes Hören zu sozialem Rückzug, Einsamkeit und Depression führt.

Es gibt eine Kunst des »guten Zuhörens«, diese ist bereichernd und der Rede wert, argumentiert der Historiker Theodore Zeldin. Im Sinne der Empathie – nicht unbedingt der Sympathie – erkenne man dabei »die gemeinsame Grundlage, mehr in dem, was der andere annimmt als in dem, was er sagt.«[278] Kommunikation wird durch die *Annahme* eines Angebots zum Aushandeln und damit ökonomisch interessant, wobei in der Wirtschaft oft ein anderes Verständnis von Gesprächs-Führung vorherrscht.

Kommunikationswissenschaftler haben das Modell des ›Corporate Listening‹ entwickelt, um ein »Bewusstsein für das Zuhören und dessen strategische und wertschöpfende Dimension zu schaffen«.[279] Sie fragen, warum in Vorstandsetagen eher auf die Expression als auf die Impression Wert gelegt wird. Naheliegend wäre, dass Sichtbarkeit messbare Resonanz darstellt. Beim Zuhören scheint es sich zunächst um einen passiven Vorgang zu handeln. Dennoch steigern Angebote zum Dialog die Authentizität und die Glaubwürdigkeit.

Kommunikation kombiniert beim Corporate Listening das Zuhören und Wahrnehmen von Impulsen. Das Zuhören wird in diesem Modus zu einem eigenständigen Beitrag zum Unternehmenserfolg, gerade bei gesellschaftskritischen Themen, die die Reputation beeinträchtigen und die Handlungsmöglichkeiten einengen. Es geht um ein Themenmanagement (Issues Management) mit den Kategorien: Identifikation, Selektion, Priorisierung, Aussendung und Evaluation.

Gerade in Zeiten der Volatilität sind Themenkarrieren zu bestimmen und Stakeholder-Ansprüche zu definieren. Die Beobachtung der Meinungsbildung ist eine originäre Verantwortlichkeit der Kommunikationsabteilung und als Leistung per se wertschöpfend. Daraus folgt ein Perspektivwechsel: Eine Zuwendung zum Umfeld, die Bewertung des Meinungsklimas im jeweiligen Ökosystem und die Einbettung in interne Entscheidungsprozesse. Auch die Politikwissenschaft unterstreicht: »Legitimität und Akzeptanz entstehen durch verständigungsorientierte Dialoge, bei denen alle beteiligten Akteure gemeinsam lernen und nach tragbaren Handlungsoptionen suchen.«[280]

Zuhören erstreckt sich auf alle relevanten Stakeholder, Themen und Medienformate. Zuhörer sind Vorfühler und Nachdenker. Sie achten auf Themen, die noch nicht eine breite Öffentlichkeit erreicht haben. Effektiv wird der Ansatz durch Scannen und Aufarbeiten der öffentlich vorgebrachten Argumente – also der Abwägung, welche Macht, Legitimität und Dringlichkeit den Issues zukommt. Dies kann über eine Matrix erfasst, empirisch ausgewertet und priorisiert werden.

Empfehlenswert ist eine geeignete Architektur, also verankerte Strukturen und Prozessen, was Zuhören in die Unternehmensstrategie integriert. Ein Ansatz kann sein, die Überzeugung der eigenen Argumentation nachzuschärfen und die Einstellung der Stake- oder Shareholder zu ändern. Ein anderer kann sein, sich selbst zu ändern.

Die Wahl der Strategie ist eine Frage der Identität. Sie zeigt sich in sozialem Verhalten und beantwortet die Frage, welches Bewusstsein das System von sich und seiner Umwelt hat. Eine Frage der Wahrnehmung also, die wir uns jetzt durch den Kopf gehen lassen sollten.

AUFKLÄRUNG:
Die Logik des Bewusstseins

Bevor Sie weiterlesen, überlegen Sie bitte kurz: *Was ist Ihnen gerade eben wichtig? Was haben Sie heute Neues erfahren?* Allgemein gefragt: Was macht etwas für Sie zur Nachricht? Wann erreicht ein Thema Ihr Bewusstsein?

Individuell lässt sich schwer bestimmen, was Sie aus dem Bewusstseinstrom tatsächlich wahrnehmen, daher versuche ich es zunächst mit einer Allegorie: Ihr Gehirn ist eine Nachrichtenredaktion. Es nimmt wahr, es arbeitet autonom, es erhält zahllose Stimuli, die es filtert und bewertet, es abstrahiert, konferiert und konkretisiert, es kontextualisiert und modelliert, es belebt oder hemmt den Informationsfluss, es generiert und visualisiert Botschaften, es ist auf der Suche nach Sensationen, es liefert Feedback, weist Äußerungen und Verhalten an, es nutzt sein Archiv, es aktualisiert den Status fortwährend und trifft Vorhersagen.

Das Gehirn versucht wissenschaftlich betrachtet »einigermaßen verzweifelt, aber kundig, die lang- und kurzfristigen Auswirkungen von Umweltursachen auf den Organismus unter Kontrolle zu halten, um seine Integrität zu wahren.«[281] Seine Meisterleistung ist, Biochemie in Erfahrung zu verwandeln, aus neuronalen Netzen Bilder zu entwickeln und als Organ ein Existenzgefühl entstehen zu lassen.

Fokussieren wir als also auf das Gehirn: Sie lesen diese Zeilen und befinden sich zugleich in einem Rausch von Eindrücken. Unsere fünf Sinne nehmen jeden Augenblick über 11.000.000 Informationen auf. Diese Zahl entspricht den Rezeptorzellen jedes Sinnesorgans und den Nerven, die von diesen Zellen zum Gehirn führen. Allein unsere Augen empfangen und senden jede Sekunde über 10.000.000 Signale an unser Gehirn. Wissenschaftler schätzen, dass wir aus dieser Masse vielleicht 40 Informationen bewusst verarbeiten.[282]

Unser Hirn priorisiert und antizipiert, da wir höchstens sieben Informationseinheiten gleichzeitig im Kopf behalten können. Die »Millersche Zahl« ist ein grundlegendes Konzept der modernen Psychologie. Der Psycholinguist Georg Miller hat diese Leistungsfähigkeit des Kurzzeitgedächtnisses Mitte des 20. Jahrhunderts errechnet.[283] Auch die Dauer der Informationsverarbeitung ist begrenzt auf 15 bis 30 Sekunden. Unser Gehirn achtet sehr auf einen schonenden Umgang mit den Energieressourcen. »Es unterdrückt vorhersagbare, nicht-informative eingehende Signale, um sie nicht ergebnislos verarbeiten zu müssen. Kurz, jede Ebene seiner Hierarchie empfängt ausschließlich die berichtenswerten, unerwarteten Informationen, die von der der unmittelbar unter ihr liegenden Ebene versendet werden«.[284]

Blicken wir also darauf, welche Momentaufnahmen wir *für* wahr nehmen, wie sie verarbeitet und abgelegt werden und damit wie sie unser Bild der Welt formen.

Oder ob Bewusstsein ähnlich einem Regenbogen, »physikalische Prozesse in der Atmosphäre begleitet, aber keinen Einfluss auf sie ausübt«, wie renommierte Kognitionswissenschaftler meinen.[285]

Brotlose Kunst?
Von der Hand ins Hirn

Das menschliche Gehirn umfasst stolze 1.200 bis 1.400 Kubikzentimeter. Zum Vergleich: Tiere mit einem Körpergewicht von 60 Kilogramm haben ein Gehirnvolumen von etwa 200 Kubikzentimetern. Obwohl das das Gehirn nur zwei bis drei Prozent des Körpergewichts ausmacht, verbraucht es jetzt – während Sie diese Zeilen lesen – etwa ein Viertel der Körperenergie. Das Gehirn leistet Faszinierendes und hat seit tausenden Jahren Menschen vor Fragen gestellt, die bis heute nur annähernd geklärt sind.

Warum empfinden sich Menschen als Subjekte, was lässt sie wollen, fühlen, lernen, zweifeln? Wie werden aus körperlichen Prozessen geistige Vorstellungen? Darüber haben sich schon die alten Griechen den Kopf zerbrochen. Aristoteles hat mit seiner Logik bestimmte Muster des menschlichen Denkens modelliert. Sein Syllogismus zeigt, wie aus zwei Prämissen eine dritte Aussage abzuleiten ist.

Ich versuche, mit fünf Prämissen ins Bewusstsein zu rufen, worum es eigentlich geht. Bewusstsein ist

- Aufnahme, Verarbeitung von Reizen aus der Umwelt und die Ableitung des Umgangs mit ihnen (vor allem, wenn Irritationen, also Diskrepanzen zur Erwartung, auftreten),
- eine Vorhersage, inwieweit Bedürfnisse zu befriedigen und wie die weiteren Handlungen anzupassen sind (Wer durstig ist, plant nicht den nächsten Urlaub),
- die Erstellung einer virtuellen Realität, in der Nervenimpulsen Aussagen zugewiesen und sie mit Sinn gefüllt werden (»Ich sehe ein Kleid. Es ist rot. Es gefällt mir«),
- Formung und Modellierung eines Selbstbildes und eine damit verbundene Assoziation mit der Umwelt,
- Vorsatz. Subjekte haben Intentionen, die sie zum Ausdruck bringen können. Die Absichten müssen zunächst bestimmt werden, sprachliche Äußerungen werden im Bewusstsein gebildet und mithilfe von Erfahrungswerten neuronal *vor-sätzlich* abgestimmt.

Bewusstsein ist ein fortlaufender Prozess, der innerhalb neuronaler Netze[286] subjektive Wahrnehmung entstehen lässt. Im Gehirn gibt es etwa 100 Milliarden Neuronen (Nervenzellen), von denen jede in der Lage ist, pro Sekunde tausende elektrische Impulse zu erzeugen. Die Neuronen sind in einem komplexen Netz miteinander verbunden, wobei jedes Neuron baumartige Verzweigungen hat, die es ihm ermöglichen, Botschaften an Tausende von anderen Neuronen weiterzugeben.

Dieser Prozess heißt synaptische Transmission, weil die Botschaften Synapsen passieren. Das erfordert Neurotransmitter (Dopamin, Noradrenalin, Azetycholon, Serotonin und Hystamin), die entweder hemmen oder erregen. Die Transmission erfolgt gezielt, binär, pausenlos, unbewusst und schnell.

Ob ein bestimmtes Neuron zu einem bestimmten Zeitpunkt Botschaften sendet, also elektrische Impulse erzeugt, hängt grob gesagt davon ab, welche Impulse es von anderen Neuronen erhalten hat – im übertragenen Sinn: Es hängt davon ab, welche Bedeutung die vorherigen Neuronen dem Impuls beigemessen haben. Hinzu kommt der relative Zustand des Systems, der die Stärke der Informationsübermittlung in den Kanälen beeinflusst: Wir verarbeiten bestimmte Signale anders, abhängig von unserem Bewusstseinszustand – also ob wir uns fit, müde oder gestresst fühlen.

Wenn wir ein Bild »sehen«, geschieht Folgendes: Lichtphotonen des Bildes fallen auf Zellen (Photorezeptoren) im hinteren Teil unserer Augen und erzeugen elektrische Signale in den Nervenzellen, die diese Signale durch eine ganze Reihe von Schichten von Neuronen weiterreichen. In diesem Prozess »erkennen« wir das Bild. Der Gedanke wird also innerhalb eines Netzwerks erschaffen.

Damit wird klar: Was wir bewusst wahrnehmen, können wir nur wenig steuern. Bildlich lässt sich an den Händen von Pablo Picasso schrittweise auslegen: Es geht um eine Fotografie aus dem Jahr 1950. Im französischen Original »Les pains de Picasso« (die Brote von Picasso) ein Wortspiel, weil es auch »Les mains de Picasso« heißen könnte (die Hände von Picasso). Was ist das Besondere an dieser Fotografie? Für Picasso war »alles Sichtbare, Menschen wie Dinge, Verfügungsmasse für seinen intuitiv findenden Zugriff. Wichtig war ihm, dass man bei (seinen) Assemblagen das spielerische Oszillieren zwischen den Wirklichkeiten nie aus den Augen verlor«, heißt es in einer aktuellen Biografie treffend.[287]

Die Aufnahme in schwarz-weiß suggeriert Alltag: Ein Mann im gestreiften Oberteil sitzt an einem gedeckten Tisch: Karierte Decke, eine Flasche, zwei Gläser, ein Teller, Besteck – sein Blick ist *entrückt*. Das passt zu einem Detail, das *verrückt* ist: Acht längliche Brötchen liegen auf dem Tisch. Ihre Formation ist vergleichbar mit den Fingern. Da Picassos Unterarme unterhalb der Tischkante unsichtbar für den Betrachter sind, müssen Schlüsse über ihre Haltung gezogen werden. Eine Möglichkeit ist, dass Picasso sich am Tisch festhält, die Daumen unter der Tischkante, die restlichen Finger darüber. Kurzum: Die Szenerie ist skurril, sie verwirrt uns und bleibt haften.

Welchen Weg nimmt das Bild von dieser Buchseite oder Ihrem Bildschirm durch Ihr Bewusstsein?[288] Pro Sekunde aktualisieren Sie dreimal, was Sie sehen. Jeder Reiz durchwandert verschiedene Ebenen im Gehirn, jede verarbeitet ihn eigenständig mit Hilfe ihrer eigenen Systematik – von der ersten Wahrnehmung, über die rationale Bewertung bis hin zur dauerhaften Abspeicherung. Damit ein Eindruck zur Erinnerung wird, ist ein Neuigkeitswert erforderlich, sprich: Der Reiz muss zwar kompatibel zu den gespeicherten Inhalten sein, sich aber von ihnen unterscheiden. Außerdem gibt das Gehirn nur den Anteil an Informationen weiter, der nicht seinen Erwartungen entspricht: Auf dem Tisch liegende Finger sind gewöhn-

AUFKLÄRUNG: Die Logik des Bewusstseins

Dar. 20: Picassos Brotzeit (© Yale University Art Gallery)

lich und nicht weiter beachtenswert. Werden die Finger aber durch Brote ersetzt, führt dies zu Irritation und muss aufgearbeitet und gerahmt werden.

1) Das Bild erreicht zunächst als Skizze über den Thalamus, den visuellen Kortex und die Amygdala das Emotionszentrum des Gehirns. Dieses prüft auf emotionsauslösende Reize. Da das Foto amüsant ist, wird der Eindruck in einer »Gefühlsdatenbank« hinterlegt. Dafür braucht es nicht einmal 0,1 Sekunden. Damit ist der Vorgang oft schneller als die bewusste Erfassung der Situation. Die Emotion ist bereits vorhanden, bevor die Aufarbeitung startet.

2) Der nächste Schritt ist eher eine zweigleisige Fahrt durch das Gehirn. Die Information wird vom visuellen Kortex in die Sinnesareale geschickt, das dauert etwa 0,3 Sekunden. Die sensorischen »Rohdaten« werden über die sogenannte ventrale Bahn zu Objekten zusammensetzt und über die dorsale Bahn im Raum verortet. Das sensorische Gedächtnis kann enorm viele Reize speichern, allerdings gehen sie schnell wieder verloren. Deswegen bleibt vom Ereignis nur ein Blitzlicht in Erinnerung.

3) Zur »Umschreibung« des Bildes bedarf es für 0,2 Sekunden unserer Aufmerksamkeit. Das Gehirn gleicht das Bild mit »visuellen Verknüpfungsnetzwerken« im Temporallappen ab. Hier sind Objekte gespeichert, die eine Gemeinsamkeit haben – in diesem Fall Mensch, Tisch, Essen, Trinken. Teile des Frontallappens halten das Bild dazu kurzzeitig aufrecht. Da diese nur wenig speichern können, wird lediglich derjenige Ausschnitt der Situation weiterverarbeitet, den wir durch Aufmerksamkeit auswählen. Um eine Überraschung wie ›Brot statt Finger‹ rational zu bewerten, müssen semantische Verknüpfungsnetzwerke Objekte, die bislang nur visuell präsent sind, sprachlich codieren. Neuronale Schleifen zwischen auditivem Kortex und Frontallappen »präsentieren« die passenden Worte. Auch der Frontallappen hat nur geringe Speicherkapazitäten, weswegen im Kurzzeitgedächtnis nur wenige Worte verbleiben.

4) Dieser Schritt bringt Ordnung ins Chaos. Das Kurzzeitgedächtnis hält die Erinnerung an »Brot statt Finger« durch permanentes Feuern der entsprechenden Neurone im Kortex aufrecht. Um das Ereignis einzuordnen und längerfristig abzuspeichern, entstehen neue Verbindungen zwischen bisher unverknüpften Bereichen – sowohl innerhalb als auch zwischen den visuellen und semantischen Netzwerken. Die Neuverknüpfung erfolgt zunächst nur vorübergehend über den Hippocampus.

5) Dieser Schritt sorgt für die Konsolidierung. Werden die indirekt über den Hippocampus verknüpften Neurone häufig gleichzeitig aktiv, bilden sich im Kortex direkte Verbindungen aus – die Erinnerung ist konsolidiert. Menschen speichern im Temporallappen auch Wissen über sich selbst und verknüpfen es mit den visuellen und semantischen Netzwerken. Mit Hilfe des linken Frontallappens durchforsten sie dieses Selbstwissen, wobei die früher aufgezeichneten Bilder und Wörter mit aktiviert werden. Wir reisen mental zu vergangenen Ereignissen zurück.

Nachdem wir jetzt den Gedanken durch das Gehirn gefolgt sind, wechseln wir die Perspektive und blicken auf die übergeordnete Steuerung unseres Bewusstseins. Es sind drei neuronale Netzwerke, die unsere Kognition beeinflussen: Das erste umfasst die emotionale Kreativität, mit individuellem Lernen und der Bewältigung sozialer Herausforderungen. Das zweite Netzwerk dient der Selbstkontrolle und steuert das zielgerichtete Planen. Das dritte Netzwerk umfasst Aspekte der Selbsterkenntnis. Diese Netzwerke sind fortlaufend aktiv, jedoch mit unterschiedlichen Logiken und Geschwindigkeiten. Sie sind eifrig im Verarbeiten von Reizen und animieren zur Aufnahme neuer Eindrücke. Ihre Vitalität ist verantwortlich für den Erhalt des gesamten Organismus, daher ähneln sie Kindern in ihrem kreativen Willen nach Veränderung.

Kleinkinder zeigen eben diese intrinsische Motivation, sich mit der Umwelt auseinanderzusetzen. Dieses Bestreben bricht sich auch ohne Anleitung oder äußere Zwänge Bahn. Das hinterlässt Spuren – im Kinderzimmer und im Gehirn. Bei der Geburt sind die Enden im Gehirn lose, in den ersten beiden Lebensjahren entstehen zwei Millionen neuer Synapsen – in einer Sekunde. Diese »dynamische Verdrahtung«[289] ist Grundlage für den Erwerb kognitiver Fähigkeiten.[290] Im zweiten Lebensjahr entwickelt sich ein »Selbst-Bewusstsein«: Die Kinder werden mobiler, vergrößern ihre Reichweite; sie werden kommunikativer, können ihre Bedürfnisse und Wünsche präziser ausdrücken; sie können ihr Umfeld spielerisch erkunden und verändern. Diese Phase ist wichtig, weil in ihr das »soziale Lernen« beginnt. Es beruht auf der »Fähigkeit, das Verhalten anderer Menschen durch Nachahmung zu verinnerlichen.«[291] Über die Imitation erschließen sich Kinder zunächst »die Ausdrucksformen der menschlichen Kommunikation wie Mimik und Gestik. Auch die Sprache eignet sich das Kind an, indem es anderen zuhört, Laute und Worte wiederholt, Konversationsformen im Spiel nachahmt und verinnerlicht. Über die Nachahmung lernt das Kind zudem den funktionellen Gebrauch von Gegenständen«, also etwa das Essen mit Messer und Gabel. Diese Beobachtung setzt Nähe und Geborgenheit vertrauter Personen voraus. Damit ein gesundes Selbstbewusstsein erwachsen kann, braucht die Fürsorge aber auch ihre Grenzen. Überbehütung »vermehrt nicht das Wohlbefinden, sondern hält das Kind in einer gefühlsmäßigen Abhängigkeit und macht es unselbstständig.«[292]

Wenn das Umfeld die geistigen und körperlichen Bedürfnisse befriedigt, dem Kind eine altersgerechte Entwicklung möglich ist, entdeckt es gegen Ende des zweiten Lebensjahres im Spiegel nicht länger einen Spielkameraden, sondern es erkennt sich selbst: ›Hoppla, das bin ja ich.‹ Darüber hinaus suchen die Kinder den Platz in der Familie, später in der Kita, dann in der Schule, usw. In konzentrischen Kreisen erweitern sie ihr Umfeld. Im besten Fall entwickeln sie so Selbstwirksamkeit.

Dabei handelt es sich, in den Worten der Sozialpsychologin, Lisa Marie Warner, um eine »Kognition, die menschliches Denken, Fühlen und Handeln beeinflusst. Sie wird benötigt für Aufgaben, deren Schwierigkeitsgrad Anstrengung und Ausdauer erfordern.«[293] Selbstwirksamkeit ist nicht gleichzusetzen mit den tatsächlichen Kompetenzen des Menschen. Wer sie verspürt, ist überzeugt, mit seinen Fertigkeiten die eigene Umwelt beeinflussen zu können. Solche Menschen gehen schwierige Aufgaben an, verfolgen sie mit Ausdauer und sind leistungsfähiger. Warner unterstreicht, dass Selbstwirksamkeit Angststörungen mindert, Stress reduziert, kritische Lebensereignisse leichter bewältigen lässt, die Schmerztoleranz erhöht, das Immunsystem verbessert und das Wohlbefinden steigert.

Nur, wo könnte diese Kraft entspringen? Stoßen wir also zur Quelle vor.

Eine »Prognosemaschine«:
Wo das Bewusstsein entspringt

Was wir sehen, wird vom Gehirn erzeugt. Auf Anforderung erschafft unser Gehirn fantastische Realitäten. Diese Bilder entstehen in der Dunkelkammer des Schädels, ohne direkten Kontakt zur Außenwelt, quasi nur auf Klopfzeichen – Impulse der Nerven. Das Gehirn ist – wie alle anderen Organe – zunächst einfach eine Ansammlung von Zellen. Doch es ist ein Faszinosum: Allein seine Örtlichkeit, ganz oben im Körper mit einem massiven Schutzwall umgeben, macht seine Ausnahmestellung deutlich.

Alle Tiere haben, anders als Pflanzen, ein Gehirn. Gehirne sind Zellen, die zu Netzwerken verbunden sind, und Informationen verarbeiten. So können sie auf sich wandelnde Umgebungen flexibel reagieren, sie arbeiten als Detektor: Welches Problem ist zu lösen? Welche Handlung bedeutet welche emotionale Reaktion? Welche Bedürfnisse sind zu befriedigen? Was verspricht eine Belohnung?

Es sind zunächst Philosophen, Ethiker oder Theologen, die fragen, was den Mensch zum Menschen macht, was den Geist beflügelt oder was das Bewusstsein für soziales Handeln schafft. Dass das Denken das Sein bestimmt, hat uns René Descartes vor Augen geführt. Er findet im 17. Jahrhundert etwas, dass ihm als funktionelle Schnittstelle zwischen Gehirn und Seele vorkommt und bereits seit der Antike im Gespräch ist: die Zirbeldrüse. Sie findet sich leicht verborgen auf der Mittellinie des Gehirns, sieht aus wie ein kleiner Pinienzapfen, heißt deshalb lateinisch glandula pinealis und wird von beiden Hirnhälften gemeinsam genutzt. Laut Descartes ist die Drüse Sitz des Bewusstseins und damit ein Umschlagplatz für die Eindrücke der geistigen und körperlichen Welt. Er denkt aber nicht marktwirtschaftlich, sondern mechanisch: Die Zirbeldrüse ziehe – ähnlich einem Puppenspieler und der Marionette – am Geflecht der Nerven. »Umgekehrt ist auch die Maschine unseres Körpers so konstruiert, dass allein daraus, dass diese Drüse unterschiedlich durch die Seele oder eine andere Ursache bewegt ist, sie die umgebenden Lebensgeister in die Poren des Hirns schickt, die sie durch die Nerven in die Muskeln weiterleiten, mittels deren sie dann die Glieder bewegen.«[294]

Der Körper ist nach Descartes funktionell geordnet und komplex strukturiert. Um das Ganze verständlich zu machen, wählt Descartes als Beispiel die Orgel: Der Windkasten ist vergleichbar mit dem Herzen und den Blutgefäßen, die den Sauerstoff in die Herzkammern transportieren. Die Traktur, die der Organist bedient, um die Luft in die verschiedenen Kanäle zu leiten, entspricht den Ventilen in unseren Nerven, die dafür sorgen, dass der Sauerstoff korrekt verteilt wird. Und die Musik, die wir durch die Pfeifen hören, entspricht unserem bewussten und geordneten Verhalten, welches wir durch die Aktivierung unserer Muskeln zeigen.[295] Kognitive Prozesse stellt er sich als mechanische Bewegung kleiner Körper in diesen Röhren vor. Diese haben können Informationen »an die Seele übertragen«.

Die Erklärungen menschlichen Bewusstseins sind stets ein Kind ihrer Zeit: Im 19. Jahrhundert prägt der deutsche Physiker Hermann Helmholtz das Bild vom »Gehirn als Prognosemaschine«[296] – mit Anspielung auf die voranschreitende Industrialisierung. Helmholtz beschäftigte sich im Wesentlichen mit Akustik, Optik, Thermodynamik. Das Gehirn analysiert das Umfeld, definiert maßgebliche Reize. Zentral dabei ist das Ausblenden des Irrelevanten. Demnach stellt das Hirn fortlaufend Hypothesen über die Ursachen der sensorischen Impulse auf und prüft diese auf Plausibilität. Hierfür kombiniert es Erwartungen oder Überzeugungen über die Welt mit den sensorischen Daten und berücksichtigt dabei die Zuverlässigkeit der Signale. Die Neurowissenschaft zeigt zu Beginn des 21. Jahrhunderts, dass Helmholtz auf der richtigen Spur ist. Das Gehirn ist »ein von Grund auf prospektives Organ, dazu bestimmt, Informationen aus Vergangenheit und Gegenwart zu nutzen, um Vorhersagen bezüglich der Zukunft zu treffen«, ist in einer Studie zu lesen.[297] Die Idee der Zukunft beruht zum Großteil auf den gleichen neuronalen Mechanismen, die für das Erinnern an die Vergangenheit benötigt werden. Eine entscheidende Funktion des Gehirns ist das episodische Gedächtnis, das Details früherer Ereignisse flexibel zu neuen Szenarien kombiniert. Für unsere Zeitreisen satteln wir ein Seepferdchen: Der Hippocampus[298] ist der Impulsgeber für diese Prozesse.

Wegweisend in der Bewusstseinsforschung ist der »Entwurf einer Psychologie«, er stammt aus der Feder von Sigmund Freud.[299] Zu Beginn der 20. Jahrhunderts wird der Tiefenpsychologe zum Pionier der Erforschung menschlicher Subjektivität. Freud will Funktionen erkennen, die hinter das Bewusstsein führen. Er schreibt: »Die Biologie ist wahrlich ein Reich der unbegrenzten Möglichkeiten, wir haben die überraschendsten Aufklärungen von ihr zu erwarten und können nicht erraten, welche Antworten sie auf die von uns an sie gestellten Fragen einige Jahrzehnte später geben würde. Vielleicht gerade solche, durch die unser ganzer künstlicher Bau von Hypothesen umgeblasen wird.« Sein Konzept des Triebs ist die Quelle der gesamten psychischen Energie, der Trieb ist das »Maß der Arbeitsanforderung, die dem Seelischen infolge eines Zusammenhangs mit dem Körperlichen auferlegt ist.« Bewusste Gefühle entspringen laut Freud im »Ich« (lokalisiert im Kortex), alle anderen Emotionen aus dem »Es«, das er im Hirnstamm und im Hyphotalamus ansiedelt. Dies ist die Quelle unseres Bewusstseins. Im Hirnstamm entspringen die Affekte – als subjektive Manifestation der Triebe sorgen sie dafür, dass wir spezifische körperliche Bedürfnisse messen, kontrollieren und schließlich tun können, was erforderlich ist, um sie zu befriedigen. »Bewusstsein kommt dann ins Spiel, wenn Bedürfnisse spürbar werden« und Arbeitsanforderungen an den Körper stellen. Zudem haben »gefühlte Bedürfnisse höhere Priorität als nicht gefühlte.« Auf Basis des vorgegebenen Kontextes können wir auswählen, welche Bedürfnisse zuerst befriedigt werden sollen. Das tun wir über willkürliches, am Affekt orientierten Handeln. »Es befreit uns von den Fesseln der Automatizität und ermöglicht uns ein Überleben in unvorhergesehenen Situationen«, so der Neurowissenschaftler Mark Solms.[300]

Sieben Systeme fassen die menschlichen Grundbedürfnisse: Lust, Suchen, Wut, Furcht, Panik, Fürsorge, Spiel. Um sie zu befriedigen, müssen Menschen ihre Umgebung auskundschaften. Durch Stöbern entdecken Menschen, was es braucht, um zu überleben oder sich auszuleben. Solms schließt: »Willkürliches Verhalten bedeutet, im Hier und Jetzt Entscheidungen zu treffen. Doch wie sollten wir Entscheidungen ohne ein Bewertungssystem, das uns sagt, welche Option besser oder schlechter ist, treffen können. Ebendiese Werte sind der Beitrag, den die Gefühle zu unserem Verhalten leisten«. Das Fühlen ist für ihn die primäre Funktion des Bewusstseins, und das beruht auf dem visuellen Gedächtnis, also unserem Prognosemodell.

Um auf unbekanntem Terrain navigieren zu können, braucht es Orientierung. Straßenkarten zeigen uns Wege und Landmarken, lassen uns planen und die effizienteste Route erkennen. Diese Modellierung der Welt versuchen Forschende, auf die Wege innerhalb des Gehirns zu übertragen.

Google Maps?
Eine Straßenkarte für das Gehirn

Wegweisende Erkenntnisse der Kognition erhofft man sich aus Jülich. Das Institut für Neurowissenschaften und Medizin erarbeitet den Gehirnatlas »Julich-Brain«. Es ist »eine Art Google Maps, in dem Karten in noch nie dagewesener Detailgenauigkeit erstellt wurden. Dafür wurden über 24.000 hauchdünne Schnitte der Gehirne von 23 Verstorbenen digitalisiert und dreidimensional aufbereitet«, schreibt der Tagesspiegel[301].

Die Karten[302] sind Teil des »Human Brain Projects«, initiiert 2013 vom Hirnforscher Henry Markram. Ursprünglich geplant ist ein Computermodell des menschlichen Gehirns, das die relevanten Mechanismen in der Großhirnrinde (dem Kortex) realistisch abbildet – von den Aktivitäten einzelner Neuronen bis zum Zusammenspiel großer Netze. Und ganz am Ende erklärt sich das Bewusstsein quasi von selbst.

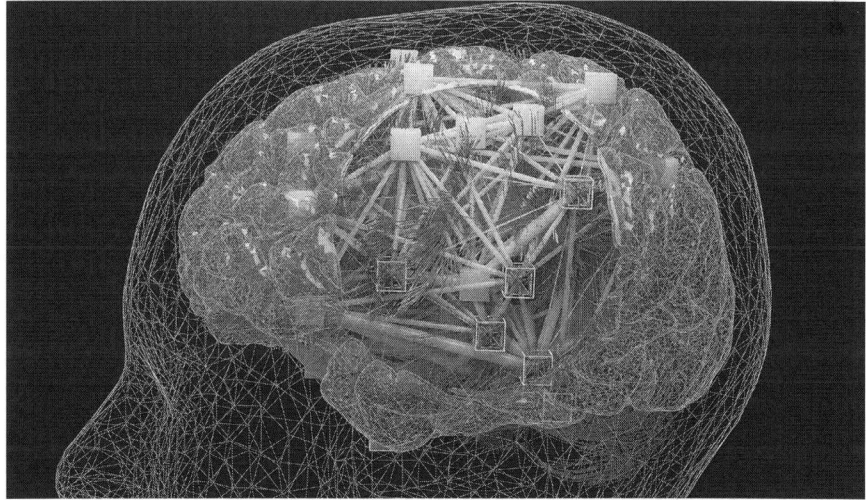

Dar. 21: Wo bitte geht's zum Bewusstsein? Ein Multiscale-Brain-Model von Petra Ritter (© Charité Berlin)

Die Ergebnisse von zehn Jahren Forschung erstaunen, auch wenn sie Bewusstsein nicht voll und ganz erklären. Der dreidimensionale Atlas des Gehirns ist fulminant: Die Hirne werden scheibchenweise über Monate analysiert, um Strukturen zu erkennen und die räumliche Architektur der Nervenfasern zu bestimmen. Das Team um Katrin Amuts hat mittlerweile 250 Regionen kartiert und in einem Atlas die Orte mit Funktionen verknüpft.

Ein anderer Ansatz im Projekt soll helfen, Bewusstsein zu messen. Das ist wichtig für Menschen, die nach schweren Hirnverletzungen im Koma liegen. Ziel ist, »zu einem tieferen Verständnis des Gehirns beizutragen und an der Schnittstelle von Neurowissenschaften, Medizin und Computing [...] eine auf Computer und Simulation basierende digitale Hirnforschung« zu ermöglichen. Weiter sagt Amuts: »Wir gehen hier über verschiedene theoretische Erwägungen und klinische Beobachtungen heran, die zeigen, dass Bewusstsein etwas mit der Komplexität von Hirnantworten zu tun hat. Man versucht, über eine sogenannte Perturbation diese Komplexität herauszufordern« Am Ende habe man einen Index, der den Bewusstseinsgrad quantifiziert: Diese Zahl ist für Patienten, genauer für Pflegende und Angehörige, bedeutsam. Sie kann »als Maßstab genommen werden, wenn versucht wird, mit therapeutischen Maßnahmen das Bewusstsein wieder herzustellen.«[303]

Einen anderen Weg geht Moritz Helmstädter am Max-Planck-Institut in Frankfurt. Er verfolgt die Route, die sich Impulse im Hirn ›bahnen‹. Für ihn sind die »Kabel im Gehirn länger als alle Autobahnen der Welt, tausendmal dünner als ein menschliches Haar mit ständigen Verzweigungen.«[304] Er möchte Netzwerke im Oberstübchen rekonstruieren und simuliert dazu Flüge durch das Hirn, um Gedanken zu verfolgen. Er erkennt, dass Informationen zwar schrittweise aber sehr schnell global verarbeitet werden. Jeder Sinnesreiz beschäftigt Nervenzellen aus vielen Bereichen. Wie bei einem Auto sind dabei auch Bremsen notwendig, wie seine aktuelle Forschung zeigt. »Hemmende Interneurone stellen rund ein Viertel bis ein Drittel der Nervenzellen im menschlichen Kortex, und sie haben ganz erstaunliche Wirkung: sie sind selbst stark elektrisch aktiv, stimulieren damit aber nicht etwa andere Nervenzellen, sondern hemmen sie in ihrer Aktivität. Sie wirken quasi als Beruhiger des Gehirns. So wie Erzieherinnen all ihre Energie darauf verwenden, andere quirlige Lebewesen im Zaume zu halten, oder Ordnerinnen in Fußballstadien und Museen: Ihr sehr anstrengender und stark energieverbrauchender Einsatz gilt der Beruhigung der anderen!«, erklärt Helmstädter in einer Pressemitteilung.[305] »Aber stellen Sie sich nun einen Raum voller Museumswärter, ein Stadion voller Fußballordnerinnen vor, die alle sich gegenseitig beruhigen. Diese Art von Netzwerk hat das menschliche Gehirn entwickelt!«

Die Suche nach dem Bewusstsein hat Fahrt aufgenommen. Dennoch ist es der Menschheit noch nicht gelungen, das Unfassbare fassbar zu machen. Zu komplex scheint die Aufgabe. Neurowissenschaftler sind zuversichtlich, sie zu knacken. Philosophen bleiben skeptisch. Wer behält Recht?

Konkurrenz im Kopf:
Globaler Arbeitsraum vs. integrierte Informationstheorie

Beginnen wir mit einem Gedankenspiel: »Wetten, dass das Rätsel menschlichen Bewusstsein in 25 Jahren gelöst sein wird?« Ein Neurologe bietet diese Wette an. Schlagen Sie ein? Ein Philosoph hat es gewagt.

Eine ganze Nacht debattieren 1998 der Neurologe Christof Koch und der Philosoph David Chalmers darüber, was Bewusstsein ausmacht, und ob die neuronalen Korrelate (also Entsprechungen) durch die Quantensprünge der Technik zu bestimmen sind. Koch ist sich seiner Sache sicher, Chalmers zweifelt. Top, die Wette gilt! Der Einsatz ist eine Kiste Wein. Das Ergebnis ist nicht gerade berauschend. Es ist, so viel sei verraten, eher ernüchternd.

Kochs These ist kühn: Es soll wissenschaftlich bestimmt werden, wie Geist aus Biochemie entsteht. Zudem sollen Emotionen erfasst werden können. Hypothesen gibt es viele, belastbar werden sie erst, wenn sie zu reproduzieren und zu verifizieren sind. Ein schmaler Grat, weil das Objekt der Untersuchung nur als Unikat existiert: Kein Hirn gleicht dem anderen. Zudem ist Bewusstsein nichts, was einfach nur ein- oder ausgeschaltet werden kann. Aus der Anästhesie weiß man, dass Aufmerksamkeit eher »Kontinuum verschiedener Zustände umfasst, die unterschiedliche Arten von Gehirnfunktionen beinhalten.« So kann sich Bewusstsein durch unsere Sinne und unser Verhalten mit der Umwelt verbinden und während des Schlafes isoliert funktionieren.[306]

In der Bewusstseinsforschung gibt es zwei Ansätze, die als wissenschaftlich führend angesehen werden. Es geht grob gesagt um die Konkurrenz zwischen bottom-up und top-down. Nach Ansicht der Globalen Arbeitsraumtheorie (GWT) braucht Bewusstsein eine Initialzündung, die auf der Infotafel des Stirn- und Scheitellappen geschieht und dann Kognition auslöst. Vertreter der Integrierten Informationstheorie (IIT) – zu denen Koch gehört – sagen: Bewusstsein ist die koordinierte Verarbeitung von Informationen. Ihr Grad ist mathematisch bestimmbar und wird von der heißen Zone – ein Bereich im hinteren Teil der Hirnrinde – koordiniert. Dieser Theorie zufolge hat jedes System ein Bewusstsein, das seine Zukunft beeinflussen kann.[307]

Vorkämpfer der GWT ist Stanislas Dehaene, der am Collège de France in Paris arbeitet. Bewusste Handlungen sind für ihn das Ergebnis der Zusammenarbeit mehrerer Hirnareale, insbesondere des präfrontalen Kortex. Dieser Teil des Gehirns empfängt sensorische Informationen von anderen Teilen des Organs, wertet sie aus, bereitet sie auf und sendet die aufbereitete Version dann an andere Hirnareale, damit diese darauf reagieren können. Die Tätigkeit des Auswertens, Bearbeitens und Sendens erzeugt laut GWT das Gefühl von Bewusstsein. Dehaene sagt, dass dieser Arbeitsraum eine Art Informationsengpass sei: »Erst wenn der erste bewusste Gedanke weicht, kann ein anderer seinen Platz einnehmen.«[308] Hingegen argumentieren Befürworter der IIT, dass das Bewusstsein eine zufällig entstehende Eigenschaft neuraler Komplexität ist, die unterschiedliche Ausmaße annehmen und im Prinzip als Zahl gemessen werden könne (verwendet wird dafür der griechische Buchstabe phi). Ein GWT-Bewusstsein sei mehr eine Alles-oder-Nichts-Sache.[309]

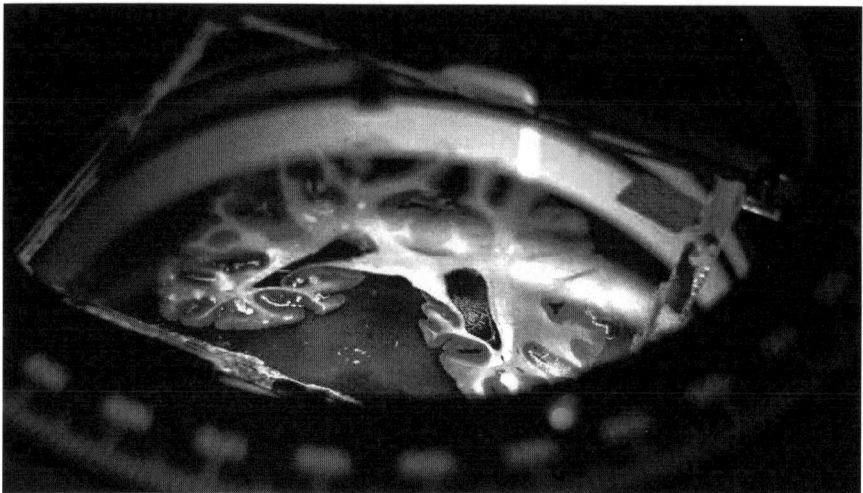

Dar. 22: Kommt Bewusstsein scheibchenweise ans Licht? (© Jülich Brain Project)

Koch hat angelehnt an den Neurowissenschaftler Giulio Tononi die IIT entwickelt. Er erkennt in den 1990er-Jahren, dass manche Gehirnzellen 40-mal pro Sekunde synchron feuern. Dies kombiniert er mit Tononis informationsbasierten Modell, das besagt, dass Bewusstsein in jedem System entsteht, dessen Komponenten Informationen auf eine bestimmte, mathematisch definierte Weise austauschen. Bewusstsein ist damit weniger die Umwandlung von Eingaben in Ausgaben, sondern die Verarbeitung von Erlebnissen. Im Gegensatz zur GWT, die fragt, was das Gehirn tut, um das bewusste Erlebnis zu schaffen, beginnt die IIT mit dem Erlebnis. Bewusstsein ist die Wahrnehmung eines konkreten Ereignisses, das gilt auch für Träume oder »Leere-Geist-Zustände«, wie sie durch Meditation erreicht werden können. Tononi hat versucht, die wesentlichen Merkmale dieser Erlebnisse zu identifizieren. Sie sind

- subjektiv (sie existieren nur für das bewusste Wesen)
- strukturiert (ihre Inhalte beziehen sich aufeinander: »das blaue Buch liegt auf dem Tisch«)
- spezifisch (das Buch ist blau, nicht rot)
- vereinheitlicht (es gibt nur ein Erlebnis auf einmal)
- definitiv (es gibt Grenzen für das, was das Erlebnis enthält).

Aus diesen Axiomen lässt sich ein System bestimmen, wenn es einen gewissen Grad an Bewusstsein hat. »Das Bewusstsein entspricht der Fähigkeit, sich selbst zu verändern: durch seinen vergangenen Zustand geprägt zu sein und seine Zukunft zu beeinflussen. Je besser ein System das kann, desto bewusster ist es«, erklärt Koch.[310]

Vereinfacht gesagt: Ein Netzwerk muss in seinem Aufbau also gewisse Charakteristika aufweisen, um als bewusst zu gelten. Systeme wie das menschliche Gehirn, die über ein besonders hohes Maß an Bewusstsein verfügen und dadurch ihre Existenz wahrnehmen können, sind extrem selten. Kritisch angemerkt wird, dass es ein »Zirkelschluss, ja Betrug«[311] sei, Bewusstsein mit einem Konzept zu erklären, das Bewusstsein voraussetze.

Wenn die Ansichten so auseinandergehen, hilft ein kollaborativer Austausch. Auf einer Tagung in New York diskutieren Forscher 2023 – einige von ihnen sind noch nicht geboren, als Koch und Chalmers ihre Wette eingehen – ihre neusten Erkenntnisse. Die Vielfalt der Perspektiven ist schwindelerregend: Manche fokussieren auf den präfrontalen Kortex, andere konzentrieren sich auf bestimmte Arten von Neuronen oder neuronale Kommunikationsformen. Die Referenten befassen sich mit dem Bewusstsein von Primaten, Spinnen oder Pflanzen, dem Status von virtueller Realität sowie den Auswirkungen von Demenz und anderen pathologischen Zuständen.

Zum Abschluss dann der Showdown: Arbeitsraum vs. Integration. Einige Daten sprechen für die IIT, andere für den globalen Arbeitsraum, also unentschieden. Diese Schlussfolgerung überrascht nicht bei der Komplexität des Gehirns und der uneinheitlichen Definition von Bewusstsein.

Entschieden ist aber die Wette zwischen Koch und Chalmers: »Philosoph 1, Neurowissenschaftler 0«, heißt es im Fachmagazin Nature trocken.[312] Der Punktsieg gründet auf der Einigung der mangelnden eindeutigen neuronale Signatur des Bewusstseins. »Es ist klar, dass die Dinge nicht klar sind«, sagt Chalmers, und Koch stimmte zu. Er schlendert von der Bühne und kommt mit einer Kiste Wein wieder, das Publikum lacht und applaudiert.[313] Koch kann es nicht lassen: Er startet die Wette erneut.

WYSIATI:
Augenblick mal!

Wir wissen nun, dass manchmal die Philosophie über die Naturwissenschaft obsiegt. Doch, Moment. Woher wissen wir, dass wir etwas wissen? Die überzeugendste Antwort ist: Wir haben es mit eigenen Augen gesehen. Wissen ist Ansichtssache. Denn mithilfe des Sehens gewinnen wir ein Abbild der Realität. Klingt tollkühn, lässt sich sprachhistorisch wie kognitionswissenschaftlich belegen. Ob das gut ist für unsere bewussten Entscheidungen? Überlegen wir mal einen Augenblick.

Wissen geht aus gewissen Überzeugungen hervor. Diese Überzeugungen umfassen sinnliche Erfahrungen und Wahrheiten, die normativ gelten oder sozial anerkannt sind. Konkret gesagt: H_2O ist die Summenformel von Wasser, Mittwoch folgt auf Dienstag und Hamburg ist größer als Bremen. Es handelt sich dabei um satzförmiges Wissen, weil es in Aussagesätzen dargestellt und gerechtfertigt werden kann.[314] So wie wir Sätze oder Meinungen bilden oder uns ein Bild einer Angelegenheit machen – das Visuelle kommt im Wahrnehmungsprozess vor dem Begreifen. Oder wie es ein Lehrbuch der Psychologie auf den Punkt bringt: »Man schaut mit den Augen, aber man sieht mit dem Gehirn«.[315]

Um nicht nur oberflächlich wahrzunehmen, sondern die Welt in ihrer Tiefe zu begreifen, braucht es zwei Augen. Die Betrachtung aus zwei verschiedenen Blickwinkeln, ermöglicht es dem Gehirn, Entfernungen zu »berechnen«, dreidimensionale Bilder entstehen zu lassen und damit Unterscheidungen treffen zu können. Dem zweiten Auge verdanken wir also das Gefühl für die Tiefe.

Diese »Zwei-Deutigkeit« ist typisch für die Kognition, wie der jüngst verstorbene Psychologe Daniel Kahnemann herausgearbeitet hat: Ihm zufolge denken wir mal schnell, mal langsam. Je nachdem, welches System[316] gerade am Werk ist:

- System 1 arbeitet automatisch, weitgehend mühelos und ohne willentliche Steuerung. Seine Effizienz schont Ressourcen und sichert die Grundlage unseres Überlebens.
- System 2 lenkt die Aufmerksamkeit auf anstrengende mentale Aktivitäten, die meist mit Regeln oder sozialen Routinen verbunden sind. Ihre Beherrschung ist mühsam anzueignen. Eine geschickte Umsetzung wird als intelligentes Verhalten angesehen.

Sein Kollege Richard Thaler hat dies ähnlich klassifiziert (▶ Dar. 23).

Dar. 23: Charakterisierung von System 1 und 2[317]

Automatisches System	Reflektierendes System
Unkontrolliert	Kontrolliert
Mühelos	Angestrengt
Assoziierend	Deduzierend
Schnell	Langsam
Unbewusst	Bewusst
Erlernt	Regelgeleitet

Thaler personifiziert die Systeme mit Homer Simpson und Mr. Spock von Raumschiff Enterprise. Homer Simpson ist impulsiv und spontan, bequem, lässt sich auf der Suche nach Lösungen leicht von seinem Umfeld beeinflussen, folgt der Herde, ist gierig und konsumfreudig. Hingegen ist Spock als Vulkanier analytisch und rational veranlagt, er trifft Entscheidungen auf der Grundlage von Fakten und Vernunft, berücksichtigt die langfristigen Auswirkungen, lässt sich nicht beeinflussen, und verfolgt seine Ziele frei von Idealen.

Menschen agieren häufiger wie Homer Simpson und wenig wie Spock, denn sie fällen Urteile intuitiv auf Basis der verfügbaren Information, die sie wahrnehmen. Kahnemann hat dafür das passende Akronym erfunden: WYSIATI: What you see is all there is (in etwa: »Nur was Sie sehen, ist vorhanden«). System 1 ist völlig unempfindlich für die Qualität und Quantität der Informationen. Ihm reicht Plausibilität, berechnet anhand einer sogenannten Verfügbarkeitsheuristik. Es handelt sich dabei um ein Urteil über die Wahrscheinlichkeit zum Eintritt von Ereignissen. Sichtbarkeit (egal ob real, medial oder vor dem geistigen Auge) wird zum Skalieren genutzt. Daher orientieren wir uns gern an Faustregeln, wenn wir urteilen müssen und uns die Zeit, die Fertigkeiten oder der Wille fehlen, umfassend auf Daten zurückzugreifen. In der Statistik würde man sagen, dass dabei Korrelation und Kausalität gleichgesetzt werden. Dies beruht auf der kognitionswissenschaftlichen Erkenntnis, dass konsistente und verständliche Informationen gewichtiger sind als vollständige. Hinzu kommt: Es ist weniger mühsam, vorhandenes Wissen in ein kohärentes Muster einzupassen, als neues Wissen zu schaffen.

Die Schnelligkeit von System 1 ist der intuitiven Verarbeitung von Erfahrungen und Emotionen zu verdanken. Es ist aktiv, wenn Sie etwa

- Slogans auf Plakaten lesen
- im Wald joggend ein Knacken hören
- den Satz vervollständigen: »*Aus den Augen, aus dem...*«
- 2+2 berechnen
- Herz über Kopf handeln
- täglich durch die Stadt zur Arbeit fahren.

System 2 ist mit Aufwand verbunden: Seine rationalen Prozesse setzen geistige Arbeit voraus in Verbindung mit einer zielgerichteten Anstrengung, die zu strukturieren ist. Es ist aktiv, wenn Sie

- diese Zeilen lesen
- ein Trainingsprogramm für einen Halbmarathon zusammenstellen
- ihren Kindern den Satz des Pythagoras erklären
- etwas überdenken
- in einer unbekannten Stadt einen Gesprächspartner aufsuchen.

Menschen treffen fortwährend Entscheidungen, meist »Herz über Kopf«. Sie sind Subjekte, daher sind Denken und Fühlen subjektiv. Es mag wünschenswert sein, häufiger die Empirie und die Rationalität des Systems 2 zu nutzen und sich nicht auf Impulse zu verlassen, die aus dem Mittelhirn an den Kortex geschickt worden sind. Aber: Fakten zu sammeln, aufzubereiten, abzuwägen ist mühevoll, verursacht Stress und wir haben nur beschränkte kognitive Ressourcen – im Englischen heißt es daher treffend: ›to pay attention‹. Also wörtlich übersetzt: *Aufmerksamkeit zahlen*.

Kahneman folgert: »Die Arbeitsteilung zwischen System 1 und System 2 ist höchst effizient: Sie minimiert den Aufwand und optimiert die Leistung. Diese

Regelung funktioniert meistens gut, weil System 1 im Allgemeinen zuverlässig arbeitet: Seine Modelle vertrauter Situationen sind richtig, seine kurzfristigen Vorhersagen sind in der Regel ebenfalls zutreffend. Es wird jedoch durch kognitive Verzerrungen beeinträchtigt.«[318]

Die Verzerrungen sind subjektive Ergänzungen, die als kognitive Leichtigkeit empfunden werden. Wenn Informationen fehlen, also eigentlich fast immer, wird System 1 zur Maschine für »Urteilssprünge«. Dies ermöglicht schnelles Denken und hilft uns, in einer komplexen Welt mit Bruchteilen von Informationen zurechtzukommen. Die kohärente Geschichte, die wir zusammenfügen, kommt der Wirklichkeit meistens so nahe, dass es für zielführende Handlungen ausreicht.

WYSIATI führt auch zu schwerwiegenden Verzerrungen:

- Selbstüberschätzung: Wir lassen gern außer Acht, dass maßgebliche Informationen fehlen und unser Wissen begrenzt ist. Zweifel und Ambiguität werden unterdrückt.
- Falsch-Einschätzung (Framing-Effekte): Je nach Perspektive werden unterschiedliche Emotionen aktiviert, obwohl es sich um das gleiche Faktum handelt: »95 Prozent der Patienten erleiden keine Komplikationen.« Oder: »Fünf Prozent der Patienten haben unerwartete Nebenwirkungen.« Beide Aussagen bedeuten das Gleiche, machen aber unterschiedliche Andeutungen.
- Basisratenfehler: Unser augenblickliches Erleben steuert unser Urteil, obwohl es aller Wahrscheinlichkeit nach nicht gerechtfertigt ist. Dazu ein Beispiel: Sie treffen an einem verregneten Montag einen schlecht gelaunten Menschen in der U-Bahn. Was sagt dies über die bevorstehende Woche im Büro? Zwei Erlebnisse ohne Einfluss und Bezug auf die Termine oder Ihre Kollegenschaft. Aber die Aussichten sind klar. Nur was Sie sehen, ist vorhanden.

Kurzum: Fast alles, was wir tun, ist Gewohnheit. Unsere Routinen lassen uns den Weg des geringsten Widerstands gehen. Vieles läuft automatisch ab, ohne großes Nachdenken – unser Hirn bleibt im Energiesparmodus. Das macht Ressourcen frei, um über Komplexes nachzudenken oder sich inspirierende Geschichten auszudenken.

Es war einmal … eine Story:
Der Mensch als Geschichtenerzähler

»Wenn jemand eine Reise tut, so kann er was verzählen«, schreibt der Lyriker Matthias Claudius und die Gebrüder Grimm setzen nur wenige Jahre später diese Idee um und verfassen Geschichten, deren Wandlungen und Verwandlungen heute noch in aller Munde sind. Der Ansatz des Geschichtenerzählens – neudeutsch Storytelling – gilt als Mittel der Wahl, wenn es um erfolgreiche Vermarktung politischer Kernbotschaften geht.

Die Gründe dafür stehen in den Sternen geschrieben, argumentieren die Journalisten Marie Lampert und Rolf Wespe. Storytelling vergleichen sie mit Sternenbildern, die isoliert leuchtende Punkte am Himmel zusammenführen, in Anlehnung an Bekanntes (Großer Wagen, Kleiner Bär) fassbar machen und letzthin für Orientierung sorgen – mit Hilfe solcher Bilder können auch Menschen ohne astronomische Fachkenntnisse den Polarstern auffinden.[319]

Nüchtern betrachtet sind Geschichten dazu da, Informationen über Kausalitäten und Erfahrungen zwischen verschiedenen Menschen zu vermitteln, Erfahrungen zu teilen, das Gemeinschaftsgedächtnis zu organisieren und eine bestimmte Einstellung zu begründen. Geschichten sind aufs Engste mit dem Wertesystem einer Gemeinschaft verbunden. Es geht um Strukturen, Merkmale und kausal erklärbare Vorgänge. Das Wissen um sie verschafft Klarheit und öffnet die Tür zur Veränderung. Das Denken in Geschichten haben wir verinnerlicht – aus guten Gründen. Wie Psychologen bereits 1969 feststellen, ist es siebenmal wahrscheinlicher, dass wir uns an eine Tatsache erinnern, wenn sie in eine Geschichte verpackt ist.[320]

Geschichten sind Zucker fürs Gehirn: Es sucht ständig nach Zusammenhängen, Muster und kausalen Erklärungen. Wenn es welche findet, stellt sich Befriedigung ein. Wenn keine vorhanden sind, dann werden welche konstruiert. Schuld daran sind zwei Mechanismen: die zeitliche Nähe und das assoziative Denken. Wenn Ereignisse unmittelbar aufeinanderfolgen, scheint ein Zusammenhang naheliegend. Beim assoziativen Denken setzen wir Aspekte, die ähnlich erscheinen in Verbindung – Zufälle irritieren uns, also wird Zusammenhänge gestrickt.

Kausale Erklärungen vermitteln ein Gefühl von Kontrolle und Sinn. »Die Lieblingsbeschäftigung unseres Hirns ist es, Vorhersagen zu treffen, weil es versucht eine Sache zu minimieren: Ungewissheit«, heißt es bei der Neurowissenschaftlerin Maren Urner. Und weiter: »Unser Hirn mag auch keinen Kontrollverlust oder Verneinung (doppelte schon gar nicht). Dazu kommt die Optimierung auf kurzfristiges Denken, hier warten schnelle Belohnungen. So ist auch unsere Suche nach Anerkennung, Geborgenheit und Sicherheit zu verstehen. Es gibt den Hang, sich einzusortieren und sich zu gruppieren – dieser Mechanismus verringert Unsicherheit.«[321]

Kausalitäten sind Muster im Rausch der Informationen. Es sind Signale, die Sinn vermitteln. Daher faszinieren uns »unterschwellige Botschaften«: Wirkungen und Verbindungen, die wir kognitiv konsolidieren, also durch das (Nach-)Erzählen von Geschichten ins Bewusstsein rufen. Und das seit Anbeginn der menschlichen Kommunikation. Denn »Geschichten haben uns den Himmel erklärt, die Furcht vor der Dunkelheit genommen und unsere Schiffe an fremde Küsten und schließlich ins All gelenkt. Geschichten lehren uns, wie man lebt und liebt. Sie bestimmen unser Leben«. So werden wir zu »Erzählenden Affen«, wie Samira El Oussil und Friedemann Karig 2021 schreiben.[322]

Geschichten sind der Steuermann auf unserer Fahrt im wilden Fluss des Lebens. Sie geben komplexen und widersprüchlichen Signalen eine Bedeutung. Zum Verständnis des Weltenlaufs ziehen wir Glaubwürdigkeit der Empirie vor, weil »wir erzählende Wesen sind. Eine Folge von Zahlen und Fakten, egal wie wichtig sie sind – ich als Empiriker vertraue Zahlen und Fakten – ist nicht imstande, eine überzeugende Geschichte zu entmachten. Das Einzige, was eine Geschichte ersetzen kann, ist eine andere Geschichte«, postuliert der britische Journalist George Monbiot in seinem TED-Vortrag 2019.[323]

Das Leben ist oft vielschichtiger als die Geschichten, die wir darüber erzählen. Unter welchen Bedingungen vertrauen wir darauf, dass unsere Schlussfolgerung zutrifft? Die maßgebliche Geschichte muss als Ganzes schlüssig sein und es darf keine attraktiven Alternativen geben. Kohärenz wird erreicht, wenn alle vermeintlich relevanten Details übereinstimmen und sich gegenseitig bestätigen.

Eine wirkungsvolle Geschichte muss laut dem Schweizer Schriftsteller Rolf Dobelli drei Komponenten erfüllen: Sie muss »kompakt, konsistent und kausal« sein. Dazu muss sie frei von Löchern und Rissen sein, frei von Widerspruch und Zufällen. Storys zu bauen, ist der Hauptberuf unseres erinnernden Ichs, all die Geschichten, die wir über uns erzählten, ergeben zusammengenommen das Selbstbild. »Dinge, die nicht hineinpassen, werden bequem vergessen, und Löcher, an die Sie sich nicht mehr erinnern können, stopfen Sie mit erstaunlicher Erfindungsgabe. Ihre Lebensgeschichte ist kausal: Ihre Handlungen ergeben Sinn; für alles, was in Ihrem Leben passiert, finden Sie Gründe«[324], schreibt Dobelli.

Geschichten haben einen einfachen Aufbau:

- Erster, zweiter, dritter Akt
- Anfang, Mitte, Schluss
- These, Antithese, Synthese
- Verliebt, verlobt, verheiratet
- Etwas fehlt. Jemand sucht. Jemand gewinnt

Es geht auch ausführlicher: Der Mythenforscher Joseph Campbell untersucht in den 1980er-Jahren Tausende Erzählungen, Märchen und Mythen unterschiedlicher Epochen und Kulturkreise – und findet erstaunliche Parallelen. Sein Monomythos ist das narrative Genom: Es ist eine Reise als physisches Abenteuer und der Verwandlung als psychisches Erlebnis. Campbell greift die Ideen von Sigmund Freud auf, wonach Ängste und Triebe den Menschen beherrschen, aber weitgehend unterdrückt werden. Nach Campbell werden die Helden der Geschichten »Archetypen für den psychischen Reifungsprozess, den wir alle im Leben durchlaufen.«[325] Dieses Schema wird in unterschiedlichen Kontexten angewendet, zum Beispiel in der Kunst, im Content-Marketing oder im persönlichen Coaching. Denn: Die Heldenreise ist eine Geschichte der persönlichen Transformation, des Überwindens von Ängsten oder Hindernissen und des Kampfes zwischen Gut und Böse. Nicht jeder Held siegt, auch von Antihelden lässt sich vieles lernen. Das Modell der Heldenreise folgt einem Kreislauf. Am Ende jeder Heldenreise, beginnt bereits die Heldenreise einer anderen Person. Wie viele Schritte der Held gehen muss, ist umstritten. Populär ist das Zwölfermodell des Hollywood-Drehbuchberaters Christopher Vogler[326]:

1. *Die gewohnte Welt*: Sie ist unzureichend und langweilig, geprägt von Beharren und Stillstand. Der Held wird als profillos vorgestellt, ohne Wissen, was ihn erwartet oder ihm möglich ist.

2. *Der Ruf des Abenteuers*: Die Situation drängt auf Veränderung. Eine Person, ein Umstand, ein Ereignis bricht mit dem Gewohnten. Der Held wird berufen. Die Mission kann starten.
3. *Die Weigerung*: Zur Bewältigung muss er Bequemes und Sicheres hinter sich lassen. Er zögert, die Schwelle (Ängste oder das familiäre Umfeld) zu überschreiten.
4. *Begegnung mit dem Mentor*: Der Mentor zeigt sich als weiser Lehrer und drängt den Helden zum Aufbruch. Dazu trainiert er ihn und steuert Wissen und Magie bei. Oft findet die Begegnung im Traum statt.
5. *Das Überschreiten der ersten Schwelle*: Der Held ist bereit für den Wandel. Er folgt dem Ruf des Abenteuers.
6. *Prüfungen, Verbündete und Feinde*: Der Held wird auf die erste Probe gestellt, lernt daraus. Er trifft auf Verbündete und Begleiter. Klar wird die Aufgabe, und wer Widersacher ist.
7. *Das Vordringen bis in den Bauch des Walfischs*: Nach einer Phase der Bewährung ist der Held bereit, auf sich gestellt seinem Feind zu begegnen. Dazu muss er sich in die tiefste Höhle begeben.
8. *Die entscheidende Prüfung*: Dort trifft er auf seinen Gegner. Um ihn zu bezwingen, muss der Held zeigen, was er auf der Reise gelernt hat. Der Kampf fordert ihm alles ab, stürzt ihn in die Krise. Obwohl er auf verlorenem Posten steht, besiegt der Held den Gegner. Seine innere Verwandlung ist nun offensichtlich.
9. *Die Belohnung*: Der Sieg berechtigt ihn, einen Schatz (materiell oft ein Schwert, immateriell Wissen oder außergewöhnliche Fähigkeiten) anzunehmen.
10. *Der Rückweg*: Nun kann er als neuer Mensch den Rückweg antreten. Er wird von Feinden verfolgt.
11. *Auferstehung*: Der totgeglaubte Gegner sammelt seine Kräfte, um den Helden nochmal zu prüfen. Ein finaler Kampf bestätigt die Transformation. Der Held ist über sich hinausgewachsen. Seine Verwandlung ist durch Bewährung stabil.
12. *Rückkehr mit dem Elixier*: Außer der Belohnung bringt der Held als zusätzliches Zeichen seines endgültigen Sieges etwas mit. Das Elixier ist die Essenz der Heldenreise. Diesen Erfahrungsschatz kann der Held an die Menschen der gewohnten Welt weitergeben. Ein neuer Kreislauf kann beginnen.

Wie Boote können auch Erzählungen abdriften. Verschwörungen faszinieren Menschen seit Jahrhunderten, gerade weil sie im Kern alle wesentlichen Kriterien guter Geschichten erfüllen. Sie bieten einleuchtende Erklärungen für komplexe Phänomene, die kognitive Vereinfachung macht eine Analyse überflüssig. Sie stiften vermeintlich Sinn, sie überbrücken Wissenslücken und zeichnen greifbare Muster. Sie verleihen Kontrolle, weil Erkenntnis ge- und Identität bestärkt wird.

So wie die Natur kein Vakuum duldet, füllen Verschwörungsmythen Wissenslücken. Sie sind tribalistisch und dualistisch: Wir gegen die, Gut gegen Böse, Wahr gegen Falsch. Ihre Stereotypen befeuern Misstrauen gegenüber Be- und Entstehendem, indem sie antiaufklärerisch argumentieren. »Eine Verschwörungserzählung ist eine Annahme darüber, dass als mächtig wahrgenommene Einzelpersonen oder

AUFKLÄRUNG: Die Logik des Bewusstseins

eine Gruppe von Menschen wichtige Ereignisse in der Welt beeinflussen und damit der Bevölkerung gezielt schaden, während sie diese über ihre Ziele im Dunkeln lassen«, so lautet die Definition von Katarina Nocun und Pia Lamberty.[327]

Der Weg von Skepsis, Stereotypen, Desinformation zu extremistischen Feindbildern ist ein kurzer. 84 Prozent der Deutschen halten Desinformation im Netz für ein Problem, sagt die Bertelsmann-Stiftung. Sie hat daher ein »Forum gegen Fakes« etabliert und viele weitere Institutionen haben vergleichbare Aufklärungsaktivitäten initiiert.[328]

Auch staatliche Organisationen sind aktiv: Das Landeskriminalamt Baden-Württemberg hat dieses didaktische Hilfsmittel zur Präventionsarbeit gegen Verschwörungsmythen entwickelt.[329] Ein Wimmelbild (▶ Dar. 24) erleichtert den Zugang zu diesem komplexen Thema und lädt zu Diskussionen ein. Es baut auf einem Film und der Kampagne »Zivile Helden« auf. Zielgruppe sind junge, internetaffine Menschen. Auf dem Plakat können über 40 verschwörungsrelevante Hinweise sowie einige Szenen aus dem Film gesucht und gefunden werden.

Dar. 24: Hier verstecken sich 40 verschwörungsrelevante Hinweise und mögliche Radikalisierungsanzeichen drin. (© Krimininalberatung)

Diese Ansätze bekämpfen Fake News und Mythen mit sachlicher und verständlicher Aufklärung. Sachlichkeit ist der Markenkern der Bürokratie. Wir nähern uns diesem Phänomen und der Geschichte, die davon zu erzählen ist: Welche Geschichten werden in den Bürostuben geschrieben? Taugen Geschichten auch für die Verwaltung? Welche Wandlungen durchläuft die Verwaltung? Wohin geht die Reise?

AUFTRÄGE:
Die Logik der Verwaltung

Kognition umfasst alle Prozesse, die sich in einem System abspielen zwischen Input und Output bzw. zwischen Wahrnehmung und Verhalten. Auch Behörden können aus diesem Blickwinkel untersucht werden: Ihre Aufgaben sind geregelt, die Umsetzung strukturiert und die Kommunikation weitgehend vorgegeben. Das behördliche Verhalten hat stets sachlich, angemessen und verhältnismäßig zu sein. Trotz oder gerade wegen dieser gesetzlichen Aufträge sind Behörden ein zentraler Impulsgeber für Stadtgespräche. Weil sich ihre Aufgaben, ihre Gestaltungsmöglichkeiten und auch ihre Ressourcen massiv geändert haben, sollte dies auch für ihre Kommunikation gelten.

Fest steht, wenn »von Amts wegen« die Rede ist, ist Schluss mit lustig. Es wird offiziell, verbindlich, würdevoll. Was Behörden entscheiden und kommunizieren, ist herrschaftlich abgesegnet – es kommt *ex officio*. Ein *officialis* ist Mitglied des Officiums und damit Mitarbeiter eines hohen Würdenträgers, etwa eines römischen Statthalters. Im Italienischen sind heute *uffici* Büros. Wer von Amts wegen spricht, kommuniziert also kraft eines ihm übertragenen Amtes. Er hat bestimmte Befugnisse oder Vollmachten. Damit ist seine Kommunikation: geschickt. Etymologisch geht ›Amt‹ zurück auf lateinisch-keltische *ambactus*, was so viel bedeutet wie »der Umhergeschickte«[330] oder »Diener«. Daher dient der Amtswalter im Rechtsstaat dem Gemeinwohl. Persönliche Interessen stellt er zurück. Bürokratie wurzelt im alten Rom, wo *burra* für ein zottiges Gewand aus grober Wolle steht. Dieser Begriff wird von den Franzosen für Wolldecken übernommen, die auf Schreibtischen liegen. Später wird das Büro zum Symbol für den gesamten Arbeitsraum.

Heute besorgen Behörden als öffentlich-rechtlich organisierte Rechtsträger Angelegenheiten im Interesse und zum Wohl der Allgemeinheit. Das Verständnis der Amtserfüllung und der daraus erwachsenden Kommunikation spiegelt den Zeitgeist wider. Es gibt Kerngedanken – Sachlichkeit, Verhältnismäßigkeit und Schriftlichkeit –, die aber von jeder Generation neu definiert werden, wie wir nun sehen werden.

In Schubladen denken:
Die Bürde der Bürokratie

Menschen haben das Recht auf eine gute Verwaltung. Die EU gibt vor, dass »Angelegenheiten von den Organen, Einrichtungen und sonstigen Stellen der Union unparteiisch, gerecht und innerhalb einer angemessenen Frist« zu behandeln sind. Für die Kommunikation relevant ist »das Recht jeder Person, gehört zu werden (und das Recht) auf Zugang zu den sie betreffenden Akten [...]«.[331]

Das sind Versprechen, die scheinbar nur ungenügend eingelöst werden. So schimpfen Medien über »Das Kreuz mit den Büro-Kretins«[332], meinen, dass »Bürokratie das Land lähmt«[333] oder kritisieren einen »absurde(n) Kampf gegen die Regelflut mit noch mehr Bürokratie«[334]. Die neoliberale Initiative Soziale Marktwirtschaft spricht gar von einem »Diktat der Bürokratie«, das in der »Deutschen Bürokratischen Republik« vorherrsche.[335] Kritik an der Bürokratie zu üben, gar Verachtung zu zeigen, ist so alt, wie die Verwaltung selbst.

Erste Verwaltungstexte sind gut 7000 Jahren alt und wurden in der Stadt Uruk im heutigen Irak verfasst. Auf Tafeln finden sich Bestätigungen für den längerfristigen Erhalt von Gerste. Die Verschriftlichung sorgt für Verbindlichkeit: Daten werden dauerhaft, systematisch und verbindlich hinterlegt. Ihre kategorische Erfassung ist die Basis der Kollaboration. »Damit das System funktioniert, müssen die Hüter der Schubladen so umprogrammiert werden, dass sie nicht mehr wie Menschen denken, sondern wie Beamte und Buchhalter [...]. Sie denken wie Aktenschränke. Dafür können sie aber nichts: Sie müssen so denken. Andernfalls würden sämtliche Schubladen durcheinandergeraten und es wäre völlig unmöglich, Städte oder Königreiche zu verwalten«, heißt es beim Historiker Yuval Harari.[336]

Die moderne Verwaltung steht im Zeichen der Rationalisierung: Im Frankreich des 18. Jahrhundert etabliert sich »Bürokratie« als Abgrenzung zu Aristokratie und Demokratie. Die Verwaltung des Absolutismus hat die politischen Tagesbefehle des Königs auszuformulieren und die Folgebereitschaft der Bevölkerung sicherzustellen. Der Apparat wird mächtiger und damit auch die Kritik an ihm: Er sei vom Wahn besessen, alles observieren, dokumentieren oder reglementieren zu wollen. Die *commis*, *subdélégués* oder *intendans* arbeiteten im Verborgenen, ihre Macht sei nicht sichtbar – ganz im Gegensatz zum Souverän. Der König inszeniere sich glanzvoll, die Bürokraten verfassten nur Geschreibsel ohne Wert für die Nachwelt. Viel wichtiger sei es, so kritisiert die Sozialtheorie des 19. Jahrhunderts, sich der Modernität und der Dynamik der Stadt zu widmen und Infrastrukturen einzurichten, die für Austausch, Weiterentwicklung und einen reibungslosen Alltag sorgten.[337]

Zur gleichen Zeit bildet sich in Preußen unter Friedrich II. das moderne Beamtentum. Kennzeichen sind feste Bürostunden, ein geregelter Bürobetrieb und viele Instruktionen. Eigeninitiative und Verantwortungsbereitschaft sind unerwünscht. Die Beamtenschaft rekrutiert sich zum großen Teil aus ehemaligen Unteroffizieren und Soldaten. Der militärische Ton und die bedingungslose Pflichterfüllung gegenüber dem Vorgesetzten werden auf den zivilen Bereich übertragen.

Bürokratie hält als Begriff folglich Anfang des 19. Jahrhunderts Einzug ins Deutsche. Es sei »Amtsstubenherrschelei«[338] notiert der Aufklärer Johann Heinrich Campe. Liberale drängen 1847 auf Bürokratieabbau, sie fordern »eine volksthümliche Staatsverwaltung. Das frische Leben eines Volkes bedarf freier Organe. Nicht aus der Schreibstube lassen sich seine Kräfte regeln und bestimmen. An die Stelle der Vielregierung der Beamten trete die Selbstregierung des Volkes.«[339]

Das 20. Jahrhundert steht im Zeichen der Daseinsvorsorge. Der Jurist Ernst Forsthoff prägte 1938 den Begriff und sah die Verwaltung als »Leistungsträger«.[340] Der Staat habe Sicherheit zu gewähren und die Wohlfahrt zu pflegen. Dies sei Auftrag einer Leistungsverwaltung, die nach Forsthoff tragendes Element der Vergemeinschaftung ist. Sie stellt den Individuen die Lebensgüter bereit und kann dafür Unterwerfung einfordern. Die vormoderne Idee von Schutz und Gehorsam zielt gedanklich auf eine homogene Bevölkerung.

Gut 80 Jahre später sieht die Welt anders aus. Verwaltung ist heute »eine sinnvolle, nämlich zweckgerichtete und darum grundsätzlich planmäßige Tätigkeit zur Besorgung von Angelegenheiten [...]. In Staat und Gesellschaft gibt es wohl kein anderes soziales Gebilde, das auch nur annähernd so weitreichend und vielgestaltig ist wie die öffentliche Verwaltung. Sie tritt nicht als einheitliche Organisation, sondern in einer verwirrenden Vielzahl unterschiedlichster Verwaltungsstellen in Erscheinung. Sie erscheint als ein engmaschiges Netz, das von der Geburt bis zum Grab das Leben überspannt.«[341]

Wo könnte das Netz engmaschiger sein als in der Stadt? Kommunen sind neben Bund und Ländern eine der drei Hauptverwaltungsebenen der Gebietskörperschaften und Träger der gesamten örtlichen öffentlichen Verwaltung. Aufgaben werden vom Bund übertragen, beispielsweise das Ordnungsrecht und der Zivilschutz. Daneben erfüllen Kommunen Angelegenheiten der Selbstverwaltung. Diese unterteilen sich in Pflichtaufgaben (z. B. Jugend- und Sozialhilfe) und Freiwillige Aufgaben (z. B. Museen und Wirtschaftsförderung). Über die Ausgestaltung entscheidet der Rat als Hauptorgan der Verwaltung.

Diese Autonomie ist seit 1985 in der »Europäischen Charta der kommunalen Selbstverwaltung« rechtsverbindlich hinterlegt. Verfasst ist sie im Bewusstsein, dass »die kommunalen Gebietskörperschaften eine der wesentlichen Grundlagen jeder demokratischen Staatsform sind, [...] dass das Recht der Bürger auf Mitwirkung an den öffentlichen Angelegenheiten einer der demokratischen Grundsätze ist, die allen Mitgliedstaaten des Europarats gemeinsam sind, [...] dass dieses Recht auf kommunaler Ebene am unmittelbarsten ausgeübt werden kann; oder dass das Bestehen kommunaler Gebietskörperschaften mit echten Zuständigkeiten eine zugleich wirkungsvolle und bürgernahe Verwaltung ermöglicht.«[342]

Auch für die Körperschaften bieten sich Analogien zur Biologie an, etwa dem Oberbürgermeister als Oberhaupt oder dem Rat als Hauptorgan. Getragen wird die Verwaltung in aller Regel von juristischen Personen. Sie müssen Organisationseinheiten einrichten und mit natürlichen Personen besetzen, um handlungsfähig zu sein. Organe sind u. a. die Ministerien, die nachgeordneten Behörden sowie in den Flächenstaaten die Kreistage und Landrätinnen und Landräte, die Gemeinderäte und Bürgermeisterinnen und Bürgermeister.[343]

Auch Analogien zur Bewusstseinsbildung liegen auf der Hand. Das Kerngeschäft der Verwaltung – die Datenverarbeitung, also die Verbindung von Sachverhalten, Entscheidungen und Ereignissen – erfolgt zunächst in einem abgeschlossenen Raum. Über selektive Beziehungen nach außen (zu Gremien, Medien oder der Bürgerschaft) werden Impulse aufgenommen oder verbreitet. Wobei: Der Schwergang ist immanent. Behörden funktionieren, wenn sie Prozesse in der Schwebe halten. Das Prüfen ist der Modus der Bearbeitung; mit dem Bescheid verlässt der Sachverhalt das Haus, und durch Kommunikation verliert die Behörde auch die Kontrolle über die Wirkung.

Um zu ergründen, wie beherrscht Verwaltungen sind, modellieren wir wieder. Mit zeitlosen und zeitgemäßen Ansätzen.

Die Vernunft der Verwaltung: Typisch Weber

Macht wirkt. Vor allem, wenn sie strukturell verfestigt und rational begründet ist. Herrschaftliches Handeln mag individuell bezweckt sein, ist aber stets sozial und damit auf das Verhalten anderer bezogen. Das zeigt Max Weber an den Phänomenen Wirtschaft und Gesellschaft. Die Bürokratie ist für ihn *das* Instrument rationaler Herrschaft.

Weber unterscheidet zwischen Zweck- und Wertrationalität: Erstere ist »ein Handeln, das als Mittel für erstrebte und abgewogene eigene Zwecke motiviert ist«, die zweite ein »Verhalten, das rein als solches unabhängig von Erfolgen geschätzt wird.«[344]

Sein Modell beschreibt die moderne Leistungsverwaltung, noch bevor Forsthoff den Begriff prägte. Der Ökonom Georg Schreyögg betont, Weber wollte keine Prinzipien zur Optimierung entwickeln, sondern »das Aufkommen und das Funktionieren großer Organisationen zu Anfang des Jahrhunderts mit dem Idealtypus der Bürokratie als technisch gesehen rationalste Form der Herrschaftsausübung verständlich machen.«[345] Rationalität meint Kompetenz. Diese umfasst Eindeutigkeit, Kontinuität, Berechenbarkeit, Ordnung, Stabilität und Fehlerfreiheit. Eine rationale Herrschaft will bewusst gestalten, wägt Ziele ab und versucht, mit geeigneten Mittel die jeweiligen Zwecke zu erfüllen.

Herrschaft bedeutet, die eigenen Zwecke zu Zwecken anderer zu machen. Legitimität leitet sich für die Gefolgschaft ab aus: Legalität, Tradition oder Charisma.

1) *Legale Herrschaft* beruht auf Satzungen, die nach dem Sachlichkeitsprinzip ordnungsgemäß umgesetzt werden und für alle Bürger gleichermaßen gelten. Die Beherrschten, Beamte wie Bürger, gehorchen formal-abstrakten Normen und weniger den Personen. Führung gründet auf Kompetenz, dieser ist Gehorsam zu leisten.
2) *Traditionale Herrschaft* findet Legitimität durch den sakralen Glauben an bewährte Ordnungen (»Das haben wir schon immer so gemacht«). Das Amt verleiht eine Würde, die zu wahren ist. Der Verwaltungsstab rekrutiert sich aus loyalen Günstlingen.
3) *Charismatische Herrschaft* gründet laut Weber auf »dem Glauben und der Hingabe an das Außergewöhnliche, über normale Menschenqualitäten Hinausgehende […].

Also: auf magischem oder auf Offenbarungs- und Heldenglauben, dessen Quelle ›Bewährung‹ der charismatischen Qualität durch Wunder, durch Siege und andere Erfolge ist.« Weber denkt hierbei natürlich nicht an »Amtshelden«, sondern an Führer, Propheten oder Demagogen, die kaum eines Stabes bedürfen. Ihre Gefolgschaft rekrutiert sich aus Jüngern, die die Absichten ihres Herren umsetzen.[346]

Dass Weber meint: »Jede Herrschaft äußert sich und funktioniert als Verwaltung.«[347] lässt Niklas Luhmann – etwas apodiktisch – schließen: »Die Rationalisierung der Weltzivilisation vollzieht sich als legale Herrschaft über und durch einen bürokratischen Verwaltungsstab.«[348] Weber wiederrum hat sehr genaue Vorstellungen, wie der Stab besetzt ist, nämlich mit »Personen, die erstens gewohnt sind, Befehlen zu gehorchen, zweitens persönlich an der Erhaltung der bestehenden Herrschaft interessiert sind, weil sie daraus Vorteile ziehen, die drittens an der Herrschaft beteiligt sind in dem Sinne, daß die Ausübung von Befehls- und Zwangsgewalten unter ihnen aufgeteilt ist, und die sich viertens für die Ausübung dieser Aufgabe zur Verfügung halten«.[349] Motivation der Mitarbeitenden sind »materielles Entgelt und soziale Ehre.«[350]

Eine an Hierarchie und Akten orientierte »monokratische«[351] Verwaltung ist berechenbar: für den Herrscher und die Beherrschten. Diese Bürokratie ist präzise, schnell, diskret, diszipliniert, straff, unpersönlich und durch die Haltung *sine ira et studio* (frei von Leidenschaft, Aufregung) die rationalste Form der Herrschaftsausübung. Weber sieht die Fachlichkeit und Bürokratisierung als Gegenpol zu Sprunghaftigkeit und Dilettantismus. Die Bindung an Recht und Gesetz ist daher auch Teil des Grundgesetzes.[352]

Dar. 25: Dem »Bürokretin« steht die Arbeit bis zum Hals (© stokkete)

Weber zeigt, wie Verwaltung effizient und kompetent ihre Pflichten erfüllt und staatliches Handeln legitimiert. Das auf Beherrschung, Planbarkeit und Kontrolle fokussierte Organisationskonzept vereinfacht komplexe Beziehungen und Abläufe. Für die Verwaltungswissenschaft bedeutet »die zentrale, aufgabenbezogene Zuweisung von Finanz- und Sachmitteln sowie von Personal eine input orientierte Steuerung nach dem Maximalprinzip.«[353]

Diese Organisationsform zeichnet sich durch geteilte Fach- und Ressourcenverantwortung aus: Fachämter verantworten die fachliche Erfüllung ihrer Aufgaben, Querschnittsämter die Organisation und Steuerung der Ressourcen Finanzen, Organisation und Personal. Für das gesamte Ergebnis ist der Leiter der Verwaltung, im kommunalen Bereich der Oberbürgermeister, zuständig.

Dieser Ansatz funktioniert in einer Welt einfacher Kausalbeziehungen (Input = Ouput). Er wirkt bei Autoritäten, die ihre Vorgaben in Befehle kodieren, die verstanden und wirkungsvoll ausgeführt werden. Das setzt eine passende Haltung der Beamten voraus (»Berufung«), eine entsprechende Motivation (»Gesinnung«) und das Abschirmen von menschlich-sozialen Störungen (»Unpersönlichkeit«).

Das Modell ist in sich geschlossenes und berücksichtigt nur interne Abläufe, die einer vertikalen Kommunikation (top-down) folgen. Ausgeblendet werden das Feedback (intern *bottom-up* bzw. über die Außenkontakte *inbound*). Es fehlen Resonanz und Evaluation. Vernachlässigt werden weiterhin die kollegiale Zusammenarbeit auf horizontaler Ebene und die Tatsache, dass die Mitarbeitenden auch externe Beziehungen pflegen und so über das System hinauswachsen. Die Organisationswissenschaft hat Mitte des 20. Jahrhunderts schon gezeigt, dass der steigende Bedarf an spezialisiertem Fachwissen dazu führt, dass Untergebene als »Wissensarbeiter«[354] meist sachverständiger sind als ihre Vorgesetzten.

Webers Bürokratiemodell der Rationalität führt zu einem schwerfälligen Dirigismus. Ihm fehlt Elastizität und Resilienz. Es wird einer dynamischen Wissensgesellschaft nicht gerecht, wobei die Rationalität Webers zeitlos ist. Hinter bürokratischem Handeln muss ein System rational diskutabler Gründe stehen, das Zwecke und Mittel abwägt. Und das erinnert an den Golden Circle, der die Frage nach dem Warum ins Zentrum rückt.

Out of the Box:
Von der Schreib-Maschine zum Intrapreneur?

Der öffentliche Dienst hat – so scheint es – die Beherrschung verloren. Er ist im »Krisenmodus«.[355] Ob Corona, Energieversorgung oder Migration: Zur Bewältigung der Großkrisen haben Politik oder Verwaltung keine Blaupausen. Diese »Lagen«, wie sie im Fachjargon heißen, kommen zu den klassischen Pflichtaufgaben dazu. Sie setzen alle staatlichen Ebenen unter Zugzwang.

Es sind 4,6 Millionen Menschen, die den Staat in Bund, Ländern und Kommunen funktionsfähig halten. Nur in Frankreich sind es noch mehr. Diese Arbeitskraft ist nicht überbordend, wenn man sie in Relation setzt zu den Gesamtbeschäftigten der Volkswirtschaft: So ist in Deutschland ›nur‹ jeder Zehnte für den Staat tätig, im OECD-Durchschnitt sind es fast doppel so viele. Der deutsche Beamtenbund hat mit Zahlen unterlegt, dass der öffentliche Dienst weiblicher wird. Der Frauen-Anteil klettert seit 1998 insgesamt um gut acht Prozentpunkte auf 58 Prozent. Der öffentliche Dienst steht vor gewaltigen Aufgaben, die Bevölkerung spürt das und äußert sich in mancherlei Hinsicht skeptisch. »Fachkräftebedarf, demografische Entwicklung, Krisenresilienz und Aufgabenzuwachs sind Herausforderungen, für die Politik, Dienst- und Arbeitgebende unzureichende Lösungen liefern. Das hat auch Auswirkungen auf das Vertrauen der Bevölkerung in die Leistungsfähigkeit des Staates«, sagt der Vorsitzende des Deutschen Beamtenbundes Ulrich Silberbach.[356]

Einen ähnlichen Befund zeigt die Studie der Deutschen Akademie der Technikwissenschaften, wonach derzeit nur 27 Prozent der Bürgerinnen und Bürger den Verwaltungsapparat als leistungsfähig wahrnehmen und nur 23 Prozent der 11.000 befragten Kommunen den eigenen Digitalisierungsstand als gut bewerten. Eine Zeitenwende steht dem öffentlichen Dienst bevor, weil innerhalb der nächsten zehn Jahre 28 Prozent aller Verwaltungskräfte in den Ruhestand gehen. Zugleich wächst die Regelungsdichte aus Gesetzen und Verordnungen massiv. Das Dreieck aus mehr Regeln – weniger Fachkräfte – zu wenig Digitalisierung setzt Behörden zu: In ihrer Leistungsfähigkeit und Außenwahrnehmung. Die Studie schlussfolgert: »Innovationen entstehen aus Ideen und Veränderungsbereitschaft. Das gilt auch für die Transformation der staatlichen Verwaltung. Ihre Modernisierung wird nur gelingen, wenn sie sich agilen und effizienten Lösungswegen und hierarchie- und ressortübergreifenden Arbeitsweisen öffnet und statt auf das Vermeiden von Fehlern auf die aktive Suche nach Lösungen abzielt.«[357]

Neben diesen Rahmenbedingungen liegt es vor allem am Personal, diese erstrebenswerte Arbeitsweise tatsächlich auch vorzuleben. Was tun? Dass die Maxime ›Viel hilft viel‹ nicht zielführend ist, hat das Institut der Deutschen Wirtschaft (IW) Anfang 2024 ausgeführt. Der öffentliche Dienst sei zuletzt um 14 Prozent angewachsen ist, was nicht mit einem Zuwachs der Teilzeitkräfte zu erklären ist,[358] sondern an einer Zunahme der Arbeit. Mehr Aufgaben bedeuten einen größeren Bedarf an Personal. Hinzu kommt: Die Bevölkerung in Deutschland wächst zwischen 2021 und 2022 um gut fünf Prozent. »Auch Reformen, etwa in der Sozial- und Steuerpolitik, die mit erhöhtem Verwaltungsaufwand einhergehen, könnten eine Rolle spielen«, so die Verfasser. Das deckt sich mit der Klage der Kommunen, dass die Aufgaben immer mehr werden und gesetzliche Vorgaben überhandnehmen. Das IW hat die einzelnen Aufgabenbereiche des öffentlichen Dienstes unter die Lupe genommen. Das Ergebnis: Nicht überall arbeiten mehr Mitarbeiter als vorher. Bei den Kommunen ist deutschlandweit im Aufgabenbereich »Wohnungswesen, Städtebau, Raumordnung und kommunale Gemeinschaftsdienste« ein deutlicher Rückgang um 11.000 Beschäftigte (9 Prozent) zu verzeichnen. Das macht sich bei Genehmigungsprozessen bemerkbar. Einen starken Rückgang sieht man auch bei den Kämmereien. Einen »bemerkenswerten Stellenaufbau« erkennen die Forscher im Bereich »Politische Führung und zentrale Verwaltung«: Bei den Kommunen sind hier 27 Prozent mehr Menschen beschäftigt – 79.000 Mitarbeiter. Der »kräftige« Zuwachs sei »mit Blick auf eine schlanke und effiziente Verwaltung kritisch zu prüfen. Hier liegt die Vermutung nahe, dass Stellen nicht zuletzt aus politischen Gründen geschaffen worden sind.« Auch für die öffentliche Sicherheit und Ordnung waren 2022 deutlich mehr Menschen zuständig im öffentlichen Dienst als zehn Jahre davor. Bei den Kommunen betrug der Aufwuchs 30.000 Mitarbeiter (25 Prozent). Einen der größten Zuwächse im Personalbestand zeigt sich bei der Kindertagesbetreuung – 92.000 Beschäftigte mehr, das entspricht 54 Prozent.

Wie macht sich diese Globalbeobachtung konkret bemerkbar? Beispiel Hannover. Die Lokalzeitung zitiert eine »ehemalige Führungskraft« mit den Worten: »Viele in der Stadtverwaltung arbeiten extrem viel, aber der Output ist extrem gering.« Die Antwort auf Probleme sei fast immer: mehr Personal, anstatt bürokratische Hindernisse abzubauen. Das Wachstum der Behörden sei kein außergewöhnliches Phänomen. Der Ökonom Stephan Thomsen sieht eine Ausbreitung des Staates. Er wird in diesem Bericht so zitiert: »Öffentliche Verwaltungen schaffen sich oft selbst ihre Aufgaben, und das System wird immer komplexer. Verwaltungen vereinfachen nicht, sondern stellen Personal ein, das Aktenberge produziert«. Fehlanreize seien im System selbst angelegt. »Anders als in der freien Wirtschaft werden die Beschäftigten im öffentlichen Sektor nicht an ihrer Produktivität gemessen. Unternehmen hingegen müssen sich am Markt orientieren.«[359]

Thomsen legt eine Orientierung am Markt nahe – also ein Adaptieren Weber'scher Ideale. Rationalität erhält so eine zeitgemäße Bedeutung: Weg von Selbsterhaltung und systemischer Abgeschlossenheit, hin zu Anpassungsfähigkeit und Offenheit für externe Einflüsse und interne Bedürfnisse.

Legale und traditionale Herrschaftsformen gehen einher mit struktureller Fragmentierung, statischer Hierarchie und Silodenken. Sie halten Selbstverantwortung und Selbstorganisation klein, minimieren Risiken und reduzieren Initiativen. Die Isolation von Problemen (Markenzeichen von Silos) führt zu ineffizienten Prozessen, Doppelarbeit und Trägheit.

Das New Public Management überführt die Rationalität des 20. Jahrhunderts zur Leistungsfähigkeit des 21. Jahrhundert. New Public Management (NPM; Neues Steuerungsmodell) ist in der Wissenschaft Leitbegriff für die Reform und Modernisierung von Staat und Verwaltung seit Beginn der 1990er-Jahre[360]. Die Unterschiede zum Weber'schen Modell sind hier steckbriefartig dargestellt (▶ Dar. 26).

Dar. 26: Vergleich von Webers Bürokratiemodell und NPM (Eigene Zusammenfassung)

Bürokratiemodell	New Public Management
Arbeitsteilung	Teamarbeit
Anweisung in vertikaler Linie	Abstimmung in neuronalen Netzen
Entscheidung und Vollzug	Diskussion und Befähigung
Überwachung	»Unterwachung«[361] (»Unterführung«)
Achtung	Achtsamkeit

Dar. 26: Vergleich von Webers Bürokratiemodell und NPM (Eigene Zusammenfassung) – Fortsetzung

Bürokratiemodell	New Public Management
Eindeutigkeit	Diversität
Autorität der höchsten Position (Konformität)	Autorität der wirkungsvollsten Idee
Präzision durch schriftliche Anweisung	Emergenz von selbstorganisierten Teams
Instruktion	Kollaboration
Abteilungen	Inno-Labs
Wertschöpfung durch Fachwissen und Funktionalität	Wertschöpfung durch Qualifikation und Relation
Beherrschen von Vorgängen	Managen von Szenarien
Regelhaftigkeit	Zielvereinbarungen
Unpersönlichkeit	Sichtbarkeit und Selbstmarketing
»stahlhartes Gehäuse der Hörigkeit«	Intrapeneurship

Das NPM proklamiert den Wandel öffentlicher Verwaltungen von der Binnen- zur Bürgerorientierung. Wichtiger Hebel dafür ist die »dezentrale Ressourcenverantwortung«, die die Verantwortung für Personal, Finanzen und Organisation von zentral zuständigen Querschnittsämtern (Hauptamt, Personalamt und Kämmerei) auf dezentral angesiedelte Organisationseinheiten überträgt. Vorteile sind: »Einsparung von Kosten bzw. effektiverer Einsatz von Finanzen, Schaffung von Kostentransparenz, Zurechenbarkeit von Kosten und Leistungen, eindeutige Verantwortlichkeiten statt des bisherigen Hin- und Herschiebens von Verantwortung, Abbau von überflüssigen Schnittstellen.« Zudem werden Verfahren ergebnisorientiert ausgerichtet. Dieser Paradigmenwechsel ist bisher nur teilweise gelungen, gerade weil etablierte Querschnittsämter Macht abgeben und daher Widerstand leisten. Manche argumentieren, Einheitlichkeit ginge verloren, in Fachbereichen entstünden eigenständige »Herzogtümer«, die nicht mehr steuerbar seien, nur zu ihrem eigenen Vorteil agierten und sich bezüglich der Ressourcen gegenseitig Konkurrenz machten. Grund dafür sei, dass einige Kommunen die zentrale Steuerung nicht durch Koordination ersetzt und somit Leitplanken eingezogen hätten, innerhalb derer Ressourcen dezentral zu verantworten seien. Daher kehrten Kommunen zu alten Strukturen zurück. »Sicher war das Modell in seiner Startphase nicht ausgereift und die praktische Anleitung fehlte, aber die Grundausrichtung war von Anfang an gegeben und diese beinhaltete neben der dezentralen Ressourcenverantwortung als untrennbaren Teil die Zentrale Steuerung, die für das Modell auch namensgebend war und soweit sinnvoll die Vorhaltung zentraler Serviceleistungen«, argumentiert der Wirtschaftsjurist Andreas Steininger.[362]

In die gleiche Kerbe schlägt der Normenkontrollrat, indem er ein »neues Denken und Handeln« für Verwaltungen einfordert. Das Gremium umschreibt das Weber'sche Paradigma, wonach die rationale Rechtsanwendung der Eckpfeiler des modernen Rechtsstaats sei. Allerdings müsse die Verwaltung auch dem Einzelfall gerecht werden. »Dies stellt einen Spagat dar, der bei Verwaltungsbeschäftigten Kompetenz, Flexibilität, Selbstvertrauen und Eigenverantwortung voraussetzt. Dazu gehört, dass sie im Sinne eines modernen Verständnisses von Verwaltung starres Silo- und Hierarchiedenken überwinden sowie vernetzt, nutzerzentriert, transparent und partizipativ handeln.« Der Rat fordert mehr Risikobereitschaft, die Akzeptanz einer Fehlerkultur und Pragmatismus.[363]

Dies skizziert agile Arbeitsweisen: Methoden wie *Scrum* oder *Kanban* erhöhen die Flexibilität und fördern die Zusammenarbeit. Erste Avantgardisten ergreifen evolutionäre oder disruptive Reformen im öffentlichen Sektor[364], Seminare zu »selbstorganisierten Systemen« werden angeboten oder die Wissenschaft überlegt, wie ein Wandel hin zu »wirkungsorientiertem und prozessbezogenem« Verhalten auszugestalten ist.[365]

Die weitestgehende Idee ist, Mitarbeitende als *Intrapreneure* zu etablieren. Der Begriff setzt sich zusammen aus *Intracorporate* und *Entrepreneur*. Die Binnenunternehmer verhalten sich so, als ob sie die Verantwortung ihrer Organisation trügen. Die Literatur sieht darin den Nährboden für persönliche Entwicklung und schreibt ihnen Motivlage zu, »die sie danach streben lässt, innovative Ideen in der jeweiligen Organisation umzusetzen. Sie tun dies intrinsisch motiviert und auch gegen interne Widerstände.«[366] Erfahrene *Intrapreneure* nehmen mehrere Rollen gleichzeitig in unterschiedlichen Teams wahr. Außerdem obliegt ihnen eine Rolle des strategisch agierenden Umsetzungsberaters und Lernbegleiters.[367] Das Konzept passt für eine innovationsfähige Verwaltung, die bereit und befähigt ist, neue Wege zu erproben und Ideen für finanzierbare Lösungen aktiv zu suchen.

Entscheidend dafür ist das richtige Umfeld. Strukturen werden agiler, wenn die Autonomie von Mitarbeitenden erhöht, ihre Wirksamkeit gestärkt und ihr Bedürfnis nach sozialer Eingebundenheit befriedigt wird. Das erfüllt die Idee der Intentionalität, wie die Selbstbestimmungstheorie der 1990er-Jahre ausführt. Demnach gelten Menschen als motiviert, wenn sie etwas erreichen wollen und mit dem Verhalten einen bestimmten Zweck verfolgen. Die Intention zielt auf einen künftigen Zustand, gleichgültig ob er in greifbarer Zukunft oder Jahre entfernt liegt. Dazu gehört auch die Bereitschaft, Mittel einzusetzen, die den gewünschten Zustand herbeiführen. Verantwortlich für das Gelingen der Prozesse sind die sozialen Bedingungen, die das Bestreben nach Autonomie, Kompetenz und sozialer Eingebundenheit unterstützen.[368]

Einfacher gesagt: Die Motivation der Mitarbeitenden steigt, wenn sie sich gefordert und gefördert fühlen. Die Aufgaben haben optimales Niveau, wenn eine Diskrepanz zwischen einer zielbezogenen Tätigkeit und dem aktuellen Fähigkeitsniveau besteht. Die Aufgabe wird also weder als zu leicht noch als zu schwer empfunden. Und die Mitarbeitenden werden befähigt, den Aufgaben nicht nur nachzukommen, sondern sich neue zu erschließen und so einen Mehrwert zu schaffen.

Der zugehörige Begriff lautet Empowerment. Das fokussiert auf individuelle Wahrnehmungen und Gefühle mit dem Ziel, das Selbstwirksamkeitsempfinden zu stärken. Es geht um eine Entwicklung der Kompetenz, Probleme darzustellen und sie als herausfordernde Situationen eigenverantwortlich bewältigen zu wollen. Es überwindet eine »fixe Mentalität« durch eine »Wachstumsdenkweise«. Das *growth mindset* besagt, dass wir unsere Talente nutzen sollten, unsere Fertigkeiten ausbauen wollen und Einsatz und Ausdauer sich lohnen. Dies Haltung umfasst das Bewusstsein vorhandener und begrenzter Ressourcen. Sie ist überzeugt von der Macht des »Schon« bzw. »Noch nicht«. Die Psychologin Carol Dweck empfiehlt, nicht den Blick auf Ergebnisse zu fokussieren, sondern auf den Prozess. Dieser Prozess zeitigt Bemühungen, Strategien, Fokussierung, Ausdauer und Fortschritte. Diese seien mehr zu schätzen als das Ergebnis oder der Effekt. Dweck argumentiert: Jedes Mal, wenn Menschen »ihre Komfortzone verlassen, um etwas Neues und Schwieriges zu lernen, bilden die Neuronen im Gehirn neue, stärkere Verbindungen« und sie wachsen über sich hinaus.[369]

Abgeleitet auf die Verwaltung sind vier Aspekte zentral:

a) *Selbstbestimmung*: Autonomie fördert die Leistungsfähigkeit, führt zu mehr Resilienz und stärkt das konzeptuelle Denken,
b) *Kompetenz*: Die Mitarbeitenden bleiben in unbekannten Situationen handlungsfähig, in fachlicher, methodischer, sozialer und persönlicher Hinsicht,
c) *Sinnhaftigkeit*: Arbeitgebende und Mitarbeitende messen der Arbeit eine hohe Wertigkeit bei, was sich in der Bedeutsamkeit und der Umsetzung widerspiegelt und
d) *Einfluss*: Als Gegenteil von vegetativer Hilflosigkeit. Einflussreiche Personen sind aufmerksam, trotzen Routinen und erarbeiten sich Anerkennung – sie sind keine Getriebenen.

Das weckt Analogien. Die beschriebenen *Intrapreneure* erinnern an Gewächse einer ganz anderen Lebenswelt – den Emporkömmlingen des Waldes. Pilze haben eine tragendende Rolle in ihrer Umgebung: als Katalysatoren für Innovationen und Wachstum, als Ressourcenumwandler, als Netzwerker, als Vorbilder für Anpassungsfähigkeit, als Aktivposten, wobei sich ein Großteil der Wirkung im Verborgenen abspielt und nur an bestimmten Orten »in Erscheinung tritt«.

AUSFLUG:
Das Wald-Gespräch

Menschen sind nicht die einzigen Lebewesen, die kommunizieren, Netze spannen und rational handeln. Erst durch Stoffwechsel sind Systeme (über-)lebensfähig – alles Leben ist auf einen intelligenten, ausgewogenen und fairen Austausch angewiesen. Isolation ist lebensgefährdend. Erst eine funktionierende Vernetzung und die Pflege der Beziehungen sichert das Überleben von Ökosystemen und ihrer Bewohner.

Oft sieht man vor lauter Menschen die Stadt, vor lauter Bäumen den Wald nicht. Kein Wunder: Das wahre Ökosystem hält sich unter der Erde versteckt. Es sind Pilze, die für die Vernetzung sorgen und den Zusammenhalt sichern. Das fasziniert umso mehr, weil ihre Leistung oft verkannt wird. Pilze sind mehr als die wenige Zentimeter großen Fruchtkörper auf Böden oder Bäumen. Das, was sie ausmacht, ist ein unterirdisches, haarfeines, verzweigtes Geflecht, das Nährstoffe transportiert: In der Wissenschaft ›Mycel‹ genannt. Es fasziniert nicht nur Botaniker, sondern auch Historiker[370], Komplexitätswissenschaftler[371] und Kommunikationswissenschaftler[372].

Der Biologe Thorunn Helgason hat 1998 dafür den Begriff »Wood Wide Web«[373] vorgeschlagen. Der Historiker Phillip Blom hat sich mit diesem Phänomen intensiv beschäftigt. Er erzählt im Interview: »Nach der westlichen wissenschaftlichen Methode isoliert man Probleme, analysiert sie und erhält so Ergebnisse. Dies wurde auch bei der Analyse von Wäldern angewendet, indem man den Wasserhaushalt und die Photosynthese eines einzelnen Baumes analysiert und dann hochrechnet. Doch dank besserer Instrumente und Computern wurde klar, dass Bäume und Pflanzen in Wäldern eine Symbiose mit Pilzwurzeln eingehen. Über dieses Pilznetzwerk können Bäume sogar miteinander kommunizieren.« Er schiebt nach: »Zum Beispiel kann ein Baum an einem Ende des Waldes oder eine Gruppe von Bäumen am anderen Ende des Waldes vor Schädlingen warnen. Die Bäume an anderen Enden des Waldes bilden dann Chemikalien aus, die die Schädlinge nicht vertragen. Sie können auch Nahrung senden, wie einen jungen Baum, der im Schatten steht und Hilfe benötigt. Auf einmal wird klar, dass dieser Wald ein Organismus ist. Es sind nicht nur zehn Millionen Bäume, sondern ein Organismus aus verschiedenen Spezies, die symbiotisch zusammenarbeiten.«

Das klingt schlüssig. Um tiefer zu graben, habe ich Rat bei einer Biologin gesucht. Dr. Rita Lüder befasst sich seit über 30 Jahren mit Pilzen. Sie erzählt im Interview strahlend: »Pilze sind eigentlich unscheinbar. Man sieht wirklich nur diesen kleinen Fruchtkörper, und deshalb ist es uns so lange verborgen geblieben, was sie wirklich ausmacht: Es gibt sechsmal mehr Pilzarten als Pflanzenarten in einem Lebensraum. Das bedeutet nicht nur eine, sondern viele Arten, und ein Teil davon bildet diese Vernetzung, während andere den Zersetzungsprozess übernehmen.«

Der Pilz ist das größte Lebewesen der Erde. In Oregon wurde ein Netzwerk entdeckt, das sich über 965 Hektar erstreckt. Schätzungen zufolge ist dieser Pilz rund 2.400 Jahre alt und 600 Tonnen schwer. Lüder betont: »Das kommt durch die Hyphen. Diese unterirdischen Fäden finden sich in jedem intakten Boden, egal ob im Wald, im Acker oder auf der Wiese.«

Zum Teil geht es unter der Erde zu, wie auf dem Markt, führt Lüder aus. »Die Pilze gehen einen Austausch mit den Pflanzen ein, ein Tauschgeschäft. Pilze brauchen Zucker zum Leben, den kann nur der Baum durch Photosynthese herstellen. Die Pilze bitten den Baum sozusagen: ›Gib mir Zucker.‹ Der Baum antwortet: ›Was hast du für mich?‹ Dann sagt der Pilz: ›Ich gebe dir Informationen, Nährstoffe in gelöster Form und Schutz für deine Wurzeln vor anderen Fressfeinden.‹ Eine einzigartige Form der Kooperation.« Dieser Austausch ist wissenschaftlich nachgewiesen und zwar über radioaktiv markierte Substanzen. Lüder betont: »Nicht im Labor, sondern tatsächlich im Wald. Man merkt, dass die Stoffe, die von einem Baum aufgenommen werden, in anderen landen, und das über Artgrenzen hinweg. Das sprengt unser Vorstellungsvermögen, da uns immer gesagt wurde, jeder sei nur an seinem Eigeninteresse interessiert.«

Dar. 27: Sein Netzwerk ist so verworren wie sein Name: Das Myzel des Oudemansienlla platyphylla (© Rita Lüder)

Sie stützt Bloms These der Systemhaftigkeit des Waldes und stellt klar: »Das System erfordert, dass alle Bäume gesund bleiben. Es müssen junge Bäume heranwachsen, während die alten Bäume viel Nahrung produzieren und diese verteilen wollen, ähnlich wie in guten Gemeinschaften. Das können sie jedoch nicht ohne die Pilze, denn die Bäume könnten sich nicht austauschen, wenn nicht diese Verbindung durch die Pilze vorhanden wäre.«

Die Pilze zeigen, dass nicht der eigene Vorteil im Vordergrund stehen darf, sondern: Kooperation, Austausch und gemeinsame Eroberung neuer Lebensräume, sei es an den Polen oder in Extremsituationen in den Bergen. Das geschieht, weil sich ein Pilz mit Algen und Bakterien zusammentut. Keiner von ihnen könnte an diesen extremen Standorten allein überleben.

So verhält es sich auch mit der These des Stadtgesprächs. Allein die Idee oder die persönlichen Ausführungen reichen nicht zur Grundierung, daher bin ich in den Austausch mit zahlreichen Fachleuten getreten, die aus ihrer Sicht Faszinierendes beitragen können.

AUFZEICHNUNG:
Die Interviews

Grau ist alle Theorie. Sie vermittelt Einsichten in Zusammenhänge und Ursachen. Die Theorie bleibt aber dem Spielfeld der Beobachtung verhaftet. Praxiswissen lässt uns Konkretes bewirken. Voraussetzung ist bewusstes Begreifen. Daher kommt jetzt Farbe ins Spiel. Mit Ideen, Anregungen aus der Praxis. Ziel ist, die vorgestellten Modelle zugänglicher zu machen und sie zugleich auf den Prüfstand zu stellen.

Die Stadt ist, wie wir gesehen haben, eine Angelegenheit der Öffentlichkeit (Res publica). Der große Republikaner Cicero antwortet auf die ketzerische Frage: »Welche Farbe hat denn nun bitte diese Urbanität, von der Du immer redest?« »Das weiß ich auch nicht, aber ich weiß, dass sie eine hat.«[374]

Diese Antwort ist so weise wie unbestimmt. Auch zwei Jahrtausende später stöhnt der Soziologe Frank Eckardt auf: »Stadt und auch dem Diskurs über die Stadt fehlt es an einer sich leicht zu erschließenden und konsensuellen Begrifflichkeit und einem Verständnis, das sich als ein allen zugänglicher Duktus abbilden ließe.«[375]

Nun wäre es vermessen, an dieser Stelle ein umfassendes Bild zeichnen zu wollen. Ziel ist es vielmehr, mit ein paar Farbsprengseln – hier dicke Federstriche, da geschickte Tupfer – an bestimmten Stellen das Mosaik vom urbanen Menschen und dem Stadtgespräch zu ergänzen.

Wer sich mit Stadtgesprächen beschäftigt, darf nicht nur davon sprechen. Wer mehr wissen will, stellt Fragen. Daher habe ich mit Menschen gesprochen, die mehr wissen als ich. Sie sind in Anlehnung an die vorgestellten Modelle »Vorbilder« (role models).

Zu Wort kommen Expertinnen und Experten, die ich zwischen Oktober 2023 und März 2024 für einen Austausch gewinnen konnte. Entstanden sind 22 lebhafte Gespräche, jedes für sich eine Bereicherung. Alle haben sie mittel- oder unmittelbar Einfluss auf das Buch genommen, stellenweise finden sich Zitate in den vorigen Kapiteln. 18 Interviews sind im Wortlaut nachzulesen. Es handelt sich um geraffte Versionen, die die Gesprächsgäste vor dem Abdruck zur Autorisierung erhalten haben.[376]

Die Gäste sind im Sinne Max Webers »soziale Akteure«[377]: Sie formen den öffentlichen Diskurs, beobachten oder bewerten seine Ausformungen. Die Auswahl folgt einer gewissen Logik und ist zugleich kontigent. Alle stehen für Ideen, die ansprechend sind, für Thesen, die zu ergründen sind, oder für Modelle, die es wert sind, erschlossen zu werden. Der Wechsel in der Du- und Sie-Ansprache zeigt: Es

AUFZEICHNUNG: Die Interviews

kommen Menschen aus dem Umfeld des Autors zu Wort, deren Expertise ich schon länger schätze und Fachleute, deren inspirierendes Wissen sich mir im Zuge der Recherche offenbarte. Der Aufbau der Gespräche ist einheitlich: Zunächst wird nach dem Ruf der Gesprächspartnerinnen und -partner gefragt. Die Frage impliziert Wechselseitigkeit, denn die Expertinnen und Experten prägen mit ihrer Arbeit, also der bewussten Ausgestaltung ihres Fachwissens, ihr Umfeld, das wiederum sie beeinflusst. Zudem habe ich alle gefragt, was sie von der These eines Stadtgesprächs halten. Die Antworten zeichnen ein interessantes Bild des öffentlichen Diskurses, sie sind ein Kondensat sozialen Erfahrungswissen. Die Gedanken haben die Ausführungen zum Stadtgespräch im Kapitel Aufwärts maßgeblich geprägt.

Die Themen im Einzelnen

Philip Blom steckt das Spielfeld ab. Er schafft es, 7.000 Jahre Geschichte begreifbar zu machen. Die Globalisierung ist menschengewollt, die Kollaboration in Gemeinschaften zunächst erzwungen, dann aber Motor von Innovation. Die Ressourcen und Technologien haben uns seit der Industrialisierung immer neue Freiheiten eingeräumt, zugleich Grenzen aufgezeigt.

Mit *Wolf Lotter* geht es um Realitätssinn und zeitgemäße Führung. Er schildert, wie es bei Hempels unterm Sofa zugeht. Zudem weiß er, wie Sigmund Freud und sein Neffen Edward Bernays die Wahrheit zum Werkzeug machten. Lotter redet Klartext über »Planungssicherheit«.

Katja Schleicher weiß um die Macht der Kommunikation. Gelingende Gespräche führen nicht unbedingt zu Klarheit, sie reduzieren die Möglichkeit von Missverständnissen. Sie spricht vom selbstbewussten Umgang mit Ungewissheit und umreißt ihre Idee des »Multilogs«.

Maren Urner äußert das Versprechen, die Lektüre des Interviews würde unser Gehirn verändern. Sie weiß um die Rationalität der menschlichen Emotionen und beschreibt, wie das Gehirn Fahrradwege baut. Sie plädiert für ganzheitliches Denken, weil das Biologische nicht vom Künstlichen zu trennen sei.

Philipp Kron bringt den Markt wieder ins Spiel. Nachhaltigkeit dürfe kein Nischenprodukt sein, gehegt in »transition towns«. Die Gesetze des Marktes gelten weiterhin, deswegen sei die Zukunft »ökoliberal«. Zudem beschreibt Kron, wie Städte ihren eigenen Sound entwickeln.

Christoph Neuberger spricht über die Entgrenzung des öffentlichen Raums durch die digitalen Medien. Sie hätten Foren und Schleusen geöffnet. Dies führe zu einem Kontrollverlust für die jeweiligen Zentren, lässt aber auch Chancen für Vernetzung entstehen.

Für *Andreas Berens* ist Künstliche Intelligenz ein Sparringspartner. Als Marketing-Experte fühlt er keine Kränkung durch das Aufkommen der »neuen Spezies«. Im Gegenteil: Wir könnten unsere kreative Energie neu entfalten mit Hilfe neuronaler Netze, die den menschlichen Geist auf Servern erweiterten.

Wolfgang Ainetter verbindet Wiener Charme und Unverfrorenheit. Er hat die Kommunikation des Verkehrsministeriums geleitet und mit seiner Gewitzheit, eine Kampagne für Verkehrssicherheit gestartet und sie, trotz eines Shitstorms, zum Erfolg geführt.

Christina Richter weiß, warum Topmanagerinnen Linkedin intensiver und besser als viele männliche CEOs nutzen. Einer aktuellen Analyse zufolge[378] kommunizieren

Frauen empathischer und platzieren ihre Botschaften effektiver. Das Gespräch mit einer der Top-Voices auf Linked-In, zeigt wie es geht und wo Grenzen des »Selbst-Marketings« sind.

Stefanie Nimmerfall ist Botschafterin der Münchner Verwaltung. Sie hat mit ihrer Kollegenschaft früh die Chancen des Corporate Influencing für Behörden erkannt und deutschlandweit Zuspruch erhalten. Sie erzählt, wie sich dieser Marketing-Ansatz als »Frischzellenkur« erweist.

Roman Deininger betont in seinen Seminaren für den journalistischen Nachwuchs den Wert der Reportage. Sie sei der Kern von Journalismus: Rausgehen und dann aufschreiben, was man mit den eigenen Augen gesehen und den eigenen Ohren gehört hat. Im Interview spricht er über die Rolle von Journalisten und ihre Verantwortung für das Gemeinwesen.

Christof E. Ehrhart weiß um die Bedeutung der passgenauen Kommunikation. Sie ist »Beziehungskapital«, das nicht in großen Zahlen zu fassen sei. In Zeiten gesellschaftlicher Fragmentierung lohne sich die Hinwendung zu relevanten Stakeholdern und effektives Zuhören.

Michael Blume ist eine der wichtigsten Stimmen gegen Antisemitismus und erlebt selbst viele Anfeindungen. Trotz des aufreibenden Kampfes gegen Verschwörungsmythen mit ihrem Freund-Feind-Dualismus bleibt er zuversichtlich. Er weiß um die Bedeutung von Bildung und ordnet ihre historische Bedeutung mit viel Sprachwitz in den aktuellen Kontext ein.

Julia Lupp ist Speerspitze für die Innovation im Bereich der Behördenkommunikation. Ihr Podcast mit und über Amtshelden wird aufmerksam verfolgt und hat das »Kleinstadtniveau« auf ein neues Level geführt. Sie erzählt, wie sie ihre Profession »neu erfunden hat«.

Thomas Reisener hat die Kommunikation der Stadt Münster umgekrempelt. Gestartet mit einem Plan, die Webseite umzubauen, hat er die Strukturen neu ausgerichtet und einen Newsroom eingerichtet, wie ihn üblicherweise Redaktionen haben. Eine für Verwaltungen ungewohnte Arbeitsweise, die mit Blick auf die begrenzten Ressourcen sehr herausfordernd ist.

Tosin Stifel hat sich mit agilen Behörden auseinandergesetzt.[379] Sie hat dazu mit »early adopters« gesprochen und führt aus, wie man den Herausforderungen in der VUCA-Welt beggenen kann. Außerdem weiß sie um die Bedeutung von Kunst im öffentlichen Raum.

Sarah Vortkamp überträgt das Stadtgespräch auf Spotify. Sie hat das Potential von Podcasts ergründet und sieht mannigfaltige Chancen darin auch für Behörden.[380] Podcasts seien vergleichbar mit der Pressemitteilung, der behördlichen Allzweckwaffe in der Kommunikation.

Katrin Poese empfiehlt, in der behördlichen Kommunikation die Perspektive zu wechseln. Trotz hoher Arbeitsdichte sei es entscheidend, was aus Sicht der Bürgerschaft interessant ist. Das Mittel der Wahl ist Storytelling. Das bedeute nicht, stets eine Erfolgsstory zu stricken, sondern Informationen in einen Kontext zu betten – etwa durch Personalisierung.

Stephan A. Jansen ist Stiftungsprofessor für Urbane Innovation – Mobilität, Gesundheit, Digitalisierung an der Universität der Künste, Berlin.

Über Wachstum.
Städte als Erfolgsmodell? | Philipp Blom

Philipp Blom ist Historiker. Seit 2007 lebt er in Wien und ist sowohl als Schriftsteller als auch als Journalist tätig. Seine Bücher, die historische Forschung, philosophische Erkundungen und gelegentlich Belletristik verbinden, sind Bestseller und wurden in 16 Sprachen übersetzt. Philipp Blom ist auch als Filmemacher, Ausstellungskurator und Moderator tätig.

Dar. 28: Philipp Blom (© Peter Rigaud)

Sven Matis: Herr Blom, was machen Sie mit Ihrem Beruf und was macht Ihr Beruf mit Ihnen?
Philipp Blom: Ich bin Historiker, aber nicht an eine Institution gebunden. Ich schreibe frei, gebe viele Vorträge, mache Radiosendungen, drehe Filme und kuratiere Ausstellungen. Ich beschäftige mich hauptsächlich mit der Zukunft. Was macht das mir? Das zieht mich in alle möglichen Richtungen, weil ich ständig auf Reisen bin. Es ist sehr spannend, aber auch viel Arbeit, wenn man freiberuflich in dieser Welt bestehen möchte. Die Freiheit genieße ich sehr.
Blicken wir zunächst auf die Gegenwart. Sie haben einen Satz geschrieben, der mich als Sprecher einer Stadtverwaltung schockt: »Es gibt keine lokalen Probleme, es gibt kein lokales Handeln mehr.« Da würde ich Widerspruch einlegen wollen.
Das müssen Sie auch.
Was hat es mit dieser Sentenz auf sich?
Man kann das auf zweierlei Weisen betrachten, oberflächlich und tiefergehend. Das blaue Hemd, das Sie gerade tragen, wurde wahrscheinlich in Asien genäht, die Wolle stammt aus einem anderen Teil der Welt. Das Hemd ist tausende Kilometer gereist, bevor Sie es jetzt tragen. Wenn Sie es nicht mehr mögen, landet es vielleicht in einer Mülldeponie in der Atacama-Wüste. Unser Leben ist längst nicht mehr lokal. Alles, was wir tun, beeinflusst das Leben anderer Menschen auf verschiedenen Kontinenten. Das Gleiche gilt für Umweltauswirkungen. Die Abholzung im Regenwald beeinflusst das Klima bei uns in Europa, was sich auch auf das Meinungsklima auswirkt. Der Satz formt eine Form von ökonomischer und ökologischer Vernetztheit. Diese Vernetztheit kann man noch weiterdenken.

Der Politikwissenschaftler Benjamin Barber hat einmal gesagt: »Die Urbanität liegt nicht in der Natur des Menschen, sie liegt in seiner Geschichte.« Würden Sie dem zustimmen?

Ja. Städte tauchen sehr spät in der menschlichen Geschichte auf. Es gab den modernen Homo sapiens schon über hunderttausend Jahre, bevor Menschen sesshaft wurden. Sie waren über Jahrtausende halbnomadisch. Im sogenannten fruchtbaren Halbmond, zwischen der Türkei und Ägypten, wo die ersten Städte entstanden, kann man zeigen, dass die Sesshaftwerdung wahrscheinlich erzwungen war.

Ich dachte, Menschen haben sich zu »kollaborative Gemeinschaften« zusammengeschlossen, wie Sie schreiben.

Es könnte sein, dass es Waffen waren, die Menschen zwangen, in Gemeinschaften zu leben, arbeitsteilig zu arbeiten und sich sesshaft zu machen. Die meisten Menschen haben dadurch jedoch nicht besser, sondern schlechter gelebt.

Aber es zieht doch immer mehr Menschen in Städte. Die Urbanisierung ist ein Megatrend.

Ja, das ist heute so. Wenn Sie durch Deutschland oder Österreich fahren und durch ein Dorf kommen, können Sie sich selbst fragen, welches Haus hier schon 1945 stand. Nach etwa 10 Minuten kommen Sie zum alten Ortskern. Alles drumherum ist neu: Industrie- und Gewerbegebiete, Einfamilienhäuser überall. Dann kommen Sie in das Dorf, in dem über Jahrhunderte gelebt wurde. Dies ist nur ein kleines Symbol dafür, wie unglaublich sich unsere urbane und Lebensrealität innerhalb von zwei Generationen verändert hat, im Vergleich zu den 1.000 Jahren zuvor.

Moderne Städte haben also eine gewaltige Dynamik entfaltet und Innovationen hervorgebracht. Das ist im wesentlich wirtschaftlich zu begründen.

Nicht nur ökonomisch, sondern auch technologisch. Das Wichtigste ist Erdöl und der Gebrauch fossiler Brennstoffe. Erdöl hat zwei magische Qualitäten: Es steigert die Produktivität enorm und ermöglicht die Delegation von Arbeit an Maschinen. Diese Entwicklung ist entscheidend für die Veränderungen in unserer Lebensweise, die seit der industriellen Revolution eingetreten sind. Der Einsatz von Erdöl hat nicht nur die Effizienz gesteigert, sondern auch den Weg für eine beispiellose technologische Entwicklung geebnet, die Grundlage der modernen Gesellschaft ist. Die Zeit nach 1960 steht für einen rapiden Anstieg in der Nutzung von Ressourcen, der gleichzeitig den Wohlstand, aber auch die ökologischen Herausforderungen verstärkt hat. Der Einfluss von Technologien auf Alltagspraktiken und soziale Strukturen wird besonders deutlich, wenn man den Wandel von arbeitsintensiven Haushalten zu einer global vernetzten Welt betrachtet.

Also, Erdöl hat unseren Lebensstandard erhöht, uns mobiler und freier gemacht.

Die Freiheit, die Sie ansprechen, ist relativ. Wir haben Sachzwänge faktischer und sozialer Art, wenn wir unser Leben führen. Beispiel Meinungsfreiheit. Meinungen sind wie Kleider – wir tragen sie, weil sie uns wärmen und schmücken. Wirklich frei sind wir nicht in der Auswahl, wir passen uns unserem Umfeld an.

Klar, die Grenze des Wachstums ist bekannt. In den letzten Jahrzehnten hat sich vieles zum Guten gewandelt: die Emanzipation der Frauen oder auch die Stärkung der Rechte von Minderheiten. Diese Fortschritte sind jedoch eng mit dem Wirtschaftswachstum verbunden. Die liberale Ordnung hat viele Probleme durch wirtschaftlichen Fortschritt bekämpft. Doch nun stehen wir vor der Herausforderung des endlosen Wachstums in einem begrenzten System, was angesichts der realen Probleme bedenklich ist.

Wie meinen Sie das?

Ich meine die Diskussionen über grünes Wachstum. Allerdings steigt der Gebrauch von fossilen Brennstoffen trotz alternativer Energien weiter, und wir stehen vor der Selbstzerstörung. Die Ratlosigkeit über die Zukunft scheint in einem Modell des endlosen Wachstums verankert zu sein, und die Vorstellung von unproduktivem, ineffizientem Wachstum ist idyllisch. Die Welt ist eine andere, wenn Diktatoren wie Putin einen Krieg vom Zaun brechen.

Richten wir abschließend den Fokus vom Globalen auf das Lokale. Gibt es ein Stadtgespräch, und wären Sie gerne Teil davon?

Ich bin Teil vieler Stadtgespräche. Das will ich auch befördern, weil ich die differenzierte Auseinandersetzung mit Themen im persönlichen Gespräch für fundamental für unser Gemeinwesen halte. Polarisation durch Social Media ist Gift. Die Bedeutung von persönlichen Gesprächen, abseits von digitalen Plattformen, liegt darin, eine echte Verbindung herzustellen und vielfältige Perspektiven zu berücksichtigen. Die Förderung von Stadtgesprächen ist essenziell, um eine inklusive und informierte Bürgerbeteiligung zu gewährleisten und den gesellschaftlichen Diskurs zu stärken.

Propaganda?
Über Führen und Verführen von Menschen | Wolf Lotter

Wolf Lotter ist Wirtschaftspublizist, er beschäftigt sich mit Fragen des gesellschaftlichen und industriellen Wandels. Seine Bücher sind Grundsatzwerke in Sachen Innovation und Transformation. und sind in mehreren Auflagen erschienen.

Dar. 29: Wolf Lotter (© Katharina Lotter)

Sven Matis: Was machen Sie mit Ihrem Beruf und was macht er mit Ihnen?

Wolf Lotter: Ich beobachte und beschreibe seit über 35 Jahren die Transformation und deren kulturellen Wandel. Mein Fokus liegt auf dem Übergang von der

Industrie zur Wissensgesellschaft. Ich bin fasziniert, wie sich die Landschaft verändert und weiterentwickelt hat.

In einem provokanten Essay von 2009 schreiben Sie über »Propaganda«. Ein Punkt darin ist: Demokratien funktionieren wie Märkte. Ist diese These, 15 Jahre und zahlreiche Krisen später, noch aktuell?

Auf jeden Fall. Auf Märkten wird – erstens – verhandelt. Die Maxime »friss oder stirb« zieht nicht. Dieses Aushandeln ist manchmal extrem, manchmal zäh. Aber es ist allemal besser als Alternativlosigkeit. Auf Märkten spielt Anstrengung und Einsatz jedes einzelnen Anbieters eine große Rolle. Das erleben wir ja jeden Tag in der Demokratie: Es gibt keine dauerhafte Sicherheit, keine dauerhaften Mehrheiten mehr. Die massiven Verschiebungen der vergangenen Jahrzehnte sind nicht zu unserem Nachteil, wenn wir begreifen, wie wir damit richtig umgehen.

Einspruch. Menschen lieben Sicherheit. Denken Sie an das wunderbare deutsche Wort der »Planungssicherheit«.

Planungssicherheit ist eine Konstruktion, die oft nicht aufgeht, wie uns die Geschichte lehrt. Bert Brecht schrieb so schön: Mach Dir einen Plan, sei ein großes Licht ...

... mach Dir einen zweiten, gehen tun sie beide nicht ...

Genau. Pläne sind eine mentale Sicherstellung, ein Beruhigungsmittel, und ich will nicht behaupten, dass es völlig grundlos genommen wird. Strategien brauchen einen Rahmen, der wiederum flexibel sein muss. Solange wir in der Lage sind, uns anzupassen und zu gestalten, haben wir einen anderen Blick auf die Welt, die ja nichts Statisches ist, sondern etwas, das wir aktiv mitgestalten können.

Sie schreiben immer wieder von »Wissensarbeiter«. Was ist damit gemeint?

Der Begriff stammt von Peter Drucker, dessen Arbeit ich sehr schätze. Drucker definiert den Wissensarbeiter als jemanden, der sein Kapital auf den Schultern trägt und nicht mehr primär mit den Händen und Muskeln arbeitet, sondern mit dem Kopf. Diese Entwicklung ist nicht neu, aber durch die Industrialisierung und Spezialisierung der letzten 250 Jahre hat sie eine neue Qualität erreicht. Drucker sagt eben auch: Wissensarbeiter wissen oft mehr über ihre Arbeit als ihre Chefs, was eine demokratiepolitische Qualität in der Organisation schafft. Die Veränderung von einem allwissenden Chef hin zu einem Gestalter des Wissens muss von Institutionen erkannt und umgesetzt werden.

Moment. Aufgaben von Chefs sind Führung, Anleitung und das Aufzeigen von Perspektiven. Dafür müssen sie mehr wissen als ihre Mitarbeiter.

Erwachsene Menschen können sich selbst leiten. Das Mittelmaß hingegen hat eine magnetische Funktion, es zieht sich gegenseitig an. Leute, die wenig verändern möchten, bestätigen den Chef, der angeblich alles weiß. Dies führt zu einer schiefen Dynamik, die wir oft in politischen und Unternehmensstrukturen erleben. Wir sollten uns wie Erwachsene verhalten und nicht darauf warten, dass jemand sagt, was zu tun ist. Die Wissensgesellschaft erfordert Emanzipation und Aufklärung.

Lassen Sie uns nochmals auf die »Propaganda« zurückkommen, speziell auf Edward Bernays, den Sie als »Vater der Public Relations« beschrieben haben.

Gern. Edward Bernays ist der Neffe von Sigmund Freud. Bernays Eltern wanderten im 19. Jahrhundert von Wien in die USA aus. Er wuchs als überzeugter Amerikaner auf, geprägt von der Zuversicht dieses Landes. Seine Vorstellung war, dass der Mensch in der Masse nicht sehr intelligent ist und geleitet werden muss. Ja, noch mehr: Die Welt will betrogen werden, allerdings keine Manipulation im negativen Sinne, sondern durchaus zum eigenen Wohl. Bernays entwickelte Konzepte, wie das Frühstück mit Speck und Eiern, um die Fleischindustrie zu unterstützen, oder die Idee, dass Frauen Rauchen als Akt der Emanzipation. Bernays' Kommunikation und Propaganda zielten darauf ab, positive Dinge für Regierung, Wirtschaft und Menschen zu schaffen.

Die Welt will betrogen werden? Ein starkes Stück. Als Sprecher will ich überprüfte und überprüfbare Fakten vermitteln. Aber die Branche diskutierte vor einigen Jahren tatsächlich darüber, ob PR lügen darf.

Die Welt will nicht unbedingt betrogen werden, aber sie lädt die Betrüger ein, weil Menschen es sich zu leicht machen. Menschen neigen dazu, die »Wahrheiten« zu hören, die sie gerne hören möchten, und es gibt Menschen, die ihnen diese »Wahrheiten« erzählen. Das sehen wir heute in politischen Bubbles, in Gruppen, in Social Media, in der Gesellschaft und in der Familie. Kritikfähigkeit ist schwierig, kritisches Zweifeln macht Arbeit, die wir vermeiden und deshalb werden wir oft betrogen. Wir sind Komplizen, weil wir viel schlucken und glauben wollen. Das ist die Grundlage für Fake News und viele andere Probleme. Menschen haben legitime Interessen. Wir wollen etwas verkaufen, sei es ein Produkt oder eine politische Idee.

Etwas verkaufen. Das bringt uns wieder auf den Markt.

Richtig. Es gibt kein Entrinnen vom Markt. Selbst in einer Planwirtschaft existiert ein Markt, allerdings als Schwarzmarkt. Ganz ähnlich in autoritären Unternehmen mit Chefs, die nach außen hin alles nett und freundlich darstellen, da sieht es hinter den Kulissen es aus wie bei Hempels unter dem Sofa. Um es klar zu benennen: Menschen haben zuallererst Interessen – nicht immer das edle, wahre oder gute. Märkte in diesem Sinne gibt es in Behörden, der Politik, in Institutionen.

Sie sind ein Verfechter des Klartextes. Klarheit, da denkt man an Helligkeit, Licht anschalten, Aufklärung ...

Mir geht es um Realitätssinn, etwas, was uns in dieser Diskussion manchmal fehlt. Licht anzuschalten bedeutet, einen klaren Moment der Aufklärung zu haben. Realitätssinn ist die Fähigkeit, dieses Licht zuzulassen. Wenn wir aus der Finsternis der autoritären Verblendungen heraustreten und sehen, wer mit wem liegt, erkennen wir die Realität. Philipp Dick sagte einmal: »Realität ist das, was nicht verschwindet, wenn man aufhört, daran zu glauben.« Die Öffentlichkeit ist ein Wettbewerb der Ideen, oft auch ein harter Wettstreit. Harmonie kann verblöden, besonders wenn man immer versucht, mit allen auszukommen. Unterschiedliche Interessen und Konflikte sind Teil der Realität. Nur über sie können wir, wie in einer Demokratie, Kompromisse finden, mit denen alle leben können.

Damit sind wir wieder beim Aushandeln. Gibt es so etwas wie ein Stadtgespräch, und wenn ja, wären Sie gerne Teil davon?

Ich bin gerne Teil davon, weil ich gerne mit klugen Menschen diskutiere. Es ist wichtig, dort zu diskutieren und politisch zu handeln, wo wir leben. Manche sind versucht, Politik nur auf der Metaebene zu betrachten, aber wir müssen auch vor unserer eigenen Haustür kehren. In einer Region mit der Tradition der Kehrwoche sollten wir uns immer wieder auffordern, ein bisschen sauber zu machen und dafür zu sorgen, dass wir den Boden sehen, auf dem wir stehen. Das gehört zum Realitätssinn dazu. Durchblick eben.

Machtspiele, Missverständnisse und Melodien: Was ist Kommunikation? | Katja Schleicher

Katja Schleicher ist Kommunikationstrainerin, Coach und KeyNote-Speaker. Nach ihrem Studium (Germanistik, Anglistik, Linguistik und Psychologie) verfolgte sie eine internationale Karriere in den Bereichen PR, Werbung und Unternehmenskommunikation. Heute ist sie gefragte Rednerin, wann immer es um Worte und deren Resonanz und Wirkung geht. Mit drei Sprachen, zwei Pässen und einem europäischen Herzen verbindet sie Menschen und Ideen über Grenzen hinweg.

Dar. 30: Katja Schleicher

Sven Matis: Katja, was machst du mit deinem Beruf und was macht dein Beruf mit dir?

Katja Schleicher: Mein Beruf ist meine Berufung. Über das Reden zu reden ist mehr als eine Tätigkeit, es ist eine Lebensweise. Schon immer fasziniert mich, wie Menschen auf Worte reagieren. Diese Leidenschaft hat mich dazu gebracht, Sprache zu studieren und dann mit und in ihr zu arbeiten. Ich möchte Sprache an der Wurzel packen und Menschen zeigen, wann sie wie den richtigen Ton treffen.

Dann lass uns an die Wurzel gehen. Kommunikation ist unwahrscheinlich, sagt Niklas Luhmann. Er ist skeptisch, was das Gelingen anbetrifft. Kannst Du bitte für mehr Klarheit sorgen?

Nein, kann ich nicht. Kommunikation ist dazu da, die Summe an Missverständnissen zu reduzieren. Missverständnisse sind menschlich. Das müssen wir akzeptieren, wenn wir mit anderen ins Gespräch kommen. Wir sollten erstmal nicht davon ausgehen, dass wir mit unserem Gesprächspartner viel gemeinsam haben, sondern dass sie uns fremd sind. Wenn wir akzeptieren, dass der oder die andere genauso im Recht sein könnte, wie wir selbst, hat das etwas Tröstliches. Das erleichtert es, sich in den Untiefen der Missverständnisse zu bewegen und zu einem möglichst geringen Maß an Missverständnis zu kommen. Doch Missverständnisse ganz zu beseitigen, ist auch nicht nötig. Es hält uns wach.

Eigentlich sollten wir Menschen uns nicht fremd sein, sondern uns als Gleiche begegnen, wenn wir uns verständigen wollen.

Die Fremde ist doch etwas Wunderbares, etwas Attraktives. Wir sind neugierige Wesen, die in den Urlaub fahren, um zu sehen, wie es in der Fremde ist. Das Fremde darf halt nicht bedrohlich wirken. Wenn wir uns aus der Fremdperspektive betrachten, dann befähigt uns das, kommunikative Angebote zu machen und anzunehmen. Das eröffnet auch neue Wege im Austausch mit anderen.

Wie muss denn ein stimmiges Kommunikationsangebot aussehen?

Hier kommt Klarheit ins Spiel. Wenn ich etwas anbiete, muss es möglichst eindeutig sein. Es soll kein Imperativ sein, sondern eine Möglichkeit für meinen Gesprächspartner, mitzumachen, mitzudenken und dabei zu sein. So entsteht ein Dialog oder gar ein Multilog.

Menschen können nicht nur Angebote machen, manchmal braucht es Ansagen. Daher hat Sprache auch viel mit Macht zu tun.

In der Tat. Das ist dann das maskuline Kommunikationsmuster. Maskulinität in der Kommunikation ist die gerade Linie. Der feminine Weg wäre jetzt der Zirkuläre: eine Frage zu stellen, zum Beispiel zu sagen: »Was denkst du darüber?« Machtverhältnisse ändern sich, und nicht jede Machtsituation erfordert eine Ansage. Häufig ist es zielführender, gerade im Führungskontext, mit einer Frage zu starten. Ein berühmtes Beispiel ist das Brainstorming, wo der oder die Vorgesetzte mit den Worten beginnt: »Jetzt seid mal alle kreativ.« Das wird nie was [...]. Andererseits ist es genauso problematisch, wenn eine Führungskraft sich ständig um die Entscheidung dreht und keine Entscheidung kommuniziert. Kommunikative Macht hat immer mit dem richtigen Kommunikationsmuster für den richtigen Moment zu tun.

Ist das auch der Grund, warum die Politik eine andere Sprache hat als unser Alltag?

Politiker wollen in erster Instanz wiedergewählt werden und vertreten Interessen. Die der Wähler, aber vor allem ihre eigenen. Komplexe Dinge einfach zu erklären, ohne zu vereinfachen, ist eine Kunst. Lieschen Müllers Sprache würde Politikern näher zu den Menschen bringen. Die meisten ängstigen sich aber vor dieser Art Sprache, weil sie befürchten, nicht ernst genommen zu werden.

Wie kann diese Kunst in Kommunen gelingen?

Jede Stadt, jede Gemeinde hat eine eigene Sprachmelodie und einen eigenen Wortschatz. Wer für die Kommune kommuniziert, sollte hinhören, sich diese Melodie aneignen und so den Stil der Bürgerschaft einbeziehen. Es ist wichtig zuzuhören und sich dafür zu interessieren, wie die Leute wirklich reden. Ein weiterer Schritt könnte sein, die Bürger mehr hinter die Kulissen blicken zu lassen, besonders in der Lokalpolitik. Transparenz entsteht nicht durch Bulletpoints, sondern wenn die Geschichten illustriert werden, die zu Entscheidungen im Rat oder der Verwaltung geführt haben. Damit erzielt man gerade in der Lokalpolitik viel breiteres Verständnis.

Gibt es so etwas wie ein Stadtgespräch, und wärst Du gerne Teil davon?

Stadtgespräche sind etwas Großartiges, sie haben etwas von Lagerfeuer. Natürlich gibt es dabei auch Klatsch und Tratsch, aber auch das gehört zu unserer Kommunikation. Stadtgespräche sind eine gute Sache, sie zu starten eine noch bessere. Ich bin bekannt dafür, Gesprächsstoff zu liefern. Wenn keiner auf dem Tisch liegt, sorge ich für welchen. Von daher: *Count me in.*

Radikal emotional:
Dieses Interview wird Ihr Gehirn verändern | Maren Urner

Dar. 31: Maren Urner (© Lea Franke)

Maren Urner ist Neurowissenschaftlerin und seit 2019 Professorin für Medienpsychologie an der HMKW Hochschule für Medien, Kommunikation und Wirtschaft in Köln. 2016 gründet sie das Online-Magazin »Perspective Daily« für Konstruktiven Journalismus mit. Seit September 2020 ist sie Kolumnistin bei der Frankfurter Rundschau. Ihre Bücher »Schluss mit dem täglichen Weltuntergang« (2019) und »Raus aus der ewigen Dauerkrise« (2021) sind SPIEGEL-Bestseller. Im Mai 2024 ist »Radikal emotional« erschienen. Sie ist B. A. U. M.-Preisträgerin 2023 in der Kategorie Wissenschaft.

Sven Matis: Was machen Sie mit Ihrem Beruf machen und was macht er mit Ihnen?

Maren Urner: Mein Beruf ist eine Dauerbeschäftigung. Meine Tätigkeiten nehmen mich voll und ganz ein – im absolut positiven Sinne. Ich habe irgendwann gemerkt, dass es für mich sinnlos ist zu trennen, zwischen der privaten Maren Urner und der beruflichen. Mein Denken kreist ständig um die Fragen der Wahrnehmung und wie wir Menschen uns besser, nachhaltiger organisieren können. Meine Professur, meine Tätigkeit als Autorin, meine Vorträge und Workshops – das ist das, was mich ausmacht. Und mich und mein Hirn täglich verändert.

Sie haben Ihr Publikum zu Beginn eines Vortrags gewarnt: »Liebe Leute, dieser Vortrag wird Euer Gehirn verändern«. Passiert das auch jetzt? Mit diesem und durch dieses Gespräch?

Ja, jede Interaktion verändert unser Gehirn – auch dieses Interview. Das gilt für uns beide und die Rezipient*innen – ganz egal, ob sie es hier im Buch lesen oder im Podcast hören. Diese Veränderbarkeit unseres Hirns begründet unser Lernen, unsere Entwicklung. Es ist ein Fehler, das Biologische vom Nicht-Biologischen trennen zu wollen. Genauso wenig wie Herz und Hirn, Verstand und Emotion zu trennen sind. Das gehört alles als Einheit zusammen.

Menschen brauchen einen Anlass zum Reden. Aus der Kommunikationswissenschaft kennen wir die Nachrichtenfaktoren, die das Gespräch befördern. Was bringt unser Hirn auf Touren?

Es sind im Wesentlichen drei Formen der Nähe, die mit den Nachrichtenfaktoren zusammenhängen. Diese drei Nähe-Faktoren sind: zeitliche Nähe, wie beispielsweise aktuelle Ereignisse oder regelmäßige Ereignisse wie Wahlen und Weltmeisterschaften; räumliche Nähe, also Ereignisse, die sich auf unser direktes Lebensumfeld wie der Ort und das Land, in dem wir wohnen, beziehen; und soziale Nähe, die unsere Zugehörigkeit zu Gruppen wie Geschlecht, politische Partei aber auch Stadt und Land umfasst. Diese soziale Nähe ist besonders wichtig, da wir soziale Wesen sind und Ereignisse, die unsere Gruppe betreffen, als relevanter wahrnehmen. Deswegen berichten Medien vor allem über Unglücke, wenn deutsche Staatsbürger*innen davon betroffen sind.

Über den »Mensch als soziales Wesen« ist bei Max Weber und Niklas Luhmann viel von Rationalität zu lesen. Weber sieht sie in der Kooperation, Luhmann in der die Bildung öffentlicher Meinung. Sie sehen das anders...

Naja, es kommt darauf an, wie man Rationalität definiert. Die Rationalität im klassischen Sinne, basierend auf einer langfristigen Kosten-Nutzen-Analyse, ist Quatsch! Genau wie die damit verbundene Idee des Homo oeconomicus. Unser Gehirn wird stark von Emotionen, Gefühlen und damit verbundenen Werten und Prioritäten im Hier und Jetzt beeinflusst. Die Fähigkeit zu entscheiden, basiert auf unseren Werten und Vorlieben. Patient*innen mit bestimmten Hirnläsionen können einfachste Entscheidungen nicht mehr treffen, sie können nicht zwischen einem blauen und einem schwarzen Stift wählen, weil sie keine Vorlieben haben. Wenn wir Rationalität so verstehen, dass sie unseren Werten und Emotionen dient, dann sind wir tatsächlich rationale Wesen – das geht aber nicht immer damit einher, dass wir langfristig gut entscheiden.

Dann lassen Sie uns darüber sprechen, wie Entscheidungen zustande kommen. Sie sagen: Es ist eine Frage der Einstellung. Konkret: Es ist besser, für den Erhalt der Ressourcen zu kämpfen als gegen den Klimawandel.

Ich bevorzuge, von der Klimakrise oder dem Klimanotfall zu sprechen, um die Dringlichkeit des Handelns zu betonen. Der Ansatz des »Für etwas sein« statt »Gegen etwas sein« ist wichtig, da unser Gehirn im »Für-Modus« anders arbeitet. Im »Gegen-Modus« neigen wir zur Abgrenzung und Exklusion, er wird durch eine rückwärtsgerichtete Perspektive beherrscht. Wir wehren uns gegen Vorhandenes, unser Hirn »verschränkt die Arme«. Der »Für-Modus« richtet den Blick nach vorn, indem wir überlegen, wie wir in Zukunft leben möchten. Dieser Modus ist ermächtigend und aktiviert unsere Vorstellungskraft, die uns wiederum beginnen lässt und so auch unser Belohnungssystem aktiv ist. Noch besser ist es, gemeinsam mit anderen zu kooperieren, da sich das ebenfalls positiv anfühlt. Die so erlebte Selbstwirksamkeit ist wie legales Doping für unser Gehirn.

Mich fasziniert ein Vergleich von Mazda Adli, dem Begründer der Neurourbanistik, der sagte, Städte funktionieren ähnlich wie das Gehirn. Könnte man auch umgekehrt sagen, unser Gehirn ist vergleichbar mit einer Stadt?

Ich halte unser Gehirn für unvergleichlich. Dennoch kann ich der Metapher etwas abgewinnen. Wenn wir etwas Neues ausprobieren, entsteht im Gehirn zunächst eine Art Trampelpfad. Bei wiederholter Ausübung wird dieser Pfad zu immer breiter, ähnlich einem Fahrradschnellweg. Dieses Bild passt gut, da es der neurobiologischen Ebene vom Lernen entspricht: »What fires together, wires together«- was zusammen aktiv ist, verbindet sich. Wege und Straßen in einer Stadt erleichtern die Kommunikation und Fortbewegung, ähnlich wie neuronale Verbindungen in unserem Gehirn.

Eine schöne Brücke zur Abschlussfrage. Gibt es so etwas wie ein Stadtgespräch? Wären Sie gern ein Teil davon?

Das ist eine spannende Frage. Ich bin viel unterwegs, habe schon überlegt mir eine Adresse in Zügen geben zu lassen. Ich genieße es, in unterschiedliche städtische Kulturen »reinzulugen«. Ein Beispiel: Wir beide haben uns bei einer Konferenz in Mannheim getroffen. Dort hat es Gespräche auf dem Podium, zwischen Gästen und Besucher*innen gegeben. In so einer Umgebung habe ich das Gefühl, Teil eines größeren Dialogs zu sein. Nächste Woche spreche ich in Oldenburg mit städtischen Vertreter*innen über Transformationsprozesse, was ich als großes Privileg empfinde. Gleichzeitig sehe ich es mit einem weinenden Auge, da ich in keiner Stadt wirklich verwurzelt bin und die lokalen Ereignisse nur oberflächlich kenne. Es ist faszinierend, aber auch etwas melancholisch, von Einheimischen zu hören, was in ihren Städten vor sich geht, und wie intensiv sie sich um das Wohlergehen ihrer Stadt bemühen und sie sich so aneignen.

Ökoliberal – Welchen Preis hat Nachhaltigkeit? | Philipp Krohn

Philipp Krohn ist Redakteur der Frankfurter Allgemeinen Zeitung. Er schreibt und betreut die Reportageseite »Menschen und Wirtschaft«. Für seine Reportagen erhält er mehrere Preise. Aufsehen erregte er mit sein mit seinem Buch: »Ökoliberal. Warum die Nachhaltigkeit die Freiheit braucht.«

Dar. 32: Philipp Krohn (© Lucas Bäuml)

Sven Matis: Was machen Sie mit Ihrem Beruf und was macht Ihr Beruf mit Ihnen?

Philipp Krohn: Ich habe ein enges Themenfeld bei der FAZ – die nachhaltigen Finanzen. Aber ich breche gerne aus den eigenen Grenzen aus und suche immer wieder spannende Themen, darunter interessante Persönlichkeiten und Reportagen. Ich betreue auch eine Reportageseite, die alle zwei Wochen erscheint, was mir ermöglicht, Ausflüge über mein festes Themenfeld hinaus zu machen.

Ihr Markenzeichen ist die Wassermelone. Ich sehe keine. Wo haben Sie sie gelassen?

Na, es ist schlicht nicht die Jahreszeit dafür. Ich hätte gerne eine mitgebracht, gerade weil sie auch bei meiner Lesung heute Abend eine große Rolle spielt. Die Melone steht für die Frage, mit welcher Priorität wir über bestimmte Themen im Nachhaltigkeitsdiskurs sprechen. Beim Einkaufen wählte ich eine Melone, die ich dann mittels einer Plastiktüte nach Hause brachte. Ich schrieb darüber auf Twitter. Was mir einen gewaltigen Shitstorm einbrachte.

Es scheint einen Markt zu geben für Tüten. Markt und Marktwirtschaft sind im Zentrum Ihrer Publikationen. Was bestärkt Ihren Glauben an den Markt?

Zunächst ist der Markt vom Kapitalismus zu trennen. Ich habe von Professor Malte Faber aus Heidelberg den Gedanken mitgenommen, dass der Kapitalismus durch bestimmte Beharrungs- und Konzentrationsprozesse stark vom Kapital getrieben ist. Der Markt ist ein großes Wettbewerbssystem, in dem die beste Idee siegt. Der Markt hat einen schlechten Ruf, aber Ludwig Erhard hat als Wirtschaftsminister in den 40er- und 50er-Jahren viele richtige Entscheidungen getroffen, die die soziale Marktwirtschaft begründet haben.

Aber auch die Marktwirtschaft in ihrer sozialen Ausprägung stößt immer mehr an Grenzen?

Wirtschaftswachstum ist nicht mit biologischem Wachstum gleichzusetzen. Die Ökokrisen, wie Artenschwund, Klimawandel und Ressourcenknappheit, haben mit Material- und Energieeinsatz zu tun. Die ökologische Ökonomik leitet daraus die Forderung ab, Wohlstand von Material und Energieeinsatz zu entkoppeln, was entscheidend für eine nachhaltige Entwicklung ist.

Sie haben viel in und über »transition towns« recherchiert. Was hat es mit diesem Konzept auf sich?

Transition Towns sind lokale Gemeinschaften, die nach dem Prinzip leben, als wäre der Höhepunkt der Ölförderung bereits überschritten. Diese Idee entstand in den Nullerjahren in Großbritannien. In Totnes haben sie Projekte gestartet, um lokale Gemeinschaften unabhängiger von globalen Bezügen zu machen. Es gab anfänglich viel Enthusiasmus, aber viele haben festgestellt, dass es nicht leicht in den Alltag integrierbar ist.

Also kein effektives, nachhaltiges Konzept?

Transition Towns sind produktiv für eine positive Vision von Nachhaltigkeit, aber sie sind kleinteilig und haben wenig Ansteckungseffekt für eine Massenbewegung. Viele Gruppen bestehen aus 30 bis 60 Personen und werden oft als spinnert wahrgenommen. Die Ideen sind schlüssig, aber sie sind nicht beliebig skalierbar. Nicht jeder will Sauerkraut einwecken.

Nachhaltigkeit erfordert Einsatz. Sie sind überzeugt, dass die Logiken des Marktes uns dabei helfen, Nachhaltigkeit in die Breite zu bringen.

Ich glaube, Menschen scheitern in der Nachhaltigkeit auf allen Ebenen – in der Wirtschaft, in der Mobilität, in der Energieversorgung und in der Ernährung. Warum? Weil wir Akteure sind, die auf vorhandene Strukturen reagieren. Ich kann meinen CO_2-Ausstoß für die Ernährung nicht unter eine Tonne senken, weil die Landwirtschaft noch nicht umwelteffizient genug ist. Es erfordert ein Zusammenspiel verschiedener Akteure, darunter Unternehmen, Kapitalmärkte und Konsumenten.

Das heißt?

Die Konsumenten sollten an den Stellen, an denen Unternehmen nichts mehr tun können, bereit sein, selbst den Wandel einzugehen. Ein Beispiel ist meine persönliche Mobilität: Ich habe drei Kinder und kein Auto. Mich fragen die Leute, wie machst du denn das? Naja, wir machen es einfach. Wir können am Morgen, wenn es regnet, nicht entscheiden, ob wir die Kinder in die Schule bringen, sondern die müssen halt mit dem Fahrrad oder öffentlichen Verkehrsmitteln los. Ich glaube, es braucht für eine positive Vision von Nachhaltigkeit auch eine Bereitschaft anzuerkennen: »Wir haben ein Problem und wir müssen unseren Beitrag dazu leisten, dass wir maßvoller handeln.« Nachhaltigkeit darf kein Nischen-Engagement sein. Sie muss für die Masse attraktiv sein. Die Leute müssen Spaß daran haben, ihren ökologischen Fußabdruck um eine halbe Tonne zu reduzieren.

Spaß ist ein gutes Stichwort. Musik ist auch eines Ihrer Hauptthemen. Sie haben den »sound of the cities« beschrieben. Wie klingen Städte?

Ich habe mit einem Freund ein Buch geschrieben. Wir wollten verstehen, was Metropolen faszinierend macht und warum sie diese spezifische Musik hervorbringen. Vor der Recherche hörte er Musik aus Wien und Stockholm, während ich immer Musik aus Chicago und New Orleans hörte. Es gibt zentrale Figuren, Idole einer Stadt, zu denen man eine Beziehung haben muss. Ein Beispiel wäre Lou Reed. Man kann nicht in New York leben und sich nicht zu Lou Reed verhalten. Das haben auch viele unserer Gesprächspartner bestätigt. Es gibt diese zentralen Figuren mit einer Aura, mit denen man sich auseinandersetzen muss. In Düsseldorf kann niemand ohne Kraftwerk auskommen, definitiv nicht.

Oder Stuttgart ohne die Fantastischen Vier.

Genau. Es kann auch sein, dass man sich von dem abgrenzt, was man vorfindet. Die Nerven haben nichts mit den Fantastischen Vier zu tun, aber sie verhalten sich dazu.

Gibt es so etwas wie ein Stadtgespräch? Wäre Sie gerne Teil davon?

Wer gerne kommuniziert, hat diesen inneren Drang, das Stadtgespräch mitzubestimmen. Ich wäre gerne Teil einer Bürgergesellschaft, so wie Habermas es beschrieben hat, mit einem Bürgerdialog und einer bürgerlichen Öffentlichkeit. In Frankfurt gibt es kirchliche Veranstaltungen, Stadtgesprächsreihen und eine Polytechnische Gesellschaft, die solche Dialoge produziert. Aber dies sind oft geschlossene Gemeinschaften. Es braucht neue, attraktive Formen, um eine bürgerliche Öffentlichkeit zu schaffen, auch unter Einbeziehung der Akteure, die bisher nicht in diese Dialoge einbezogen wurden. Aber ich weiß auch, dass das extrem herausfordernd ist.

Ins Netz gegangen:
Über das Ende des Zentralismus | Christoph Neuberger

Christoph Neuberger forscht über Nachrichtenvermittlung auf Plattformen und im Journalismus. Er ist Professor mit dem Schwerpunkt »Digitalisierung und Partizipation« sowie Direktor am Weizenbaum-Institut für die vernetzte Gesellschaft in Berlin. Seine Arbeiten zur öffentlichen Sphäre als dynamischen Netzwerk oder der Digitale Öffentlichkeit und liberale Demokratie wurden stark beachtet und mehrfach preisgekrönt.

Dar. 33: Christoph Neuberger (© Kay Herschelmann)

Sven Matis: Was machen Sie mit Ihrem Beruf und was macht er mit Ihnen?

Christoph Neuberger: Aktuell lehre ich Kommunikationswissenschaft an der Freien Universität Berlin. Gleichzeitig bin ich am Weizenbaum-Institut für die vernetzte Gesellschaft tätig und baue dort ein interdisziplinäres Institut auf, das sich breit mit der digitalen Gesellschaft auseinandersetzt. Diese Entwicklung ist momentan äußerst faszinierend, da sie umwälzend und umfassend ist. Was meinen eigenen Beruf betrifft, so bin ich zu nah an mir selbst, um das klar zu beantworten. Ursprünglich wollte ich im Journalismus arbeiten und habe meine Karriere in der Schulzeit bei der Filder-Zeitung in Stuttgart begonnen, bevor ich ein Journalismus-Studium aufgenommen habe.

Wenn man Ihre Publikationen liest, gewinnt man den Eindruck, Sie seien ein Menschenfischer. Sie schauen, wie Menschen ins Netz gehen. Das bezieht sich nicht nur auf das World Wide Web, sondern Sie beschreiben das Phänomen der Vernetzung sehr eindrücklich. Wodurch zeichnen sich sozialen Netze aus und warum sind sie für uns Individuen so bedeutsam?

Unsere klassische Vorstellung von Öffentlichkeit und Gesellschaft ist, dass Dinge zentral verwaltet werden. Nehmen Sie das tradierte Bild vom Journalismus: Die klassischen Massenmedien als sogenannte Schleusenwärter. Sie recherchieren, sammeln, prüfen, sortieren, publizieren Nachrichten, geben Informationen weiter an ein Massenpublikum, das im Wesentlichen schweigt. Dieses Bild hat sich durch die Digitalisierung grundlegend verändert. Der bedeutende Gewinn der Digitalisierung liegt in der breiten Partizipation und den Möglichkeiten der Interaktion. Plattformen wie Facebook, TikTok und Twitter haben eine dynamische Netzwerkstruktur geschaffen, die nicht mehr traditionellen Raummetaphern für Öffentlichkeit entspricht. In sozialen Medien lassen sich Phänomene wie Eskalationsdynamiken und breite Interaktionen beobachten, die besser als Netzwerk beschreibbar sind. Das wirkt auch auf unsere Vorstellung von Öffentlichkeit insgesamt ein.

Inwiefern?

Es geht nicht mehr nur um Räume. Bislang dachte man bei der Öffentlichkeit eher an ein Forum oder eine Arena – also einen irgendwie abgrenzbaren Raum.

Sprich: Es gibt eine klare Grenze zwischen Öffentlichkeit und Privatheit. In der Öffentlichkeit wird man allseitig gesehen oder kann allseitig auch selber sehen. Diese Grenzziehung löst sich in der digitalen Öffentlichkeit auf.

Welche Rolle spielen die Medien in dieser Netzwerköffentlichkeit und warum gewinnen bestimmte Themen an Aufmerksamkeit?

Plattformen wie Facebook und X spielen eine entscheidende Rolle bei der Formung der öffentlichen Meinung und bieten Möglichkeiten für breite Interaktionen. Im Gegensatz zu traditionellen »Pipeline-Medien« erlauben Plattformen eine Vielzahl von Akteuren, die unterschiedliche Interessen verfolgen. Die Auswahl von Themen wird nicht mehr vor allem durch Nachrichtenwerte bestimmt, sondern stärker durch sensationalistische Inhalte und emotionale Aufmerksamkeitsfaktoren beeinflusst. Während es im Journalismus um die Weitergabe sorgfältig geprüfter Informationen geht und die Moderation einer vielfältigen und ausgewogenen Meinungsbildung, haben wir es jetzt mit Fake News und Desinformation zu tun. Gerade auch Automation oder generative KI tragen in wachsendem Maße zur Meinungsbildung bei.

Sie sprachen von Medien als Schleusenwärtern, das möchte ich noch einmal aufgreifen. Früher war es ja so: Eine Redaktion hat geschaut, was der Markt der Meinungen zu bieten hat, sie hat gewichtet, welche Nachrichten wichtig sind. All das wurde für ein bestimmtes Format innerhalb einer bestimmten Zeit – Stichwort »Redaktionsschluss« – aufbereitet. Plattformen funktionieren anders. Was wissen Sie aus der Forschung?

Genau, traditionell spielte der Nachrichtenwert eine große Rolle. Das ist das, was im öffentlichen Interesse steht, wenn man es normativ betrachtet. Jene drängenden Themen, über die Bürgerinnen und Bürger Bescheid wissen sollten, jene wichtigen Fragen, über die in der Demokratie entschieden werden sollte. Darauf konzentrieren sich die Nachrichten in Presse und Rundfunk. Es gibt viele andere Techniken, um Aufmerksamkeit zu lenken und abzulenken, vor allem sensationalistische Themen, die sich der kurzen Aufmerksamkeitsspanne in sozialen Medien anpassen. Das Umgehen klassischer Gatekeeper bietet nahezu unbegrenzte Möglichkeiten. Oft ist schwer vorhersehbar, was erfolgreich ist, bis man das Ergebnis sieht. In Kriegs- und Krisensituationen können grausame Bilder ungefiltert verbreitet werden. Hashtags können überraschend Trending-Themen werden, was sowohl negative als auch positive Folgen haben kann. Denken Sie an #MeToo, ein Hashtag, der weltweite Resonanz ausgelöst und eine wichtige öffentliche Debatte angestoßen hat. Deshalb zögere ich, wenn die Plattformen negativ eingestuft werden. Ich sehe eher eine Ambivalenz.

Kommen wir von der Resonanz zur Aktion. Kommunikation soll auch immer steuern, mindestens die Aufmerksamkeit, idealerweise auch das individuelle oder soziale Handeln. Wie können Institutionen und Unternehmen in diesem medialen Umfeld geschickt agieren?

Früher war das Nadelöhr der Journalismus. Öffentlichkeitsarbeit hat sich stark den Erwartungen des Journalismus angepasst, Pressemitteilungen wurden so geschrieben, dass sie »eins zu eins« übernommen werden können. Oder in Pressekonferenzen hat man sich an die Vertreter der Medien gerichtet. Mittlerweile hat man einen direkten Zugang zum Publikum und kann es damit auf redliche Weise erreichen. Es gibt jedoch auch Imitationen von Journalismus, Websites mit Journalismus-Anmutung, die Unabhängigkeit vorspiegeln. Und es gibt viele Möglichkeiten der Desinformation. Es geht nicht nur darum, Unwahrheiten zu verbreiten, sondern auch einen falschen Eindruck über die Meinungsverteilung zu vermitteln. So kann etwa durch Social Bots, also die automatisierte Verbreitung von Mitteilungen, das Meinungsklima beeinflusst werden. Die Annahme, dass Donald Trump 2016 die Wahl durch Unterstützung aus Russland und Cambridge Analytica gewonnen hat, hat bisher aber keinen harten empirischen Wirkungsnachweis. Es gibt auch Studien, die sagen, dass dies keine große Rolle gespielt hat. Die Behauptung allein kann jedoch viele Reaktionen und Sorgen auslösen, möglicherweise mit einem größeren Effekt als die tatsächliche Einflussnahme auf Meinungsbildungsprozesse.

Was erwächst daraus für Institutionen und Unternehmen?

Die Art und Weise, wie Medien Einfluss nehmen, hängt von verschiedenen Faktoren ab, wie beispielsweise der Konsonanz der Medien. In autoritären Mediensystemen kann eine Einheitlichkeit der Meinungen eine starke Wirkung haben. In liberalen Demokratien sind die Zusammenhänge komplexer. Agenda-Setting-Effekte zeigen sich, wenn professionelle Journalisten ähnliche Themen auswählen. Die Digitalisierung führt zu einer Individualisierung der Mediennutzung, Massenmedien haben jedoch weiterhin Einfluss. Nachrichtenvermeidung wird intensiv untersucht, viele fühlen sich durch negative Nachrichten überfordert. Die Diskussion um das Buch von Steffen Mau und Kollegen über »Triggerpunkte« betont, dass die Polarisierung in der Gesellschaft empirisch nicht so ausgeprägt ist. Die digitale Öffentlichkeit ermöglicht jedoch eine inszenierte Polarisierung, wovon extreme Parteien profitieren. Die Gefahr besteht darin, dass das falsche Bild einer polarisierten Gesellschaft sich selbst verwirklicht, indem es zu entsprechendem Handeln führt.

Gibt es so etwas wie ein Stadtgespräch und wären Sie gerne ein Teil davon?

Das Wort »Stadtgespräch« weckt das Bild einer Idylle, die Vorstellung, dass sich Bürgerinnen und Bürger am Samstagvormittag auf dem Marktplatz treffen und sich über politische und andere gemeinschaftliche Themen in einer harmonischen Atmosphäre austauschen. Lokale Gemeinschaften bilden sich auch online, etwa in Großstädten wie Berlin. Sie sind jedoch nicht global skalierbar, das ist eine Illusion. Die Vorstellung einer globalen Gemeinschaft, eines »globalen Dorfes« kann falsche Erwartungen wecken, und es ist wichtig zu betonen, dass Gemeinschaften oft die Neigung zur Abgrenzung haben, was nicht nur positive Aspekte hat. Der Unterschied zwischen Gesellschaft und Gemeinschaft ist hier wichtig: Wir bewegen uns auch im Internet oft in einem gesellschaftlichen Kontext unter Fremden und Andersdenkenden, zu denen wir keine andauernden Beziehungen aufbauen. Für den Austausch mit ihnen müssen wir Regeln des zivilen Umgangs lernen und beachten. Das Internet wird keine große Harmonie schaffen, aber wir sollten die Entwicklung und Einhaltung ziviler Umgangsformen als Mindeststandards fördern, um so etwas gegen die Verrohung öffentlicher Diskurse zu tun.

KI: Wie gehen wir mit dem »neuen Junior« im Team um? | Andreas Berens

Andreas Berens, Gründer der Content Marketing Agentur theUntold ist zugleich Lehrer und Dozent für Content Marketing, Content Creation und Storytelling an der Leipzig School of Media, an der Akademie der Deutschen Medien, an der Markenakademie des Markenverbands der EBS. Mit seinem Geschäftspartner Carsten Bolk hat er Bestseller über Content Kreation und Kreativität sowie den Umgang mit KI geschrieben.

Dar. 34: Andreas Berens

Sven Matis: Was machst du mit Deinem Beruf und was macht er mit Dir?
Andreas Berens: Mein Beruf dreht sich um meine Leidenschaft: Die Kreativität, das ständige Neuerfinden von sich selbst oder einfach von Ausdrucksformen aller Art – sowas war es früher während meiner Zeit beim Radio oder jetzt im Marketing. Ich suche immer neue Wege, wie wir Menschen mit Geschichten und Botschaften erreichen können. Dabei ist Kreativität der Schlüssel, denn sie ermöglicht es, Emotionen zu wecken und Verbindungen zu schaffen. Das geht jetzt auch mithilfe Künstlicher Intelligenz.

Wer jetzt das Interview liest, denkt vielleicht: Ah, der Autor hat sich doch bestimmt mit einem Chatbot unterhalten. Wie erkennt man, dass sich hier tatsächlich Menschen unterhalten?
Dabei hilft die Empathie. Wer beim Lesen das Gefühl hat, hier spricht ein echter Mensch, der nicht immer perfekt antwortet, aber dafür authentisch ist und auf einen entsprechenden Kontext reagiert, der spürt die Menschlichkeit der Aussagen. Dieses Einfühlungsvermögen macht uns Menschen aus und wird von KI noch nicht erreicht.

Mit KI hat die Moderne Gesellschaft bekommen, es sei gar eine neue Spezies auf der Erde aufgetaucht, ist zu hören. Was also ist dieses Phänomen Künstliche Intelligenz?
Wir Menschen haben erstmals etwas Ebenbürtiges. Wir erleben Etwas, das unsere Sprache beherrscht, mit uns in den Austausch treten kann. Yuval Harari hat gesagt, dass die KI damit unser Wesen »gehackt« hat. Wir Menschen haben uns bisher immer für Unvergleichlich gehalten, das ist jetzt vorbei. Dies empfinden manche als Kränkung. Wir stehen einer Unsicherheit gegenüber, da wir nicht wissen, ob die KI eines Tages sogar überlegen sein könnte. Diese Unsicherheit schafft Spannungen im Verhältnis zwischen Mensch und KI.

Es ist also an uns Menschen, die KI selbst zu beherrschen.
Anleiten ist vielleicht ein genauerer Ausdruck. Wir haben quasi ein neues Teammitglied bekommen. In der Agentursprache würde man die KI einen Junior

nennen. Wir müssen seine Aufgaben genau spezifizieren und die jeweiligen Kontexte klar beschreiben und eindeutig kommunizieren. Dann können wir KI in kreative Workflows einbetten und sie zu einem sinnvollen Werkzeug machen. KI kann ein sehr inspirierender Partner sein, der uns auf Ideen bringt, die wir allein vielleicht nicht hätten. Für uns ist sie eine Inspirationsmaschine. Es erfordert jedoch ein gewisses Maß an Kontrolle und Verständnis, um KI effektiv einzusetzen und ihre kreativen Potenziale auszuschöpfen.

Wenn wir ein Teammitglied einstellen, haben wir eine Ahnung davon, was ihn oder sie qualifiziert. Was zeichnet die KI aus? Oft ist von neuronalen Netzen die Rede.

Neuronale Netze sind darauf ausgelegt, selbständig zu lernen. Sie können komplexe Muster schnell erkennen, insbesondere beim Deep Learning, wo menschliches Eingreifen oft nicht mehr notwendig ist. Diese Maschinen lernen aus einer Vielzahl von Texten und Bildern, verstehen die Systematik, Struktur und Muster unserer Sprache und können dann logisch erscheinende Texte oder Bilder generieren, basierend auf dieser umfangreichen Datenmenge und einer gewaltigen Rechenleistung.

Holen neuronale Netze ihre »Ideen aus der Retorte« oder schaffen sie Neues?

Neuronale Netze allein sind nicht von Natur aus kreativ. Ich möchte auf das Bild des Juniors zurückkommen. Wenn ich eine Maschine allein lasse und ihr sage, »Schreibe mir einen Text zum Thema Brotbacken oder zum Thema Stadtarchitektur«, wird sie dies tun, aber höchstwahrscheinlich einen langweiligen Text produzieren. Für guten Content braucht es das Zusammenspiel von Mensch und Maschine. Wir legen den Kontext fest, in dem die Maschine arbeiten soll, den Blickwinkel, aus dem die Frage beantwortet werden soll, und dann treten wir in den Dialog mit der Maschine. In diesem Dialog entwickeln wir Bilder und Texte, sogar iterativ, was zu einem kreativen Akt führt. Das Ergebnis sollte nicht wie »Graubrot« sein, also ein Inhalt, der sich von anderen nicht unterscheidet, weil er zu allgemein ist. Das ist nicht unser Ziel.

Es scheinen hier zwei Formen von Bewusstsein aufeinanderzutreffen.

Man sollte einer Maschine noch kein eigenes Bewusstsein zuschreiben, denn das ist genau das, was uns Menschen von Maschinen unterscheidet. Es sind zwei Arten von Intelligenz. Jean Piaget hat mal gesagt: »Intelligenz ist das, was man einsetzt, wenn man nicht weiß, was man tun soll.« Hierbei verfügen Menschen über eine breitere Palette von Fähigkeiten im Vergleich zu KI. KI kann zwar schnell und präzise antworten und verfügt über viele automatisierte Abläufe im Hintergrund, das Berechnungen durchführt. Aber wir Menschen bringen zusätzlich noch den Kontext mit ein, haben die Fähigkeit zum abstrakten Denken, Empathie, Neugierde und Intuition. Die Herausforderung besteht darin, unsere menschlichen Qualitäten in Kombination mit der Fähigkeit der Maschine, schnell Strukturen zu erkennen, zu nutzen, um einen großen Schritt nach vorne zu machen. Dies ist meiner Meinung nach die Art von Partnerschaft, die wir mit einer Spezies lernen müssen, die in bestimmten Bereichen besser ist als wir.

Die Themen im Einzelnen

Werfen wir den Blick in die Glaskugel. Wie nutzen wir KI in 20, 25 Jahren?

Naja, konnten wir uns vor 25 Jahren, zu Beginn des Internets vorstellen, dass wir unsere Bilder auf Instagram hochladen, über Facebook und Messenger kommunizieren oder unsere Zugtickets unterwegs auf dem Smartphone in der mobilen App kaufen würden? Ähnlich verhält es sich mit den Szenarien für KI. Wir heute sind gerade einmal in der Kinderstube der KI. Eine aktuelle, grundlegende Frage lautet dabei, wie schnell wir von der Artificial Narrow Intelligence (hochspezialisierte KIs wie heute) zu einer Artificial General Intelligence voranschreiten, die den Maschinen noch menschenähnlichere Züge verleiht, einschließlich Kreativität, Wahrnehmung und Vorstellungskraft. Bis dahin werden wir mit zunehmender Multimodalität erleben, wie KIs kontextgenauer arbeiten und unsere Entscheidungsprozesse besser unterstützen. Wir werden sehen, wie verschiedene Medienformate miteinander verschmelzen und KI personalisierte Multimedia-Erlebnisse schaffen, die noch schwer vorstellbar sind. Damit gehen wir dann zugleich große Schritte Richtung Metaverse.

Das klingt erstmal wenig verlockend.

Wir sind davon noch ein ganzes Stück weg. Denn das Szenario erfordert erhebliche Rechenleistung und technische Infrastruktur. Umso wichtiger ist es, sich jetzt mit KI auseinanderzusetzen, da sie unsere Arbeitswelt grundlegend verändern wird. Es gilt die Chancen zu erkennen. Wer sich weiterqualifiziert und KI als Werkzeug nutzt, wird kreativere und professionellere Ergebnisse erzielen. Wir leben in einer spannenden Zeit, die uns neue Möglichkeiten bietet, wir sollten sie leidenschaftlich annehmen.

Gibt es so etwas wie ein Stadtgespräch und wärst Du gern Teil davon?

Stadtgespräche, die den Dialog zwischen engagierten Bürgern fördern, sind äußerst wichtig. Ich bin bereits Teil solcher Gespräche in meinem privaten Umfeld und glaube, dass der Austausch von Ideen und Perspektiven entscheidend ist, um unsere Gesellschaft voranzubringen. Diese interdisziplinäre Zusammenarbeit ermöglicht es, verschiedene Aspekte eines Problems zu beleuchten und kreative Lösungen zu finden. Ich möchte zur Frage etwas beitragen, wie KI und Technologie unsere Zukunft gestalten werden. Durch den Gedankenaustausch finden wir die besten Wege, um mit den Herausforderungen und Chancen umzugehen, die uns bevorstehen.

Aus Liebe zu Social Media:
Behörden im Neuland | Wolfgang Ainetter

Wolfgang Ainetter ist Kommunikationsberater und Autor. Er war zwei Jahrzehnte lang als Journalist bei führenden österreichischen und deutschen Medien tätig. Bei der BILD-Zeitung leitete er das Nachrichten-Ressort und die Regionalberichterstattung. Anschließend verantwortete er die Kommunikation des Bundesverkehrsministeriums. Heute ist er für die Deutsche Bahn als Chief Expert für politische Kommunikation tätig.

Dar. 35: Wolfgang Ainetter (© Niels Starnick)

Sven Matis: Was machst Du mit Deinem Job und was macht er mit Dir?

Wolfgang Ainetter: Ich würde mich selbst als Kommunikationsjunkie bezeichnen. Ich wusste schon früh, dass Journalismus meine Leidenschaft ist. In einem katholischen Knabenseminar, das für mich die Hölle war, lernte ich erstmals, was kritischer Journalismus bewirken kann. Mit 16 deckte ich mit einem Kollegen unserer Schülerzeitung auf, dass unsere Schule einem Nazi-Dichter eine eigene Bibliothek gewidmet hatte. Die Bibliothek war kurz darauf Geschichte. Storys wie diese lehrten mich, Druck standzuhalten. Nach meinem Studium startete ich beim größten österreichischen Nachrichtenmagazin. Nach einer längeren Station bei der BILD-Zeitung kehrte ich als Chefredakteur zu meinem Ursprungsmagazin zurück. Nach einigen fetten Jahren wurde mir jedoch klar, dass Print kein nachhaltiges Geschäftsmodell mehr ist. Ich bin dann vor etwa neun Jahren ins Silicon Valley gezogen, um neu zu lernen. Das war ein Schlüsselerlebnis für mich. Die traurige Realität, dass 29 von 30 Zeitungsboxen als Mülleimer genutzt wurden, ließ mich erkennen, was mit Print und Journalismus passieren würde. Meine Liebe zu Social Media und digitalem Journalismus begann.

Du hast auch im Bundesverkehrsministerium gearbeitet. Du kennst also Behörden. Mit Christine Germann hast ein Buch über »Social Media für Behörden« verfasst. Lass mich daraus einen Satz zitieren: »Social-Manager sind mindestens so wichtig wie Pressesprecher.« Wenn Du Dich selbst als Kommunikationsjunkie bezeichnet, erlaube mir die Frage: Warst Du auf Droge, als Du das geschrieben hast?

Das ist eine nüchterne Erkenntnis *(lacht)*. Im Bundesverkehrsministerium hatte ich fantastische Kollegen, aber mich störte anfangs die Hierarchie. Die Pressesprecher standen weit über den Social-Media-Managern. In den wichtigen Ministeriumssitzungen waren nur die Sprecher vertreten, die Socials bekamen dann lediglich ein paar Informationshäppchen hingeworfen. Ich finde, dass Herrschaftswissen der Feind einer guten Kommunikation ist. Ich bin überzeugt, dass Social-Media-Manager genauso wichtig wie Pressesprecher sind, Social-Media-Manager sind nämlich auch Sprecher, sie sprechen auf den diversen Plattformen für ihre Behörde. Um die Hierarchie in der Kommunikation zu beenden, gründete ich den ersten Newsroom in einem Bundesministerium, das Neuigkeitenzimmer. Pressesprecher und Social-Media-Manager saßen im selben Raum zusammen und das schuf eine Gemeinschaft, ein Team, das vielleicht die kreativste Kommunikation im politischen Berlin machte.

Wie lief ein Tag im Neuigkeitenzimmer ab?

In diesem Zimmer saßen Pressesprecher und Social-Media-Manager Seite an Seite. Wir begannen um 9.30 Uhr mit einer Besprechung über das Tages- und Wochenprogramm. Das war der tägliche Start der Ideenschmiede. Als eingespieltes Team haben wir dank dieser Struktur viele Kommunikationspreise gewonnen. Aber wir mussten auch einen Untersuchungsausschuss bewältigen, der uns an unsere Grenzen brachte. Mit durchschnittlich 200 Presseanfragen pro Tag und wöchentlich 1.500 Kommentaren in den sozialen Medien war der Job für alle 15 Kommunikatoren im Neuigkeitenzimmer eine Herausforderung.

Ihr habt eine Kampagne entwickelt, um bei Frauen für das Tragen von Helmen zu werben. »Looks like shit, but saves lives.« Kurz nach der Veröffentlichung gab es einen Shitstorm. Wie habt Ihr den überstanden?

Um einen Shitstorm zu überstehen, braucht es ein starkes eingespieltes Team, das an die Sache glaubt, bis zur Erschöpfung tief in die Nacht kämpft und niemals einknickt. Unsere Kampagne hatte das Ziel, Leben zu retten, und wir haben dafür alles gegeben. Das war schlussendlich auch erfolgreich: 1,6 Milliarden Kontakte – die erfolgreichste Verkehrssicherheitskampagne aller Zeiten. Aber es geht mir weniger um die Auszeichnungen, die wir erhalten haben, sondern um die Tatsache, dass sich die Quote der jungen Helmträgerinnen innerhalb eines Jahres verdoppelt hat. Dafür hat es sich gelohnt, den zigtausenden Hasskommentaren Argumente entgegenzusetzen. Uns hat damals geholfen, dass wir eine engagierte Community aufgebaut hatten. Wir haben Verbündete gefunden, darunter mehrere prominente Influencerinnen, die uns verteidigt haben: »Endlich mal ne coole Kampagne und kein Behörden-Schnarch-Gelaber«. Das Neuigkeitenzimmer half uns, einen Umschwung zu erreichen und erfolgreich zu sein.

Wie engagiert man eine Community?

Der Aufbau einer Community ist wichtig. Fragen sind ernst zu nehmen und zu beantworten. Ich habe in Behörden so oft die Frage gehört: »Müssen wir da etwa antworten?« Ich sage dann immer: »Ja!« Der Umgang mit den Kommentaren ist anstrengend, aber auch erfüllend. Wenn man die Community und ihre Anliegen vorher ernst genommen hat, kann es passieren, dass sie einen vor Trollen beschützen und einem beispringen.

Also, allein kann man einen Shitstorm nicht überstehen?

Nein, man braucht Verbündete und muss selbst davon überzeugt sein, was man vertritt. Wir wussten: Durch die Aufmerksamkeit rettet unsere Helm-Kampagne Leben. Niemandem nützt eine Kampagne, die keine Aufmerksamkeit generiert – weil sie dann eben nicht wirkt. Politische Überkorrektheit darf nicht wichtiger sein, als Leben zu retten. Bei einem Shitstorm muss man sich aber immer grundsätzlich die Frage stellen: Habe ich oder hat meine Behörde einen Fehler gemacht? Wenn man nämlich einen Fehler gemacht hat, muss man diesen klar zugeben und darf das Ganze nicht schönreden. Ich wundere mich oft, wie schwer es Behörden auf Social Media fällt, sich für einen Fehler um Entschuldigung zu bitten.

Welche Fähigkeiten brauchen Kommunikatoren, um in solchen Situationen zu bestehen?

Meine Erfahrung als Journalist und Chefredakteur hat mir geholfen. Ich wusste, was es heißt, Gegenwind standzuhalten. Entscheidend ist aber die Connection zur Chefetage. Es braucht das Vertrauen der Vorgesetzten in die Kommunikatoren und ihr Handwerk.

Einen Newsroom erwartet man aber eher in Medienhäusern, wo sich auch hingehören. Weil es die Aufgabe der Medien ist, die Öffentlichkeit zu unterrichten. Muss das sein, dass Behörden, Journalismus imitieren?

Die Medienlandschaft hat sich radikal geändert. Das Veröffentlichungsmonopol der Journalisten gibt es längst nicht mehr. So sind Taylor Swift oder der FC Bayern München auch zu gigantischen Medienunternehmen geworden. Der Newsroom professionalisiert die Kommunikation einer Behörde. Journalisten sollten keine Angst vor Newsrooms haben, im Gegenteil sie können sich freuen, wenn die Kommunikation in Ämtern professioneller wird. Die Aufgabe der Journalisten ist es, die medial verbreiteten Inhalte zu kontrollieren und zu bewerten, etwa mit einem Faktencheck Ungereimtheiten oder Unwahrheiten aufzudecken. Und die Aufgabe von Behörden ist es, die Bürgerinnen und Bürger bestmöglich zu informieren und ihnen das Leben zu erleichtern. Wer heutzutage Social-Media ignoriert, erreicht die Menschen nicht mehr und ist für sie nicht existent. Für Behörden ist die Social-Media-Kompetenz lebensnotwendig.

Worauf ist zu achten?

Anders als Firmen verkaufen Behörden keine Produkte. Sie müssen einfach das Leben der Menschen ein bisschen besser machen: mit konkretem Bürger-Service und mit konkreten Angeboten, einfach mit Mehrwert. Bloß kein Handshake-Fotos. Das ist retro, das ist yesterday und nicht mehr als Selbstdarstellung.

Gibt es sowas wie ein Stadtgespräch und wärst Du gern Teil davon?

Ja, in Kommunen erlebt man Lagerfeuermomente: Städte können diese viel besser zelebrieren als der Bund. Durch authentische Kommunikation kann man Menschen erreichen und inspirieren. Es gibt nichts Schöneres, als die Stadt, die man kennt, die man liebt, mit tollem Content zu versorgen.

LinkedIn:
Wenn die Person als Marke sichtbar wird | Christina Richter

Dar. 36: Christina Richter
(© Farina Deutschmann)

Christina Richter, Gründerin und Geschäftsführerin des Personal Branding Instituts, ist Expertin für Personal Branding mit fast zwanzig Jahren Erfahrung in PR und Social Media. Sie berät namhafte Unternehmen wie Bertelsmann, Commerzbank und Körber sowie LinkedIn Top Voices. Besondere Expertise zeigt sie in der Nutzung von LinkedIn und Pressekanälen. Ihr Buch »Sichtbare Frauen – So nutzt du LinkedIn & Co. als Karrierebooster« erschien am Weltfrauentag 2023. Zudem ist sie Co-Autorin von Bestsellern wie »GenZ für Entscheider:innen« oder »Zukunftsrepublik«.

Sven Matis: Was machen Sie mit Ihrem Beruf und was macht er mit Ihnen?
Christina Richter: Ich mache Menschen zu den Themen sichtbar, die für sie wichtig sind und helfe ihnen, diejenigen zu erreichen, von denen sie wahrgenommen werden möchten. Da die Sichtbarkeit Kern meines Berufs ist, pusht sie auch mich immer wieder aus meiner Komfortzone heraus. Selbst in die Sichtbarkeit zu gehen, heißt, sich selbst aktiv zu hinterfragen: Wen möchte ich mit meinen Themen erreichen? Wie kann ich dafür eine Sichtbarkeit aufbauen, die nachhaltig ist und zu mir passt?

Sichtbarkeit hat im Kern auch mit dem Markt zu tun. Und der zentrale virtuelle Marktplatz scheint heutzutage LinkedIn zu sein. Was macht diese Plattform so attraktiv?
LinkedIn ist ein äußerst wirkungsvoller Kanal, um Sichtbarkeit aufzubauen: Man kann ihn 24 Stunden am Tag, 7 Tage die Woche nutzen. Das erlaubt es, konstant aktiv zu sein und sich in unterschiedlichen Themen zu engagieren. LinkedIn ist nicht nur ein Ort für individuelle Aktivitäten: In den letzten zwei Jahren haben viele Menschen die vielfältigen Möglichkeiten erkannt, und es sind beeindruckende Communities entstanden. Täglich finden lebhafte Diskussionen und ein reger Austausch statt. Nicht zu vergessen ist auch der ursprüngliche Zweck der Plattform: das Netzwerken. Auf LinkedIn lerne ich täglich neue Menschen kennen, die außerhalb meiner lokalen Reichweite agieren. Das eröffnet immer wieder neue Perspektiven.

Wer sich sichtbar macht, macht sich auch angreifbar.
Ja, diese Ambivalenz gibt es. Daher ist es wichtig, zu differenzieren. Ich glaube nicht, dass wir immer zu jedem Trend etwas beitragen müssen. Dennoch ist meiner Meinung nach Skepsis oder Angst davor, sich zu äußern, fatal. Es ist bedauerlich, wenn Menschen ihre wertvolle Expertise und ihre Erfahrungen zurückhalten. LinkedIn bietet die Chance, Wissen zu teilen und sich auszutauschen. Kritik kann

dabei auch Teil des Austauschs sein. Man muss dabei lernen zu erkennen, ob die Kritik fachlicher oder persönlicher Natur ist.

Sie schrieben kürzlich, die Plattform verführe zu einem »Schneller-Höher-Weiter-Denken«. Die Authentizität bliebe auf der Strecke. Wie ehrlich präsentieren sich die Menschen auf LinkedIn?

Das ist eine wichtige Frage. Authentizität ist perspektivenabhängig. Wir zeigen stets verschiedene Facetten von uns, je nachdem, mit wem wir interagieren. Nur wenige Menschen kennen mich wirklich gut. Auf LinkedIn bewege ich mich bewusst im beruflichen und öffentlichen Kontext. Es ist wichtig zu überlegen, welche Facetten meiner Persönlichkeit ich in diesem Rahmen teilen möchte. Egal ob im Gespräch, am Rande einer Konferenz oder auf LinkedIn, man sollte sich stets bewusst äußern und nicht alles preisgeben. Ich persönlich teile »Bits and Pieces« von mir, um den Menschen einen Einblick in meine Persönlichkeit zu gewähren, ohne mein gesamtes Leben auf Social Media auszubreiten.

Sie sprechen von »preisgeben«. Wenn wir LinkedIn als einen Marktplatz betrachten, könnten wir den Blick auch auf die berufliche Vernetzung erweitern. Sie haben kürzlich über die Unterscheidung zwischen Ihrer Community auf LinkedIn und Ihrem Netzwerk gesprochen. Könnten Sie das bitte näher erläutern?

Die Unterscheidung zwischen meiner Community und meinem Netzwerk ist für mich essenziell. Mein Netzwerk besteht aus Menschen, die ich persönlich kenne, sei es durch persönliche Treffen oder virtuelle Begegnungen in Zoom. Diese Verbindungen gehen tiefer. Meine Community hingegen besteht aus Menschen, die sich für meine Themen interessieren und mir auf Social Media folgen. In dieser gibt es sicherlich Überschneidungen mit Menschen aus meinem Netzwerk, aber der Großteil sind Personen, die ich nicht persönlich kenne. Aktuell habe ich über 25.000 Follower auf LinkedIn. Diese Menschen interessieren sich entweder für meine Persönlichkeit oder mein Fachwissen. Wenn ich meine Themen ändere, kann sich die Zusammensetzung meiner Community ändern. Menschen, die sich für meine Persönlichkeit interessieren, bleiben vielleicht, während andere, die an meinen spezifischen Themen nicht mehr interessiert sind, mir dann möglicherweise nicht mehr folgen. Im Gegensatz dazu ist mein Netzwerk, das aus persönlichen Verbindungen besteht, stabiler und unabhängiger von meinen beruflichen Schwerpunkten.

Sie bemerkten »einen Shift« auf LinkedIn. Was hat sich verschoben?

Das ist im Wesentlichen ein persönlicher Shift. Bis Juni 2021 habe ich hauptsächlich über digitale Innovationen in China und Cross-Border-E-Commerce gesprochen, meist in englischer Sprache. Meine LinkedIn-Community hatte sich um diese Themen herum aufgebaut. Doch im Sommer 2021 habe ich mich entschieden, mich auf meinen Kernbereich zu fokussieren: die Sichtbarkeit. Ich habe erkannt, dass ich meine Themen ändern und mich auf deutschsprachige Inhalte fokussieren sollte. Ab diesem Zeitpunkt drehten sich meine Beiträge ausschließlich um Themen wie Personal Branding, Leadership, Networking und Corporate Influencing. Diese Veränderung führte dazu, dass einige meiner Community-Mitglieder das Interesse verloren, da sie nicht ›ihre‹ Themen vorfanden. Trotzdem war diese Entscheidung im Nachhinein betrachtet für meine zielgerichtete Fokussierung die beste Wahl.

»Personal Branding« eine komische Begrifflichkeit. Menschen verändern sich, anders als ein Produkt können nicht zu einer Marke gestempelt werden. Eine Produkt-Marke hat keine Varianz: Es ist egal, ob ich die Limo im Supermarkt oder an der Tankstelle kaufe oder ein Auto in Konstanz oder Kiel.

Das ist ein guter Aspekt. Ich mag den Begriff Personenmarke eigentlich auch nicht so gerne, aber es ist ein Mittel zum Zweck. Als Kommunikationstool stellt es den Menschen in den Mittelpunkt. Das Branding besteht aus bestimmten Themen, die mir als Mensch wichtig sind, über die ich mit anderen im Austausch stehen möchte. Ein persönliches Beispiel: Ich war etwas mehr als 10 Jahre angestellt als PR-Referentin. Ich wurde immer vorgestellt: »Das ist übrigens Christina, die macht bei uns PR«. Es wusste aber kaum einer meiner Kollegen so richtig, dass ich maßgeblich dafür verantwortlich war, dass mein Vorstand in den Medien sichtbar war, dass hier ein Interview im Handelsblatt war oder da ein Gastbeitrag in einem Börsenmagazin. Den Bezug haben sie nicht gesehen. Warum? Weil ich meine Arbeit für sich sprechen lassen wollte. Erst wenn ich selbst über meine Arbeit rede und um Verständnis werbe, können andere meinen Beitrag einschätzen. Kurzum: Personal Branding hilft mir, meine Arbeit und meine Themen nach draußen zu tragen und so meinen Wirkungskreis zu vergrößern.

Lassen Sie uns zum »Professional Branding« kommen. Sie wollen laut einer Seminarankündigung den »Pressesprecher 4.0« erschaffen. Was hat er oder sie auf dem Kasten?

Auch hier lege ich den Fokus wieder auf Relevanz. Wer die PR-Brille aufsetzt, blickt auf die Zielgruppe und fragt: Was ist für sie relevant? Dafür muss ich einmal wissen, wen ich überhaupt erreichen möchte, also wer meine Zielgruppe überhaupt ist. Wenn ich diese identifiziert habe, schaue ich: Wo informiert sie sich und was muss ich schaffen, damit diese Menschen auf mich aufmerksam werden? Dafür kann ich dann gezielt Content auf den jeweiligen Kanälen nutzen. Ich glaube, was den Pressesprecher von heute und morgen ausmacht, ist ein gutes Verständnis dafür, wer die eigene Zielgruppe ist und was die Themen sind, die für sie relevant sind. Es geht nicht darum, dass ich wie ein Nachrichtensender fungiere, sondern dass ich mir konkrete Gedanken mache: Was wollen meine Leute eigentlich hören und lesen? Und davon erstelle ich dann lieber ein bisschen weniger und setze einen ausgewählten Fokus, denn entscheidend ist die Relevanz.

»Frischzellenkur« für's Münchner Kindl | Stefanie Nimmerfall

Stefanie Nimmerfall arbeitet für das Personalmarketing der Landeshauptstadt München. Ihre Schwerpunktthemen sind Employer Branding und Social Recruiting. Gemeinsam mit ihrer Kollegin Diana Heffels entwickelte sie das erste kommunale Corporate-Influencer-Programm.

Dar. 37: Stefanie Nimmerfall (© Stadt München)

Sven Matis: Was machen Sie mit Ihrem Beruf und was macht er mit Ihnen?

Stefanie Nimmerfall: Als Managerin unseres Corporate-Influencer-Programms leiste ich einen Beitrag dazu, die Stadt München als Arbeitgeber präsenter zu machen und zu zeigen, wie attraktiv wir sind. Damit meine ich die Stadt als Arbeitgeberin und auch den Lebensraum. Ich bin ein Münchner Kindl, hier geboren und lebe sehr gern hier. Mein Beruf im Personalmarketing hat meine Verbundenheit zur Stadt weiter gestärkt. Ich bin jetzt nicht im Straßenbau oder als Erzieherin tätig, und leiste so keinen greifbaren Beitrag zum Stadtgeschehen. Aber ich sehe, welchen Beitrag zum Beispiel die Stadtgärtnerei hierfür leistet. Im Rahmen unseres Programms habe ich mit einer Gärtnerin gesprochen, die die Blumen in der Fußgängerzone pflegt. Jetzt nehme ich diesen Job ganz anders wahr.

Die »Pflanze«, die Sie pflegen, ist das Amtfluencer Programm der Stadt München. Was war der Grund dafür, dieses Programm zu starten?

Wir haben 2021 eine neue Arbeitgeberinnenmarke entwickelt: »München – Unser Kindl«. Zu zeigen, was uns ausmacht, das war unsere Herausforderung. Schnell war klar: Ein paar Poster reichen nicht aus. Deswegen wollten wir die Arbeitgeberinnenmarke mit den Gesichtern und Geschichten der Mitarbeitenden füllen. Ein Corporate Influencer Programm ist dafür ideal. Ein weiterer Grund ist der umkämpfte Arbeitsmarkt in München. Wir wollten potenziellen Bewerber*innen deutlich machen, was uns besonders macht. Der eigentliche Impuls kam von meinem Vorgesetzten, der sagte, einige Firmen machen sowas schon, schaut euch das mal an. Diana Heffels und ich haben schnell festgestellt, dass das ein gutes Instrument für uns sein kann.

Mit dem Programm geben Sie Ihren Mitarbeitenden die Chance, medial für sich selbst zu sprechen. Sind Mitarbeitenden zu Ihnen gekommen oder sind Sie zu den Mitarbeitenden gekommen?

Wir haben intern dazu aufgerufen, sich für das Programm zu bewerben. Dann haben wir das Feedback gesichtet, mit einem Blick auf eine Vielfalt der Themen. 70 Personen haben sich beworben. Die Auswahl fiel uns nicht leicht. Wir haben dann im Januar 2023 mit 16 Personen die Pilotphase begonnen. Die Resonanz ist wirklich positiv, was uns bestärkt, das Programm im Frühjahr 2024 fortzusetzen.

Kritisch anzumerken ist, dass sich Mitarbeitende doch besser um die Bepflanzung am Stachus als um Likes auf Social Media kümmern sollten. Überfordern Sie Ihre Mitarbeitenden nicht, wenn Sie sie zu kleinen Pressesprechern machen?

Corporate Influencer sprechen nicht für die Stadt München. Sie sprechen über sich, über ihre Erfahrungen und über ihre Sicht auf die Stadt. Sie nehmen keinem Pressesprecher den Job weg. Ihre Wirkung ist eine ganz andere: Sie sollen mit ihrer Begeisterung andere für München und die Verwaltung begeistern. Das machen sie ganz und gar freiwillig und jeder auf seine persönliche Art.

Welche Freiräume haben die Mitarbeitenden? Wie haben Sie sie denn befähigt, über die Arbeit zu kommunizieren?

Sie haben alle Freiräume und genießen einen Vertrauensvorschuss. Freigabeschleifen würden die Sinnhaftigkeit untergraben. Authentische Berichte sind entscheidend. Vor dem Start haben wir eine umfangreiche Lernreise mit den Teilnehmenden gemacht, um rechtliche Rahmenbedingungen, Personal Branding und Content-Erstellung zu klären. Wir haben Guidelines als Leitplanken, die Halt und Orientierung geben. Das Handwerkszeug haben wir natürlich auch vermittelt: Also wie schreibe ich einen Beitrag und welche Bilder wähle ich dafür aus.

Wie fällt denn die Resonanz aus?

Quantitativ können wir Erfolge durch messbare Kennzahlen wie Follower, Engagement Rate und Interaktionen nachweisen. Die Pilotphase zeigte, dass die Corporate Influencer eine große Reichweite und mehr Interaktionen als der Unternehmensaccount hatten. In unserem WebEx-Chat ist täglich was los. Qualitativ haben wir positives Feedback von den Corporate Influencern und externen Personen erhalten. Man merkt: Menschen folgen Menschen. Eine Rückmeldung hat uns besonders stolz gemacht: Von einer Frischzellenkur der Verwaltung war da die Rede.

Ist das ein singuläres Konzept, das nur auf München zugeschnitten ist?

Nein. Das Konzept ist nicht spezifisch auf München zugeschnitten. Jede Behörde kann davon profitieren, wenn sie Menschen hinter den Aufgaben zeigt. Das stellt neue Bezüge her. Das Programm ist sinnvoll für jede Verwaltung, aber vor allem auch eine Frage der Ressourcen.

Kommunikation auf Social-Media ist keine Einbahnstraße. Wie sollen die Mitarbeitenden mit Reaktionen umgehen?

Es ist wichtig, Mitarbeitende darauf vorzubereiten, auf Reaktionen einzugehen. Wir hatten noch keine größeren Probleme, wie etwa einen Shitstorm. Der persönliche Kontakt schafft oft eine positivere Resonanz, weil man eben einen Namen und ein Gesicht zu einem Vorgang hat.

Gibt es so etwas wie ein Stadtgespräch und wären Sie gern Teil eines Stadtgesprächs?

In München gibt es sicher in vielen Runden Gespräche, die Teil des Gesprächs sind. Persönlich muss ich da nicht im Fokus stehen, unser Programm hingegen schon. Das würde die Reichweite erhöhen und mehr Menschen erreichen. So senken wir die Barriere zwischen Verwaltung und Bürgern.

Eine Bühne bieten:
die Verantwortung von Journalisten | Roman Deininger

Dr. Roman Deininger, Chefreporter der Süddeutschen Zeitung. Geboren und aufgewachsen in Ingolstadt. Politik- und Theaterstudium in München, Wien und New Orleans. Dissertation über das Verhältnis von Politik und Religion in den USA. Seit 2007 ist er bei der SZ, erst Volontär, dann Korrespondent für Franken, Korrespondent für Baden-Württemberg und politischer Reporter. Seine Bücher über die CSU (»Bildnis einer speziellen Partei«), Markus Söder und die Olympischen Spiele 1972 in München[381] fanden weite Beachtung.

Dar. 38: Roman Deininger
(© Jakob Berr)

Sven Matis: Roman, was machst Du mit Deinem Beruf und was macht er mit Dir?

Roman Deininger: Journalist zu sein und Zeitgeschehen aus nächster Nähe erleben zu dürfen, empfinde ich als Privileg. Gleichzeitig spüre ich auch eine Verantwortung, weil wir Journalisten in einem Gemeinwesen natürlich eine gewisse Rolle spielen. Wir sind dazu da, die Leute wahrheitsgemäß und fair zu informieren.

Dabei kommst Du prominenten Entscheidungsträgern sehr nah ...

Als politischer Reporter dreht sich bei mir viel um den Gedanken: Wie begegne ich Politikerinnen und Politikern? Was ist eine gute Balance aus Nähe und Distanz? Man muss nah dran sein, um Informationen zu bekommen. Man muss aber auch weit genug weg sein, um unabhängig urteilen zu können.

... manchmal auch zu nah?

Es wird jedem Journalisten mal passieren, dass er an eine Quelle, an einen Politiker, einen Wirtschaftsvertreter, zu nah ran rückt, wenn man ihn oder sie persönlich sympathisch findet. Aber dann muss man sich das bewusst machen und die Distanz wieder einziehen.

Also, professionelle Distanz ist ein wichtiges Kriterium. Was noch?

Was im Umgang mit Protagonisten immer hilft, ist Transparenz. Dass man den Leuten, über die man schreibt, einfach sagt, was man vorhat. Das gilt für Behörden, Organisationen, Unternehmen, Vereine. Wenn sie wissen, hier kommt ein Journalist, der eine Reportage verfassen will und selbstverständlich auch schwierige Aspekte nicht ausklammern kann, dann wird diese Offenheit und Ehrlichkeit für gewöhnlich honoriert. Außerdem gehört zu fairer Berichterstattung natürlich, dass die Beteiligten oder Betroffenen in einem Artikel auch selbst zu Wort kommen.

Journalismus genießt zahlreiche Privilegien. Neben der Wissenschaft der einzige Berufsstand der im Grundgesetz erwähnt wird.

Auch wenn die Presse nicht umsonst dort erwähnt wird, sollten wir unsere eigene Tätigkeit nicht mit Pathos überladen. Wir haben eine Funktion in dieser Gesellschaft, ja, aber die zeigt sich nicht an jedem Tag und in jedem Artikel – manchmal geht es auch um triviale Dinge. Trotzdem: Fast jeder Journalist kommt in seiner Laufbahn mal an Punkte oder Themen, wo diese Verantwortung spürbar wird.

Wie arbeiten Journalisten in Stadt und Land?

Man stößt auf Dinge, da ist man überzeugt, dass man sie ans Licht bringen muss. Denn wenn man es nicht selbst macht, würden sie im Dunklen bleiben – und das gilt für weltpolitische Themen genauso wie für kommunalpolitische. In der Stadt ist die Rolle der Journalisten sowohl einfacher als auch komplizierter. Einfacher, weil man viele Leute persönlich kennt und kurze Wege hat, weil man leicht an Informationen kommt. Komplizierter, weil es gerade wegen dieser persönlichen Beziehungen schwerer ist, ein nüchternes Urteil zu fällen und auch mal unangenehme Dinge zu schreiben und öffentlich machen.

Gibt es so etwas wie ein Stadtgespräch und wenn ja, möchtest Du Teil davon sein?

Definitiv. Eine Gemeinschaft lebt ja vom Austausch von Meinungen, Gefühlen und Überzeugungen – und von der gegenseitigen Versicherung gemeinsamer Werte. Journalisten sollten Teil davon sein, vor allem, indem sie anderen Akteuren eine Bühne bieten für dieses Stadtgespräch: in Zeitungen, im Radio, im Netz, im Fernsehen. Gleichzeitig sind wir natürlich ein Stück weit Meinungsmacher und sollten es auch sein. Wir beteiligen uns am Stadtgespräch mit Bewertungen, mit Anregungen. Es ist aber wichtig, das Selbstverständnis zu schärfen: Es ist eben nicht unsere Rolle, das Stadtgespräch zu dominieren. Das ist Sache der gestaltenden Akteure, sei es die Politik, die Verwaltung, die Wirtschaft, die Kultur, die Vereine oder auch einzelne engagierte Bürger. Das sind diejenigen, die das Stadtgespräch tragen sollten. Journalisten sollten sich hier und da einschalten, einen Impuls geben, aber nicht glauben, sie müssten diejenigen sein, die alles prägen oder bestimmen.

PR: Wenn die Dressur zum Rodeo wird | Christof E. Ehrhart

Christof E. Ehrhart verantwortet die Unternehmenskommunikation und Regierungsbeziehungen der Robert Bosch GmbH. Ein Fachmagazin kürte ihn 2023 zum besten Industrie-Sprecher. Ehrhart ist zudem seit 2013 Honorarprofessor für Internationale Unternehmenskommunikation an der Universität Leipzig.

Dar. 39: Christof E. Ehrhart (© Bosch)

Sven Matis: Herr Ehrhart, was machen Sie mit Ihrem Beruf und was macht es mit Ihnen?

Christof Ehrhart: Verkürzt gesprochen erwirtschaftete ich in meiner Rolle als Kommunikationsverantwortlicher bei Bosch mit meinem Team kontinuierlich Beziehungskapital im Austausch mit den verschiedenen Anspruchsgruppen unseres Unternehmens. Diese Verantwortung macht mich im neuen Kontext des Stakeholder-Kapitalismus zu einem Seismographen gesellschaftlicher Entwicklungen und irgendwie auch zum Wanderer zwischen den Welten von Wirtschaft auf der einen Seite und sozialen Zusammenhängen auf der anderen Seite.

Sie schrieben kürzlich, unsere Zeit sei »aus den Fugen«. Könnten Sie das insbesondere im Hinblick auf PR näher erläutern? Was ist aus dem Prinzip von »Tue Gutes und rede darüber« geworden?

Das genannte Prinzip griff eigentlich schon immer zu kurz. Es gibt nicht ohne Grund die bekannte Verballhornung: »Tue nur so und rede darüber«. Tatsächlich haben sich einige fundamentale Wegmarken unserer Arbeit verändert. Eine davon betrifft die Öffentlichkeit, in der wir agieren. Sie war früher durch knappe mediale Verteilungskanäle und dadurch begrenzten Zugang bei der Herstellung von Öffentlichkeit ziemlich klar umrissen. Insbesondere seit dem Aufkommen der sozialen Medien erleben wir hier eine starke Fragmentierung und im Ergebnis existiert nicht mehr nur eine Öffentlichkeit, sondern viele. Ein weiterer Aspekt ist die durchlässig gewordene Trennlinie zwischen dem, was innerhalb eines Unternehmens geschieht, und dem, was außerhalb davon passiert. Dies führt zu Phänomen der Hypertransparenz, in dessen Folge kaum mehr Kontrolle über den Informations- und Nachrichtenfluss möglich ist. Im Ergebnis sind Unternehmen heute kontinuierlich und gleichzeitig mit den Ansprüchen der gesellschaftlichen Stakeholder, den Erwartungen von Kundinnen und Kunden und den Anforderungen von Mitarbeiterinnen und Mitarbeitern konfrontiert und müssen jeweils die richtige Balance finden. Damit ist eine neue Phase des Kommunikationsmanagements angebrochen, in der sich vieles Bekannte neu und manchmal auch aus den Fugen geraten anfühlt. Anders gesprochen: Der Stakeholder-Kapitalismus wirft uns zugleich in eine kommunikative Postmoderne.

Wie navigiert man in Unternehmen oder Institutionen, wenn man das Steuer nicht vollständig kontrollieren kann?

Um es in ein Bild zu fassen: In dieser Welt der fragmentierten Öffentlichkeiten erinnert Kommunikationsmanagement oft weniger an Dressurreiten und als an Rodeo. Gefordert sind kontinuierliche Anpassung und sehr viel Energie, um sich immer wieder auf neue Erwartungen und Rahmenbedingungen einzustellen. Kommunikatoren müssen sich im Spannungsfeld zwischen gesellschaftlichen Interessen, wirtschaftlichen Notwendigkeiten und politischen Komplexitäten stets neu kalibrieren. Erfolgreiche Kommunikation dabei weniger von strengen Kontrollmechanismen ab, sondern vielmehr von der Fähigkeit, flexibel auf dynamische Entwicklungen zu reagieren und authentisch zu kommunizieren. Um ein Beispiel zu nennen: Mit der berühmten One-Voice-Policy kommen sie heute nicht mehr weit. Gefordert ist eine One-Message-Many-Voices-Orchestrierung, die natürlich viel anspruchsvoller ist.

Wie handelt man erfolgreich in dieser neuen Kommunikationslandschaft?

Die Fragmentierung der Öffentlichkeit bei gleichzeitig erhöhter Dynamik durch die angesprochene Hypertransparenz führen insbesondere zur Beschleunigung und Komplexität. Früher galt das Zeichnen von Lagebildern im Kommunikationsmanagement als eine der eher leichteren Aufgaben. Heute ist das eine der anspruchsvollsten Aufgaben, weil täglich neu geklärt werden muss, welche mediale Berichterstattung wirklich Relevanz hat und was aufgrund der Menge zwar signifikant ist, aber inhaltlich keine Bedeutung hat. Wer sich allein von sozialen Medien und ihrer Dynamik in der Kommunikationspositionierung leiten lässt, gerät von einer Ohnmacht in die andere. Im Zeitalter der fragmentierten Öffentlichkeit sind die Aufregungsamplituden insgesamt hoch, aber auch die Frequenz, mit der neue Amplituden generiert werden. Daher ist es entscheidend, ein eigenes Instrumentarium zu entwickeln, um zu erkennen, was nur Rauschen ist und also wieder vergeht.

Wenn es im Sattel wackelig wird, muss man es aushalten und später wieder ins Gleichgewicht kommen. Was hat es mit »Knowing and Showing« sowie »Naming und Shaming« auf sich, über die Sie jüngst schrieben?

Die Begriffe stammen aus der Transparenzdebatte in der Nachhaltigkeitsberichterstattung. Die Idee ist, Verstöße gegen nachhaltige Geschäftspraktiken öffentlich zu machen und Unternehmen kritisch zu hinterfragen, um mehr Transparenz und Verantwortlichkeit zu fördern. In der Praxis zeigt sich jedoch ein Paradoxon der Transparenz: Mehr Transparenz führt nicht zwangsläufig zu mehr Vertrauen. Es ist wichtig, neben Daten auch Dialog und Kontext zu bieten, um Glaubwürdigkeit und Verständnis aufzubauen. Diese Einordnung ist wichtiger als einfach nur 800 Datenpunkte im Rahmen geltender Regularien zu übermitteln.

Im gleichen Atemzug sprachen Sie auch über Triggerpunkte ...

Und damit habe ich Gedanken von Linus Westheuser und Steffen Mau aufgegriffen. Angesichts der unübersichtlichen Lage ist es wichtig, Anknüpfungspunkte zu identifizieren, die wesentliche Veränderungen in der Kommunikationslage signalisieren. Diese können ihren Ursprung in gesellschaftlichem Wertewandel haben, wie zum Beispiel seit einigen Jahren bei der Mobilität. Identifizierte Triggerpunkte ermöglichen es, fundierte Entscheidungen in der Kommunikation zu treffen und sich auf nachhaltige Veränderungen im Unternehmensumfeld einzustellen. Daher sollte man nicht nur auf die Menge der Berichterstattung oder die kurzfristige Kritik an einem Unternehmen achten, sondern vielmehr auch auf diese langfristigen Trigger-Konstellationen, die die Kommunikationslandschaft nachhaltig beeinflussen.

Etwas, was auch fundamental die Welt verändern könnte, ist KI. Wie könnte denn KI im Sinne der Public Relations menschliche Intelligenz ergänzen?

Ich glaube, dass der Mensch im Kommunikationsmanagement immer eine Rolle spielen wird. Der bekannte Turing-Test, erdacht von einem frühen Wegbereiter der heutigen KI, sollte klären, wie menschenähnlich eine Maschine sein kann. Ich prophezeie, dass Menschen irgendwann beweisen müssen, dass sie keine Maschinen sind, da Glaubwürdigkeit, Empathie und emotionale Wärme nur Menschen beigemessen wird. Obwohl ich nicht glaube, dass KI unsere Disziplin fundamental verändern wird, schafft sie sehr wirkmächtige neue Instrumente. Zwei Beispiele sind durch KI-basierte Datenanalyse gestützte Lagebilder und die Vergrößerung der kommunikativen Kontaktfläche durch den Einsatz intelligenter Bots bei Beantwortung einfacher Fragen.

Gibt es so etwas wie ein Stadtgespräch und möchten Sie Teil davon sein?

Es gibt wohl eher viele Stadtgespräche und dann immer wieder einzelne Narrative mit Durchschlagskraft, die für kurze Zeit dominieren und den roten Faden bilden. Ich sehe es als meine Aufgabe, die gesamte große Bosch-Welt im Blick zu haben. Wenn ich morgens meinen Computer hochfahre, bewege ich mich dafür in der globalen Gesellschaft und beschäftige mich mit den dortigen Narrativen. Für das Stadtgespräch in Stuttgart bleibt relativ wenig Zeit, aber ich bin natürlich informiert über das, was sich in der Stadt tut. Mein Tag endet immer mit der Lektüre der Stuttgarter Regionalzeitungen

»Die Qualität unseres Gemeinwesens entscheidet sich in den Kommunen« | Michael Blume

Dar. 40: Michael Blume
(© Wolfgang Albers)

Dr. Michael Blume ist der Antisemitismusbeauftragte der Landesregierung und damit Ansprechpartner für die Belange jüdischer Gruppen – wie auch für den Landtag, für Kommunen, Kirchen- und Moscheegemeinden sowie Bildungseinrichtungen. Im Jahr 2014 leitete er im Auftrag des Ministerpräsidenten Winfried Kretschmann die Mission »Sonderkontingent Nordirak«. Er war verantwortlich für die Überführung von 1.100 besonders schutzbedürftigen Frauen und Kindern, hauptsächlich Jesiden, aus dem Nordirak nach Deutschland. Unter ihnen befand sich auch die spätere Friedensnobelpreisträgerin und UN-Botschafterin Nadia Murad.

Sven Matis: Was machst Du mit Deinem Beruf und was macht er mit Dir?

Michael Blume: Ich widme mich seit fünf Jahren dem Kampf gegen Antisemitismus. Das bringt zwar nicht immer Freude, ist aber sehr sinnvoll. Denn: Es bedeutet, sich dem Hass entgegenzustellen und direkt in die Flut von Hass und Hetze einzutauchen. Ich habe ein tolles Team und viele Mitstreiter. Am 9. November 2023, dem 100. Jahrestag des ersten Hitler-Putsches und dem 85. Jahrestag der Reichspogromnacht, sprach ich im Landtag. Die Rede verfehlte ihre Wirkung nicht: Alle Fraktionen applaudierend im Stehen. Bis auf eine, die zum Teil den Saal verließ – man kann sich denken, welche.

Es ist das eine wirkungsvolle Reden im Landtag zu halten, das andere ist breite gesellschaftliche Resonanz. Was kannst Du im Kampf gegen den Antisemitismus bewirken?

Einiges. Im Kern geht es um die Frage, ob wir eine gemeinsame Zukunft haben oder zulassen, dass eine Gruppe, ein Volk, eine Religion oder ein Staat vernichtet wird. Antworten darauf zu finden, wird immer vielschichtiger. Ich habe die Möglichkeit, politische Maßnahmen vorzuschlagen. Von denen sind einige umgesetzt worden: wie die Einführung von Polizeirabbinern oder die Veränderung von Bildungsplänen. Außerdem engagiere ich mich in der Aufklärungsarbeit, etwa in Podcasts, Blogs oder Interviews. Auch internationale Gespräche sind Teil meiner Arbeit. So war ich unlängst in den USA, um mit hochrangigen Fachleuten über unsere Fortschritte in Baden-Württemberg zu sprechen.

Ein weites Feld ...

In der Tat. Als erster Beauftragter gegen Antisemitismus in Deutschland war ich mir der vollen Tragweite dieser Position zunächst nicht bewusst. Die Arbeit ist anstrengend und bringt mich und mein Team oft an Grenzen. Das hat auch das Land anerkannt und uns den Rücken gestärkt. Ich bin jetzt auch Beauftragter für das jüdische Leben.

Mit welcher Begründung?

Wir haben geglaubt, dass Antisemitismus im 20. Jahrhundert bleiben würde. Das Gegenteil ist der Fall: Die Digitalisierung führt auch zu einer weltweiten Verstärkung von Hetze und Antisemitismus. Uns stehen schwere Jahre bevor.

Die Ausbreitung von Hate Speech ist besorgniserregend. Anfang Januar hieß es, dass Desinformationen das größte globale Risiko darstellen würde. Was machen Hass, Desinformation und Verschwörungsmythen so verlockend?

In unserer schnelllebigen Zeit suchen Menschen nach einfachen Erklärungen. Verschwörungsmythen bieten diese zum Schein. Zum Beispiel wird die Klimakrise als Erfindung der Wissenschaftler dargestellt, um von der Notwendigkeit eigener Veränderungen abzulenken. Ich sehe hier zwei Aspekte: die gesellschaftliche Beschleunigung und den Freund-Feind-Dualismus, der entsteht, wenn Gruppen sich selbst als gut betrachten und andere als böse qualifizieren. Jonathan Sachs hat schon vor Jahren deutlich gemacht, wie gefährlich dieses Schwarz-Weiß-Denken ist, in dem »die anderen« – ob Politiker, Medien, Zuwanderer oder Frauen – als Feinde gesehen werden. Es ist ein gefährliches Muster, das psychologisch leicht aktiviert werden kann.

Warum drehen sich Verschwörung oft um das Judentum?

Das Judentum war die erste Religion der Alphabetisierung. Sie hat sich durchgesetzt, auch etwa im Christentum, Islam oder der Philosophie. Mit maximal 30 Buchstaben kann jetzt jeder mitwirken. Die Alphabetschrift entsteht im 18. Jahrhundert vor Christus auf dem Sinai, und das Judentum ist die erste Religion, die sie umsetzt. Übrigens: Der Begriff »Bildung« stammt aus dem ersten Buch Mose, Kapitel 1, Vers 27: »Der Mensch ist im Bilde Gottes geschaffen«. Sprich: Jeder Mensch kann lesen und schreiben lernen und damit sein oder ihr Potenzial entfalten.

Was verstehst du unter Bildung?

Bildung geht über formale Qualifikationen hinaus. Es geht um die Entwicklung von Vernunft und Charakter, um das Wertschätzen von Vielfalt und den Respekt gegenüber anderen Menschen. Dabei spielt die Kommunalpolitik eine entscheidende Rolle, da sie Menschen in lebendigen Gemeinschaften zusammenbringt. Politik und Bildung beginnen immer vor Ort. Es geht um das Verständnis, dass jeder Mensch, unabhängig von seinem Hintergrund, das Potenzial hat, sich voll zu entfalten.

Bildung braucht Lehrer. Die Gemeindeordnung gibt Verwaltungen die Aufgabe der »Unterrichtung der Bürgerschaft« mit. Bloße Übermittlung von Fakten reicht heute nicht mehr aus.

Genau. Das traditionelle Mediensystem funktioniert nicht mehr: Wir sehen einerseits radikalisierende Medien und andererseits den Verlust von Zeitungen. Ich habe hier sogar eine konkrete Forderung: Nämlich die aktive Nutzung des Fediversum. Jede Kommune, jeder Gemeinderat und jedes Parlament sollten eigene Blogs betreiben, um ihre Arbeit und sich zu erklären. Über diese Transparenz können wir die demokratische Öffentlichkeit erhalten. Wenn wir uns ausschließlich auf die Verbreitung über konzerngesteuerte Plattformen wie Facebook oder Instagram verlassen, gewinnt die Emotionalisierung und wir verlieren den Kontakt zur demokratischen Öffentlichkeit. Unsere Demokratie steht auf dem Spiel, wenn unser Mediensystem zusammenbricht.

Lass uns vom digitalen in den realen Raum wechseln. Du hast interessante Unterschiede zwischen dem Alpenraum und Flachland herausgearbeitet. Wie beeinflusst uns die Topographie?

Diese Beobachtung machte ich schon im Irak. Im Norden, in den Bergen Kurdistans, fand ich kulturelle Ähnlichkeiten mit dem Alpenraum. Die Lage der Hauptstädte an großen Flüssen führt oft zur Entstehung von Zentralstaaten, während Gebirgsregionen zur Selbstverwaltung und kulturellen Vielfalt neigen. Dies zeigt sich in der Rekordzahl von Parlamenten und Dialekten im Alpenraum. Jedoch birgt diese föderale Struktur auch die Gefahr, dass Verschwörungsmythen und Dualismus entstehen. In den Gebirgsregionen finden wir eine starke Zivilgesellschaft, aber auch Tendenzen zu Misstrauen gegen »Eliten«, zu Esoterik und Verschwörungsglauben. Während die großen Staaten an den Flüssen mit Wasserproblemen kämpfen, steht in den Gebirgsregionen die Herausforderung an, demokratisch zu bleiben und der Verbreitung von Verschwörungsglauben entgegenzuwirken.

Das klingt besorgniserregend. Ich kenne dich als lebensbejahenden Menschen. Woraus speist Du Zuversicht?

Es ist die Reaktion der Menschen, denen ich begegne. Wenn ich über den Hass und die Hetze spreche, die meine Familie und ich erleben, höre ich: ›Das kenne ich aus, gut, dass Sie es aus- und ansprechen.‹ Es gibt fast keine Gemeinde mehr in Deutschland, die nicht Hass erlebt hat. Ich glaube, dass wir in Regionen wie Baden-Württemberg lebenswerte »Arche-Regionen« schaffen können, in denen Menschen in Vielfalt zusammenleben und ein gutes Leben führen. Als ich Freiwillige für ein

Sonderkontingent im Irak suchte und fast sofort genügend Freiwillige fand, wurde mein Glaube an das Gute im Menschen gestärkt. Es gibt auch viel Gutes in uns! Dieses Potential jeden Tag zu heben, gibt unserem Leben Sinn.

Gibt es sowas wie ein Stadtgespräch und wärst Du gern Teil davon?

Ja. Ich war selbst Jugendgemeinderat und Stadtrat. Ich glaube fest daran, dass sich die Qualität unseres Gemeinwesens in der Kommunalpolitik entscheidet. Dort, wo Menschen in Vereinen, Parteien und Kirchen zusammenkommen, gestaltet sich unsere Zukunft. Für mich ist es wichtig, Teil der Gespräche meiner Stadt zu sein, und ich bin dankbar für alle, die sich aktiv einbringen. Als ich mich das Goldene Buch meiner Stadt Filderstadt eintragen durfte, war das sehr bewegend. Es bleibt meine Heimat, der Ort, an dem ich als Kind mit Wurzeln in der DDR um Anerkennung kämpfte. Meiner Tränen schämte ich mich nicht.

Helden im Amt:
Wenn die Kleinstadt zur »Benchmark« wird | Julia Lupp

Dar. 41: Julia Lupp

Julia Lupp leitet seit September 2023 den Stabsbereich im Landratsamt des Rheingau-Taunus-Kreises. Davor war sie vier Jahre Pressesprecherin der Stadt Taunusstein und für die Gesamtkommunikation verantwortlich. Dabei hat sie das »Kleinstadtniveau« zur Benchmark erhoben. Lupp hat auf verschiedenen Bühnen dafür geworben, dass Kleinstädte und Behörden ihre Social-Media-Kommunikation professionalisieren und dem Community Management Priorität einräumen müssen, wenn sie Menschen weiterhin erreichen wollen. Zu diesem Thema hat sie einen eigenen Podcast gestartet. Vor ihrer Tätigkeit bei der Stadt Taunussstein war Lupp als Journalistin und Kommunikationsberaterin tätig.

Sven Matis: Julia, was machst du mit deinem Beruf und was macht er mit dir?

Julia Lupp: Ich bin seit bald 4 Jahren in der Kommunalverwaltung in der Kommunikation tätig. Dabei habe ich festgestellt, dass es manchen Behörden an einem modernen Selbstverständnis fehlt, wenn es um Öffentlichkeitsarbeit im Wortsinne geht. Daher fürchte ich: Ich erfinde den Job des Pressesprechers in Behörden an ein paar Stellen neu. Zumindest versuche ich, ein neues Selbstverständnis zu etablieren, weg von der Relaisstation, hin zum aktiven Kommunikator. Oft ist die Pressearbeit getrieben von den hausinternen Erwartungen, also dass Veranstaltungen und bestimmte Entscheidungen publik gemacht werden. Ich finde, dass Verwaltung als Bindeglied zur Bürgerschaft auftreten sollen. Damit geht es für uns darum, für die Menschen in unserer Stadt komplexe Themen verständlich zu erklären und zwar entlang des Prozesses und nicht nur die Übermittlung des finalen Ergebnisses oder einer Entscheidung. Das heißt, in Zukunft sollten Pressestellen nicht nur Infos weiterleiten, sondern vielmehr interne Beratung in Kommunikationsfragen leisten. Das bedeutet: Welches Format, welcher Kanal, welcher Zeitpunkt ist geeignet, um das Thema bei den Menschen zu platzieren und selbst aktiver Themen zu setzen.

Dann lass' uns über die Menschen sprechen. Was zeichnet Stadt für dich aus?

Stadt ist mehr als nur unser Wohn- und Lebensort. Es ist auch mehr als die Häuser und Straßen. Es ist vor allem die Stadtgesellschaft mit ihren vielfältigen Vereinen, Unternehmen, Veranstaltungen, Atmosphäre und: Es ist natürlich auch die Stadtverwaltung. Aber Gesellschaft und Verwaltung sind nicht zwei getrennte Welten: Das Rathaus und die Verwaltung sind zentraler Teil der Gemeinde und können Gemeinschaft mitprägen.

Du bist kein Eigengewächs der Verwaltung, sondern kommst aus dem Journalismus. Diese Kenntnisse bringst du in die Presse- oder Kommunikationsarbeit ein. Mit einem Freund hast Du außerdem ein Programm namens Amtshelden entwickelt. Was macht jemanden, der im Baurechts-, im Ordnungs- oder im Tiefbauamt arbeitet, zum Helden?

Das liegt auf der Hand: Die Menschen in diesen Ämtern leisten wichtige Arbeit – sie erschaffen und organisieren vieles, was die Stadt buchstäblich in Räume fasst. Trinkwasser, Kitas, Straßenbau, Ordnungsamt, Grünflächen, Standesamt, hier läuft alles zusammen, was in der Stadt passiert. Das mag manchmal persönlich anders empfunden werden, etwa wenn ich ein Knöllchen vom Ordnungsamt erhalte, empfinde ich den Stadtpolizisten nicht unbedingt als Helden. Anders ist die Perspektive, wenn er eine Feuerwehreinfahrt damit freihält. Diese Jobs sind entscheidend für unser tägliches Zusammenleben. Die Heldenhaftigkeit liegt darin, dass die Kolleginnen und Kollegen mit Sachverstand, Leidenschaft und oft auch mit einer Engelsgeduld komplexe Dinge erklären und zwischen verschiedenen Anspruchsgruppen vermitteln. Und oft viel Frust abbekommen, für den sie gar nichts können. Wir sind überzeugt: In den Ämtern arbeiten jede Menge großartiger Expertinnen und Experten, leider mit einem unverdient miesen Image. Das wollen wir ändern.

Aber ist es nicht die Aufgabe als Pressesprecher, solche Heldengeschichten zu erzählen?

Ja, genau. Letztlich geht es darum, Staatsvertrauen zurückzugewinnen. Und dafür brauchen Verwaltungen Gesichter, echte Menschen. Oft werden Behörden – gerade wenn man die Gebäude selten betritt – als »graue Kästen« wahrgenommen. Es fehlt an Vorstellungskraft und Anknüpfungspunkten, dass dort Menschen arbeiten und dass deren Job etwas mit mir zu tun hat. Zugegeben: Die Verwaltungen haben auch lange an ihrem abgeschotteten Image gearbeitet – die berühmte Behördensprache ist ein Beispiel dafür. Davon müssen wir weg, müssen auf Augenhöhe mit den Bürgerinnen und Bürgern und in den Dialog gehen. Öffentlicher Dienst kommt immerhin von dienen. Daher ist es an guter Öffentlichkeitsarbeit, die Vielfalt der Verwaltung sichtbar machen, Transparenz herzustellen und ihr vor allem in der Außenwahrnehmung Leben einzuhauchen.

Welche Fähigkeiten braucht eine Mitarbeiterin aus dem Tiefbauamt oder ein Mitarbeiter aus dem Ordnungsamt, um die eigenen Projekte gut darzustellen?

An dieser Stelle ist es wichtig, zu unterscheiden. Es gibt den Ansatz: Amtfluencer, also Corporate Influencer, wie ihn etwa die Landeshauptstadt München verfolgt. Hier berichten Mitarbeitende aus unterschiedlichen Abteilungen auf ihren persönlichen Social-Media-Profilen – aktuell oft auf LinkedIn – über ihren Job, erzählen was sie tun und geben Einblicke hinter die Kulissen. Dazu lohnt es sich, gezielt zu schauen, wo stehen wir als Verwaltung, was brauchen unsere Mitarbeitende, um das gut und sicher machen zu können und haben wir die richtigen Rahmenbedingungen geschaffen. Beispielsweise helfen gemeinsam erarbeitete Richtlinien, vielleicht ein LinkedIn-Workshop oder ein Foto-Seminar. In den Pressestellen oder Social-Media-Teams wird auf den Corporate Accounts der Stadtverwaltung gepostet und die Mitarbeitenden sollten sehr genau wissen, was sie tun. Im Rahmen unserer Amtsheldenreise wollen wir die Mitarbeitenden qualifizieren, damit sie die Arbeit ihrer Behörden wirksam präsentieren können und auch auf Gegenwind gut reagieren können. Dabei geht es vor allem um ein Bewusstsein für Ziele, Fahrpläne und Ressourcen. Es ist besser, wenn ein Kanal richtig gut bespielt wird, als wenn fünf geöffnet werden, aber keine Zeit für Community Management ist. Gerade in einer Kleinstadt muss man andere Prioritäten setzen als in einer Großstadt, in der nicht einer alles macht, sondern spezialisiere Teams für die Kommunikation verantwortlich sind.

Du hast einen Podcast namens »Kleinstadtniveau« ins Leben gerufen. Was hat Dich dazu motiviert?

In Kleinstadtniveau laden Christian Rosenberger und ich seit Anfang 2022 Gäste ein und beleuchten alle Aspekte der Behördenkommunikation: Datenschutz, Krisenkommunikation, Image, TikTok oder Humor in Verwaltungen waren schon Thema. 2020 habe ich bereits einen Podcast in Taunusstein als Stadtverwaltung gestartet. Damals gab es deutschlandweit kaum Podcasts in Behörden. Der Podcast ermöglicht es, in die Tiefe zu gehen und komplexe Sachverhalte auf authentische Weise zu behandeln. Es ist eine effektive Möglichkeit, Mitarbeitende vorzustellen und einen Einblick in ihre tägliche Arbeit zu geben. In der Stadt Taunusstein haben wir mit »Stadt. Land. Aar« positive Erfahrungen gemacht: Menschen, die seit vierzig Jahren für die Stadt arbeiteten, waren zum ersten Mal vor einem Mikrofon und haben über ihre Arbeit erzählt. Das war für die meisten viel einfacher, als sich vor eine Kamera zu stellen und reden zu müssen. In der Bevölkerung wurde ihr Tun sichtbar – und damit auch eine neue Wertschätzung. Kurzum: Einen Podcast gab es nicht, also haben wir einen gemacht. Social Media heißt ja nicht, dass man 50.000 Euro für eine Agentur aufwenden muss, sondern mit den vorhandenen Ressourcen einfach mal was starten kann. Dafür ist ein Podcast ein sehr einfaches, günstiges und zielführendes Format.

Einfach mal was starten – ist das etwas, was sich größere Städte von kleinen Städten abschauen können?

Unbedingt. Nach etwa 50 Folgen »Kleinstadtniveau« mit vielen spannenden Gästen aus ganz Deutschland ist es uns zumindest bei einigen Menschen gelungen, die Kleinstadt zur Benchmark zu machen. Auch bei meinem jetzigen Arbeitgeber, dem Landratsamt im Rheingau-Taunus-Kreis, haben wir eine Video-Serie gestartet, wo wir Kolleginnen und Kollegen zu Wort kommen lassen und die Fachdienste vorstellen – in einer Kreisverwaltung ist vieles auch ein Stück weiter weg von den Bürgern. Die meisten wissen gar nicht, was wir alles tun. Das Prinzip ist einfach: Sagt wer Ihr seid und gebt ein paar Stichworte, was Ihr tut. Das kommt super an. Es mag in größeren Strukturen komplizierter sein, aber das Prinzip, einfach mal anzufangen, gilt überall. Im schlimmsten Fall passiert meist einfach nichts, wenn ein Konzept nicht funktioniert. Ich für meinen Teil, habe erfahren: Wer viele Fragen stellt, bekommt viele Antworten und erfährt viele spannende Geschichten.

Gibt es sowas wie ein Stadtgespräch und wärst du gerne Teil davon?

Naja, wenn man Klopapier mit dem Stadtlogo versieht und es unter die Leute bringt – so wie wir es im April 2020 scherzhaft gemacht haben, wird man wohl zwangsläufig mal zum Stadtgespräch. Ehrlich gesagt agiere ich aber lieber hinter den Kulissen. Ich ziehe es vor, dafür zu sorgen, dass über die richtigen Dinge in der Stadt gesprochen wird, anstatt selbst Gegenstand des Stadtgesprächs zu sein.

Neuausrichtung:
Münsters Weg zum effektiven Crossmedia-Newsroom | Thomas Reisener

Thomas Reisener leitet seit 2020 die Kommunikation der Stadt Münster. Reisener kam von der »Rheinischen Post«, wo er Chefkorrespondent für Landespolitik war. Er hat in Münster einen viel beachteten Crossmedia-Newsroom etabliert.

Dar. 42: Thomas Reisener (© Michael Möller)

Sven Matis: Thomas, was machst du mit Deinem Beruf und was macht er mit Dir?

Thomas Reisener: Puh, welch pathetische Frage. Information ist die Grundlage von Demokratie. Das Internet und Social Media haben die Informationslandschaft massiv verändert. Als Kommunikationschef der Stadt Münster trage ich dazu bei, dass die Bürgerschaft differenziert über ihre Verwaltung urteilen kann. Das ist ein notwendiger Gegenpol zu den plakativen Klischees, die ja im Web und Social Media oft Publikumsmagneten sind. Kommunale Kommunikation ist insofern auch Demokratie-Arbeit.

Keine Angst, wir werden pragmatischer: Du hast vor vier Jahren die Medienarbeit in Münster umgekrempelt und einen crossmedialen Newswroom im Amt für Kommunikation eingerichtet. Was hat dich dazu bewogen?

Eigentlich wollte ich erst mal ein ganz anderes Projekt umsetzen, nämlich die Webseite verbessern. So kann man als neuer Kommunikationschef ja schnell etwas vorweisen. Aber meine ersten Arbeitstage fielen mit dem Corona-Lockdown zusammen, der zu einem dramatischen Anstieg der Presseanfragen führte. Also mussten wir schnell eine effizientere Arbeitsstruktur finden, da wir nicht genug Personal hatten. Daraus entwickelten wir den Crossmedia-Newsroom. Der Newsroom ermöglichte es uns, schneller und effektiver auf Anfragen zu reagieren und Informationen zielgruppengerechter zu verbreiten.

Du hast ihn mal als Dauerkonferenz bezeichnet, in der Themen auf Relevanz abgeklopft werden. Wer klopft da wen?

Das ist ein gegenläufiger Prozess. Einerseits erhalten wir Informationen aus der Stadtverwaltung mit der Bitte, diese zu kommunizieren. Andererseits haben wir Themenmanager, die idealerweise so eng mit den Ämtern zusammenarbeiten, dass sie dort das Gras wachsen hören und bei der Suche nach Themen aktiv unterstützen. Das kann auch mal zu Konflikten führen. Zum Beispiel, wenn ein Amt den vierten Platz in einem Nachhaltigkeitswettbewerb erreicht. Der Themenmanager sagt: Dazu will das Amt eine PM, der Social-Media-Manager sagt: Das ist langweilig. Genau dieser Widerspruch ist gut, weil er zur Diskussion um Inhalte und Strategien im Newsroom zwingt.

Der vierte Platz, das klingt so ein bisschen nach Siegerurkunde bei den Bundesjugendspielen.

Genau. Wir bemühen uns, wie Journalisten zu arbeiten. Die Kriterien, nach denen wir vorgehen, sind stets dieselben. Was wir veröffentlichen soll grundsätzlich aktuell, relevant und verständlich sein.

Wie geht Ihr mit klassischen Medien und Stakeholdern um?

Wir verstehen uns hauptsächlich als Dienstleister und sind als Behörde ja auch auskunftspflichtig gegenüber Medien. Intern berichten wir regelmäßig über unsere Reichweitenentwicklungen und spiegeln unsere Arbeitsschwerpunkte der Verwaltung wider. Wir hatten nach starkem Wachstum jüngst einen Reichweitenrückgang bei Instagram von 40 Prozent ...

... Instagram ist zwar nur ein Kanal, aber ein bedeutender. Wie kam es dazu?

Wir hatten eine Vakanz. Der Videoredakteur wurde zum Chef vom Dienst befördert und die Nachbesetzung brauchte Zeit. Deshalb konnten wir über Monate kaum Videos veröffentlichen. Instagram ist ein Kanal, auf dem Bewegtbild entscheidend ist. Keine Videos, keine Reichweite.

Du bist von Haus aus Journalist, jetzt Sprecher einer Kommune. Gibt es einen Graben zwischen Medien und Pressesprechern?

Es ist nicht das erste Mal, dass ich die Seiten gewechselt habe. Kommunikation für den Öffentlichen Dienst ist auch nochmal was anderes als für ein Privatunternehmen. Die Gemeinsamkeit: Guter Journalismus ist ebenso wie der Öffentliche

Dienst dem Gemeinwohl verpflichtet. Da ist der Graben dann nicht so tief. Wichtig auf beiden Seiten ist ein klares Verständnis der Zielgruppe und das nötige Handwerkszeug. Das ermöglicht, sowohl die Bedürfnisse der Verwaltung als auch der Medien zu erfüllen.

Gibt es so etwas wie Stadtgespräch und wärst Du gern ein Teil davon?

Zum zweiten Teil Deiner Frage: Nein. Ich brauche das nicht, namentlich in den Medien in Erscheinung zu treten. Meine Aufgabe ist, Ideen und andere Personen bekannt zu machen, nicht mich selbst. Zum ersten Teil: In Münster gibt es ein Stadtgespräch, und das kreist sehr oft um die Verwaltung. Die Medien, auch im Umland, befassen sich heute viel mehr als früher mit der Stadtverwaltung, was auch mit deren Auskunftspflicht zu tun hat, die entsprechende Recherchen vielleicht vereinfacht. Ich begrüße das natürlich. Dieser Trend erleichtert uns die Kommunikation der städtischen Themen.

Agiles Verwalten:
Agiert die Öffentliche Hand bald beidhändig? | Tosin Stifel

Tosin Stifel ist Leiterin des Fachbereichs Kunst im öffentlichen Raum im Kulturamt der Landeshauptstadt Stuttgart. Mit ihrem sechsköpfigen Team stärkt sie die Rolle der Kunst im öffentlichen Raum und Bewusstsein. Sie hat eine Masterarbeit geschrieben zum Thema: »Agile Führungsansätze in einer Großstadtverwaltung«.

Dar. 43: Tosin Stifel (© Julia Ochs)

Sven Matis: Was hast Du mit Deiner Masterarbeit gemacht und was sie mit Dir?

Tosin Stifel: Ich kenne die Herausforderungen und Schwierigkeiten großer Behörden aus eigener Erfahrung. Mit meiner Masterarbeit wollte ich erfahren, wie Verwaltung funktioniert und wie sie zukunftsfähig bleiben kann. Dazu braucht es neue Lösungsansätze. Mit der Studie habe ich auch mir selbst konkrete Wege aufgezeigt, wie es gehen kann.

Wer von Behörden sprich, denkt an Hierarchien und Ordnung. Und damit auch an Max Weber. In seiner Welt herrscht Nüchternheit, Klarheit und Zuständigkeit. Du sprichst von einer Vuca-Welt, in der das nicht ausreicht.

Das Bürokratiemodell von Max Weber, das auf Hierarchie, klare Arbeitsteilung und Regeln setzt, hat seine Berechtigung, aber es passt nicht mehr zur unbeständigen, komplexen und vernetzten Vuca-Welt. Die Verwaltung steht vor der Herausforderung, ihre jahrzehntelangen, bewährten Arbeitsweisen anzupassen, um mit den komplexen Aufgaben umzugehen, die diese neue Welt mit sich bringt. Verwaltung braucht neben Strukturen, die Stabilität stiften, neue, agile Arbeitsweisen.

Du hast Handlungsempfehlungen entwickelt, in denen viel um Sinnhaftigkeit, Vertrauen und Kompetenz geht. Eine wesentliche nennst Du neudeutsch den »Purpose«. Was hat es damit auf sich?
Führungskräfte sollten ihren Mitarbeitenden vermitteln, welche Auswirkungen und Bedeutung ihre Arbeit hat. Die Mitarbeitenden sollten erkennen, was sie für die Stadt und die Menschen bewirken, sie sollten sehen, dass ihre Arbeit einen Unterschied macht. Wenn ein Mitarbeiter beispielsweise Formulare ausfüllt, ist die eigentliche Arbeit nicht das Ausfüllen, sondern das, was am Ende erreicht wird. Zum Beispiel, dass eine Familie regelmäßig ihr Geld erhält, um den Alltag zu bewältigen. Es bedarf klare Botschaften und greifbare Erzählungen. Das motiviert Menschen in der Verwaltung – aber auch in der Privatwirtschaft.

Dein zweiter Punkt ist das »Mindset«. Salopp gefragt: *Können* **Verwaltungen »Mindset«?**
Verwaltungen haben ein »Mindset« – so eine Haltung entwickelt sich über Jahre, wenn nicht Jahrzehnte, sie basiert auf Gewohnheiten und Strukturen. Wenn es um Weiterentwicklung geht, braucht es Führungskräfte, die klare Perspektiven bieten und vorleben, dass es auch andere Wege gibt. Außerdem sollten Mitarbeitende in ihrer täglichen Arbeit spüren, dass agiles Denken und Handeln eine Option ist. Ein gutes Beispiel ist die Fehlerkultur. Wenn Führungskräfte positiv mit Fehlern umgehen, fühlen sich Mitarbeitende ermutigt, neue Wege auszuprobieren. Wichtig ist jedoch, dass agile Denkweise in Einklang mit Verantwortlichkeit steht. Nicht für jede Aufgabe ist Agilität der richtige Ansatz. Die Lösung könnte darin bestehen, beidhändig zu arbeiten – agil und traditionell je nach Bedarf.

Klassische Strukturen haben ja durchaus ihre Berechtigung. Es macht Sinn, dass Sozialleistungen im Sozialamt bearbeitet werden und das Ordnungsamt sich um Versammlungen kümmert. Dir schweben neue »Relationen« vor?
Es geht darum, flexibel reagieren zu können. Es gibt einen Grund, warum es Fachämter und Fachbereiche gibt, mit ihren Expert*innen. Aber das Denken in Zuständigkeiten und Silos funktioniert nicht mehr für komplexe Aufgaben. Kooperation und übergreifendes Denken sind notwendig. Das kann durch crossfunktionale oder selbstorganisierte Teams erreicht werden. Die Hierarchie wird in solchen Teams reduziert, um die Geschwindigkeit hochzuhalten. Zusammenarbeit sollte jedoch auf drei Punkten basieren: Diversität in den Teams, Entscheidungsbefugnis der Teammitglieder und Verantwortlichkeit für getroffene Entscheidungen. Das ermöglicht effektive und schnelle Teamarbeit.

Das Bindemittel, was all das zusammenfügt, ist: die Kommunikation.
Genau. In meiner Arbeit habe ich gezeigt, dass Führungskräfte direkt und persönlich kommunizieren und klare Ziele setzen müssen. Sie sollten nicht über schriftliche Kanäle oder hierarchische Ebenen kommunizieren, sondern direkt mit den Menschen sprechen. Regelmäßiges Feedback – ob persönlich oder im Team – ist ein stabilisierender Faktor. Zuhören ist ein weiterer wichtiger Aspekt, sowohl

Führungskräfte sollten ihren Mitarbeitenden zuhören als auch Kollegen untereinander, um verschiedene Perspektiven und Meinungen zu berücksichtigen.

Wo kann man denn diese Arbeitsmethoden anwenden?

Agiles Arbeiten bietet sich für Projekte oder Modellvorhaben an, in denen es wenige vorgeschriebene Regeln gibt. Auch Tätigkeiten an Schnittstellen, die viele Beteiligte involvieren, sind ideale Einsatzgebiete. Nützlich sind Tools, die Transparenz schaffen und die Kommunikation vereinfachen und verbessern. Hierzu gehören Miroboards, Projektmanagement-Tools wie beispielsweise Open Project, und Kanban-Boards. Eine weitere empfehlenswerte Methode ist die Strategiearbeit, bei der ein Rahmen geschaffen wird, um klare Ziele und die Strategie der Organisationseinheit zu kommunizieren und gleichzeitig die Eigenverantwortung der Mitarbeitenden zu stärken. Eine Methode hierfür ist OKR.

Wofür steht diese Abkürzung?

OKR stehen für »Objectives and Key Results« – eine Methode der Strategiearbeit, bei der übergeordnete Ziele gemeinsam erarbeitet oder von der Führungskraft vorgegeben werden. In regelmäßigen Abständen, etwa alle drei Monate, kommt das Team zusammen, und jedes Teammitglied benennt seine Schlüsselergebnisse, die auf die gemeinsam definierten Ziele einzahlen und in den nächsten drei Monaten erreicht werden sollen. Zudem wird in einer Retrospektive überprüft, ob die vorherigen Key Results erreicht wurden. So wird sichergestellt, dass alle auf die gleichen Ziele hinarbeiten und die Mitarbeitenden können ihre Arbeit aktiv mitgestalten.

Glaubst du, dass es so etwas wie ein Stadtgespräch gibt? Und wenn ja, wärst du gerne Teil davon?

Ich hoffe sehr, dass es nicht nur ein Stadtgespräch gibt, sondern mehrere. Ich glaube, der Dialog ist unheimlich wichtig, um gemeinsam Herausforderungen zu bewältigen. Durch Gespräche können wir gemeinsam Lösungen finden und das Leben in der Stadt mitgestalten. Ja, es gibt Stadtgespräche, und ich bin auf jeden Fall gerne ein Teil davon.

Nachfrage: Kann Kunst im öffentlichen Raum die Gespräche anregen?

Kunst hat die Fähigkeit, Themen über verschiedene Sinneswahrnehmungen zu thematisieren, ohne sie direkt anzusprechen. Der öffentliche Raum ist für alle zugänglich, daher erreicht Kunst im öffentlichen Raum eine breite Bevölkerung. Menschen werden ungewollt mit Kunst konfrontiert, was zu Irritationen führen kann, und dazu anregt, sich mit ihr auseinanderzusetzen. Kunst im öffentlichen Raum ist ein kraftvolles Instrument, um Themen in der Gesellschaft zu platzieren und Menschen dazu zu bringen, miteinander ins Gespräch zu kommen. Denn: Kunst schafft Räume für Austausch und Dialog in der Öffentlichkeit.

Auf Sendung:
Über das Potential von Podcasts | Sarah Vortkamp

Sarah Vortkamp ist Mitarbeiterin für Kommunikation und Öffentlichkeit der Verwaltung in Vreden. Sie hat berufsbegleitend ihren Master in Kommunikationsmanagement absolviert. Ihre Abschlussarbeit hat sie über die Einsatzmöglichkeiten von Podcasts verfasst.

Dar. 44: Sarah Vortkamp

Sven Matis: Was haben Sie in Ihrer Masterarbeit gemacht und was hat sie mit Ihnen gemacht?
Sarah Vortkamp: Ich habe mich in meiner Masterarbeit auf Behördenkommunikation konzentriert, speziell auf die Rolle von Podcasts. Da ich mich selbst als Brückenbauerin zwischen Verwaltung und Bürgerschaft sehe, wollte ich untersuchen, wie wir die Kommunikation nachhaltig verbessern können. Und Podcast haben ein gewaltiges Potential, das Behörden nutzen können, sofern die Kapazitäten dafür vorhanden sind.

Über Kapazitäten müssen wir reden. Welche müssen vorhanden sein, welche sind zu schaffen, um einen Podcast zu starten?
Ein Podcast erfordert viel Strategie und Konzept: Auswahl der Gäste und Gesprächsthemen, Klärung der Länge der Episoden, Aktualität des Inhalts. Zudem sind regelmäßige Kategorien und wiederkehrende Elemente sinnvoll. Der Prozess von der Idee bis zur Veröffentlichung kann zeitaufwendig sein. Manche Kommunen setzen erfahrene Radiomoderatoren ein, um den Prozess zu beschleunigen, während andere längere Planungsphasen benötigen oder die Planung und Durchführung der Podcasts in externe Hände geben.

Behörden haben Pflichten und Möglichkeiten der Bürgerinformation. Podcasts sind nur eine Möglichkeit. Eine lohnende?
Podcasts können, einmal etabliert, ähnlich wie Pressemitteilungen, routiniert umgesetzt werden. Inhalte können recycelt und für verschiedene Medien aufbereitet werden. Mit der richtigen Herangehensweise und Werkzeugen kann der Podcast effizient und effektiv in den Arbeitsalltag integriert werden.

Wie kann eine Behörde, die keine klassische Redaktion ist, qualitativ hochwertige Podcasts produzieren?
Wichtig sind ein klarer Aufbau und ein strukturierter Leitfaden für die Interviews. Man muss sich Zeit nehmen und nicht hetzen, das hören die Bürgerinnen und Bürger. Es geht darum, Mehrwert zu bieten und den Bürger aktiv einzubinden.

Mal provokativ gefragt: Wer interessiert sich für einen Podcast, wenn die Pressesprecherin den Abteilungsleiter der Grünplanung befragt?

Gegenfrage: Warum muss denn immer die Verantwortungsebene zu Wort kommen. Man kann ja auch die Sachbearbeiterin zu ihren Aufgaben befragen. Das senkt die Hemmschwelle und macht die Inhalte bürgernäher. Podcasts bieten die Chance, komplexe Themen verständlicher darzustellen. Eine Kommune hat beispielsweise durch einen Podcast neue Pflegeeltern gewonnen. Eine Bürgermeisterin nutzt den Podcast, um in Pressegesprächen auf zusätzliche Details hinzuweisen. Journalisten und Radiosender nutzen das Material für Vorwissen und Tonausschnitte. Ein weiteres Beispiel ist die Verwendung von Podcasts für Personalmarketing. In einem Fall führte ein Podcast über den Alltag im Bürgerbüro dazu, dass Bewerber bereits im Vorstellungsgespräch Vorwissen zeigten. Ein Azubi-Podcast, der sogar live von einer Jobmesse berichtete, ist ein weiteres Beispiel.

Einverstanden. Und, was macht man, wenn der Bürger sich zu Wort meldet ...?

Der Umgang mit dem Feedback ist enorm wichtig. Letztlich wird der Podcast für die Bürgerschaft produziert. Und wenn es da heißt: »Die Tonqualität ist nicht so toll«, dann tauscht man am besten das Mikro aus. Konstruktives Feedback motiviert und verbessert die Qualität des Podcastes.

Wie sehen Sie die Zukunft von Podcasts in der Behördenkommunikation?

Ich bin davon überzeugt, dass das Potenzial von Podcasts noch nicht vollständig ausgeschöpft ist. Podcasts existieren zwar schon seit 2004, aber ihre Beliebtheit hat in Wellen insbesondere in den letzten Jahren zugenommen. Meine Forschung zeigt, dass behördliche Podcasts die Möglichkeit bieten, Informationen auf eine neue und zugängliche Weise zu vermitteln und die Bürgerinnen und Bürger aktiv einzubinden. Die Vorteile sind vielfältig: flexible Nutzung, Transparenz, Bürgernähe und Vertrauensbildung in die Verwaltung. Wir können das Thema auch barrierearm angehen. Ein Testlauf mit einer Podcast-Serie kann Aufschluss darüber geben, ob und wie gut das Format bei den Hörerinnen und Hörern ankommt.

Gibt es so etwas wie ein Stadtgespräch und wären Sie gern Teil davon?

Vreden kommt von reden. Hier gibt einen funktionierenden Flurfunk. der das Miteinander fördert. Ich bin gerne Teil dieses Teams und trage zur Verbreitung unserer städtischen Botschaften bei.

Die menschliche Dimension:
Was Geschichten zugänglich macht | Katrin Poese

Katrin Poese hat als Lokalredakteurin für eine bayerische Tageszeitung gearbeitet, bevor sie sich 2019 entschloss, selbstständig zu werden. Sie berät als freie Texterin und Redakteurin Vereine und Nonprofit-Organisationen dazu, wie sie ihre Themen und Angebote in der Öffentlichkeitsarbeit gut darstellen können. Storytelling spielt dabei eine große Rolle.

Dar. 45: Katrin Poese. Foto: Wolfgang Link.

Sven Matis: Was machen Sie mit Ihrem Beruf und was macht er mit Ihnen?

Katrin Poese: Ich habe mich auf das Thema Text spezialisiert: Ich schreibe Texte, die gemeinnützige Organisationen, Vereine und Bildungsorganisationen nutzen, um ihre Zielgruppen optimal zu erreichen. Das führt dazu, dass ich – auch in meinem Alltag – sozusagen immer durch die Text-Brille schaue. Bei allen Texten frage ich mich, wie die Zielgruppenpassung hier umgesetzt ist und ob die Botschaft, die Geschichte auch bei der Zielgruppe ankommt.

Aufgabe von Behörden ist es, verbindlich, klar und rechtssicher zu kommunizieren. Welchen Nutzen haben Geschichten?

In Behörden ist es natürlich eher Tradition, einen berichtenden Kommunikationsstil zu pflegen. Storytelling bedeutet nicht unbedingt, dass man eine große Erfolgsstory oder einen packenden Plot erzählen muss, sondern zunächst, dass Informationen in einem Kontext präsentiert werden. Das ist sozusagen die minimale Definition einer Geschichte. Menschen neigen dazu, Informationen besser aufzunehmen, wenn sie in einem Zusammenhang, also einer Geschichte, vermittelt werden. Auch Behörden, die gut kommunizieren wollen, profitieren davon, wenn sie ihre Informationen in den Kontext einbetten und optimal für ihre Zielgruppe aufbereiten.

Sie unterscheiden klar zwischen Erzählen und Berichten.

Beim Berichten stehen Ergebnisse und Fakten im Vordergrund. Eine Erzählung dagegen funktioniert nicht ohne handelnde Personen. Ich bin beim Erzählen außerdem in einem anderen Modus: Ich berücksichtige Hintergründe und schneide die Geschichte automatisch auf das Vorwissen, den Lebenskontext und die Interessen meiner Zuhörerin zu. Berichten ist dagegen eine durch formale Kriterien festgelegte Schablone, die wir abarbeiten, ohne dabei auf eine Zielgruppenpassung zu achten.

Ist das tatsächlich angemessen für Behörden?

Es gibt sicher Kommunikationsanlässe, bei denen formales Berichten angemessen ist. Trotzdem kann Storytelling als begleitendes Element in der Kommunikation von Behörden dienen: Das funktioniert zum Beispiel gut für Zwecke, bei denen man Menschen zu Beteiligung anregen möchte: Ob es dabei um große partizipative Prozesse in der Kommune oder um Veranstaltungen oder ehrenamtlichem Engagement geht, durch das Erzählen konkreter Geschichten kann die Bereitschaft gesteigert werden, sich dafür zu interessieren. Dieses Storytelling schafft eine Verbindung zwischen den Menschen und den kommunalen Themen.

Verständlich. Nur, Geschichten wirken, wenn sie kompakt, kausal und konsistent sind. Nicht alles, was im Gemeinderat entschieden wird oder von einer Verwaltung bearbeitet wird, genügt diesen Kriterien.

Geschichten sind nicht die alleinige Lösung, aber sie können dazu beitragen, komplexe Themen für bestimmte Zielgruppen zugänglich zu machen: Zum Beispiel, indem ich vom Alltag der Zielgruppe her denke, Geschichten über beteiligte Menschen erzähle oder etwas Überraschendes herausgreife. Dabei bleibt die formelle, fachliche Ebene weiterhin notwendig, um alle Detailinformationen bereitzustellen. Für einige Zielgruppen kann man aber aus dem komplexen Ganzen einige

Geschichten herausziehen, die komplexe Zusammenhänge auf eine anschauliche Weise erklären und die Hintergründe deutlich machen.

Welche Kompetenzen benötigen die »Erzähler« in Behörden?

Die Bereitschaft, die Perspektive zu wechseln, ist entscheidend. In einem Umfeld mit hoher Arbeitsdichte ist es nicht trivial, einen Schritt zurückzutreten und zu reflektieren, was an der Behörde aus der Außensicht interessant sein könnte. Auch die Fähigkeit, andere von der Bedeutung von Storytelling zu überzeugen, und die soziale Kompetenz, Gegenwind auszuhalten, sind wichtig. Dabei spielen auch die Zusammenarbeit mit verschiedenen Abteilungen und die passenden Arbeitsroutinen, um komplexe Informationen zugänglich zu machen, eine wichtige Rolle.

Wenn wir jetzt die Außenperspektive wählen, könnte dann in nicht in der Bürgerschaft der Eindruck entstehen: Meine Behörde erzählt mir Geschichten, die wollen etwas verschleiern?

Es ist wichtig, zwischen sehr aufwändigen Storytelling-Formaten wie einem ausgefeilten Social-Media-Content-Konzept und einfachen, klaren Geschichten zu unterscheiden. Übergroße Hochglanz-Storytelling-Formate sind vermutlich nicht authentisch für Behörden, das könnte Misstrauen wecken. Aber man kann ja klein anfangen: Kleine Geschichten können bereits einen logischen Zusammenhang herstellen und einen Einblick in komplexe Sachverhalte und somit auch Transparenz bieten. Das ist der Schlüssel, um sicherzustellen, dass die Geschichten nicht als Verschleierung wahrgenommen werden, sondern als Mittel, komplexe Informationen zugänglicher zu machen.

Gibt es so etwas wie ein Stadtgespräch und wären Sie gern Teil davon?

Auf jeden Fall. Ich verstehe das Stadtgespräch in dem Sinn, dass Menschen sich über das austauschen, was sie bewegt, was für ihren Alltag relevant ist, was vor ihrer eigenen Haustür passiert, welche Menschen spannend sind. Diese Art von Stadtgespräch gibt es ganz sicher und ich denke, jeder Mensch möchte gern Teil davon sein – entweder, in dem man mitspricht und sich austauscht, oder indem man sogar mit seinen eigenen Themen zum Gegenstand dieses Gesprächs wird.

AUFSCHLUSS:
Das Stadtgespräch und die Wertschätzung

Städte sind Systeme mit menschlichen Zügen. Ihr Aufbau ist historisch gewachsen, ihre Ordnung dynamisch, ihre Erscheinung einzigartig. Der Grund: Systeme sind vitale Organismen. Sie agieren und reagieren, sie wachsen, sie schrumpfen, sie nutzen eine Nische und verfolgen Interessen. Damit sie sich selbsterhalten und reproduzieren können, müssen sie inneres Gleichgewicht aufweisen. Systeme haben »eine begrenzte und strukturierte Freiheit, in deren Rahmen sie verschiedene Strategien der Selbsterhaltung anwenden«, schreibt der Soziologe Niklas Luhmann.[382]

Die einzige Konstante für Systeme ist der Wandel. Ändern können sie ihre Struktur, ihre Fähigkeiten und ihre Leistung, indem sie Prämissen anpassen. Das heißt: Systeme stehen vor der Wahl, ihre Ideale mit der Realität abzugleichen oder ihre Lebenswelt den Bedürfnissen anzupassen. Über Feedback aus ihrer Umwelt erspüren sie, ob ihre Handlungen für diese angemessen sind. Dies führt zu einer dauerhaften Interaktion und Beobachtung der jeweiligen Systeme.

Der Informationsaustausch erfordert Energie, die die Systeme selbst aggregieren müssen. Die begrenzten Ressourcen der Umwelt und eingeschränkten eigenen Fähigkeiten zwingen Systeme zur Fokussierung und Priorisierung innerhalb ihres physiologischen Normbereiches: Die Homöostase ist der Bereich, der das Fortbestehen ermöglicht. Dazu suchen sich Systeme »präferierte, wertgeschätzte oder erwartete«[383] Zustände. Menschen etwa brauchen einen bestimmten Sauerstoffgehalt in der sie umgebenden Luft, ausreichend Wasser und Nahrung sowie eine Körpertemperatur um 37 Grad. Erreicht der Organismus Grenzbereiche, senden die Organe Fehlersignale (Durst zeigt, dass Wasser fehlt; Müdigkeit mangelnde Ruhe).

Diese Anforderungen stellen das System vor die Frage: Dürfen die Bedürfnisse jetzt gestillt werden? Die Frage impliziert soziales Verhalten und damit verbunden eine Ungewissheit, ob die erforderlichen Handlungen dem aktuellen Umfeld angemessen sind. Die Entscheidungsfindung bedeutet sprachliches Vor- oder körperliches Abtasten. Diese vielschichtige Kommunikation ist eine Suche nach Interaktion, da es sich biologisch um einen Stoffwechsel handelt, der durch Aufnahme, Verarbeitung und Aussendung charakterisiert ist. Sozioökonomisch betrachtet ist Kommunikation ein Aushandeln, das den Gesetzen des Marktes folgt. Dieser funktioniert nach den Schritten: Produktion – Bereitstellung – Konsum. Auch bei Vorgängen von Kommunalverwaltungen zeigt sich: Erkennen – Abwägen – Umsetzen.

Was die Stadt heute als System zusammenhält, ist eine gemeinschaftliche Vorstellung eines guten Lebens sowie der Wunsch nach Selbstverwirklichung. Ausdruck findet dies in einer Sprache, die sich im Idealfall zu einem Stadtgespräch verdichtet. Welche Voraussetzungen dieses hat, was es auszeichnet, wie es erfolgreich sein kann, das habe ich zu ergründen versucht. Ich habe mit der Brille der Semantik Vor-Schriften durchforstet und die Interaktion von Emotionalität und Rationalität nachgezeichnet. Klar ist: Ohne Rationalität gäbe es keine Routine, keine Praxis, keinen Alltag.

Alltag erleben wir in unserem vertrauten Umfeld. Es ist eine Bastion der Übersichtlichkeit, der Steuerbarkeit und der Regelhaftigkeit. Wir bevorzugen Nähe, die Distanz ist fremd und unbekannt. Der Rückzug in den sterilen Netflix-Kosmos scheint das Beste aus beiden Welten zu bieten, ist aber »Gift für unsere Demokratie, weil wir weniger tolerant und anschlussfähig werden«, wie der Psychologe Stephan Grünewald sagt.[384] Die Stadt konfrontiert uns mit vielen Realitäten: Der Fremde, die Fremde und das Fremde – all dies ist uns nah, auf ganz unterschiedliche Weise. Die Ausprägungen der Glokalisierung[385] vergegenwärtigen uns die Wechselwirkungen globaler Effekte und lokalen Handelns. Weltweite Entwicklungen (Ressourcenmangel, Energiehunger, Migration) dringen in unser Umfeld und irritieren uns. Dabei suchen wir doch Klarheit, Orientierung und Identität. Daher nochmal kompakt gefragt: Was kann das Stadtgespräch leisten?

Die Stadt ist der Modus der Veränderung. Sie verkörpert Transformation und Entfaltung des Neuen. Dies macht sie zum bereits benannten Möglichkeitsraum, dem nicht nur die Chance, sondern auch die Verpflichtung zur individuellen Aneignung und Ausgestaltung innewohnt. Jede und jeder muss sich der (durchaus marktwirtschaftlich zu verstehenden) Frage stellen, was die eigene Person auszeichnet und was die eigenen Fertigkeiten wert sind. Dieses Ich ist eine Momentaufnahme, eine sich ständig wandelnde Idee der Wirkungsmöglichkeiten. Und Wirksamkeit ist eine Erfahrung, die aus Erlerntem gewonnen wird.

Lernen braucht Neugier – eine Einstellung, Unbekanntes zu erforschen, schwierige Situationen zu erleben und darin bestehen zu wollen. Mit der richtigen Haltung – neudeutsch *Mindset* – können Menschen und Städte über sich hinauswachsen. Dazu braucht es ein dynamisches Selbstbild, eine Leidenschaft fürs Lernen und Augenmaß fürs Handeln. Die »Wachstumsdenkweise«[386] ist bei Max Weber »Wissenschaft als Beruf«. Er deutet Lernen als Habitus, wobei Nicht-Wissen zum Noch-Nicht-Wissen wird. »Es wird immer leichter, die Folgen von Handlungen ab- bzw. einzuschätzen. Je mehr man weiß und je besser man erklären kann [...], desto unnötiger wird die Beschwörung unsichtbarer Mächte«. An die Stelle von Magiern und Zauberern treten Experten, die »technische Mittel und Berechnung« kennen«, erklärt Reinhard Zintl Webers »Entzauberung der Welt«.[387]

Diese Rationalität versteht Fortschritt als Änderungsprozess und Probleme als Hindernisse, die zu überwinden sind. Sie erfordert eine Erfahrungsoffenheit, wie die Philosophin Rahel Jaeggi argumentiert.[388] Sie sagt stirnrunzelnd, dass die Fortschrittsbewegung ihren Glanz verloren hat und warnt, das Gegenteil von Fortschritt sei »Regression« – verstanden »als Verarmung, verbissenes Festhalten an liebgewonnenen Überzeugungen, dem Schicksal fügend«. Was Jaeggi gesellschaftlich auslegt, ist auch individuell lesbar. Die Psychologie kennt das Symptom der ›erlernten Hilflosigkeit‹, die Menschen handlungsunfähig macht.

Systeme – ganz gleich ob Städte oder Personen – leben von der Erneuerung. In Zeiten eines scheinbar rasanten Wandels werden Viele skeptisch und fragen ganz grundlegend: Ist das noch meine Stadt? Bin das noch ich? Die Antwort darauf liefert die Biologie: Unsere Zellkörper erneuern sich ständig, ohne dass wir es wahrnehmen. Tag für Tag wird ein Prozent unserer Zellen ersetzt, nach 80 Tagen ist rein rechnerisch »ein neues Ich« entstanden[389], obwohl wir doch weiterhin derselbe zu sein glauben. Auch Verwaltungen sprechen vom Personalkörper. Die Aufgaben- und Stellenbeschreibungen werden behutsam den Anforderungen angepasst oder disruptiv verändert, neue Stellen geschaffen und die Fluktuation sorgt für frischen Wind und Erfahrungsverlust zugleich. Dies ist kein einfacher Trend, sondern ein nachhaltiger Wandel, der sich als kreativer, lokaler, nach Gleichgewicht strebender Prozess auf alle Bereiche der Kommunalpolitik erstreckt. So hält es die Charta von Aalborg bereits 1994 fest.[390]

Sie verkörpert den kommunalen Beitrag zur Lokalen Agenda 21 des Erdgipfels von Rio. Sie führt die Erkenntnisse von Fachleuten, Kommunen, NGO, nationalen und internationalen Organisationen und wissenschaftlichen Einrichtungen zusammen. Mehr als 3.000 lokale Behörden aus über 40 Ländern haben die Charta unterzeichnet. Dies hat zur größten europäischen Bewegung dieser Art geführt und die Europäische Kampagne zukunftsbeständiger Städte und Gemeinden ins Leben gerufen.

In dem Dokument heißt es, dass Verwaltungen fortwährend Feedback erhielten, »welche Aktivitäten das städtische Ökosystem ins Gleichgewicht bringen und welche es zerstören.« Und nun kommt der springende Punkt. »Indem die Verwaltung einer Stadt auf den durch einen solchen Prozess gesammelten Informationen aufbaut, wird die Stadt als ein organisches Ganzes verstanden.« Dies ist der Kernsatz für die bewusste, nachhaltige Entwicklung der Kommunen. Wenn menschliches Bewusstsein bedeutet, dass das Nervensystem den Körper im Gleichgewicht hält und somit gezwungen ist, auf ungewohnte Impulse, neuartige Ereignisse und ungewohnte Kontexte zu reagieren, geht dies einher mit dem Wägen von Handlungsoptionen, der Bewertung der situativen Lagen und dem Einschätzen des sozialen Verhaltens.

Was folgt daraus für das Stadtgespräch und eine moderne Öffentlichkeitsarbeit? Es ist das »Empathie-Spiel«. Die Idee ist angelehnt an eine These des Soziologen Daniel Lerner, der Mitte des 20. Jahrhunderts schreibt, Modernisierung beruhe auf der Fähigkeit zur Empathie. Noch wichtiger als Einfühlungsvermögen sei Aufgeschlossenheit für andere Menschen, das Neue, das Ungewohnte. Aus dieser seelischen Disposition erwachse ein Lebensstil, der sich durch Neugier und Teilnahme am öffentlichen Leben auszeichne. Durch Interesse an und Engagement für öffentliche Belange trieben Menschen sozialen Wandel voran. Das mache Empathie zur Grundlage einer modernen Gesellschaft, die um das sich ändernde »Da draußen« wisse.[391] Etwa zur gleichen Zeit benennt Albert Oeckl die drei Säulen Öffentlichkeitsarbeit: »Arbeit mit der Öffentlichkeit, Arbeit für die Öffentlichkeit, Arbeit in der Öffentlichkeit. Wobei unter Arbeit das bewusste, geplante und dauernde Bemühen zu verstehen ist, gegenseitiges Verständnis und Vertrauen aufzubauen und zu pflegen.«[392]

Beide Ansätze sind zeitlos, wenn sie auf die Lebenswelt im 21. Jahrhundert adaptiert werden. Auf dem Radar zeichnen sich fünf Trends ab: »Inflation von Information«, »KI-Kompetenzen«, »Wandel der Belegschaft«, »Datenintegrität« und die »Entschlüsselung des Menschen«, wie eine umfassende Auswertung zeigt.[393] Der Studie zufolge steigt das Ausmaß an verfügbaren Informationen, ihr Wert dagegen nimmt ab. Relevantes muss aufwändig von Plattformen oder aus Datenströmen gefiltert werden. Das führt zu einem Unbehagen an komplexen Themen. KI kann helfen, effektiv das Passende zu finden, erfordert aber fachliches Wissen und ein ethisches Bewusstsein in der Anwendung. Der demographische Wandel, neue Ansprüche an die Arbeitgebenden und Automatisierung beeinflussen die Kollaboration. Gerade das Wissensmanagement sei anzupassen. Weil manipulierte Inhalte leicht zu erstellen und schnell zu verbreiten sind, sei die Reputation zu schützen. Daher empfehlen die Wissenschaftler Kenntnisse der Datenforensik. Auch Innovationen der Neurotechnologien sollten aufmerksam verfolgt werden, weil sie Einblicke in Gedankenwelten verschafften und diese beeinflussen könnten.

Hier drängt sich gerade in Bezug auf die Leistung kommunaler PR die Weisheit von Albert Einstein auf: ›Nicht alles, was zählt, kann gezählt werden, nicht alles, was gezählt werden kann, zählt.‹ Dennoch muss sich auch Verwaltungskommunikation bezahlt machen. Das Pfund, mit dem Kommunikatoren wuchern, sind Fantasie und Kreativität. Informationen sind ihre Währung, die sie dem ›Markt der Meinungen‹ preisgeben. Ihre Beziehungen sind ihr Kapital, das sie einsetzen, um Perspektiven der Verwaltung mit den Ansprüchen, Ein- und Vorstellungen der Zielgruppen in Einklang bringen. Ihr Zweck ist es, Themen zu erkennen, aufzugreifen und zu verwerten. Zudem sind Fakten oder Botschaften zu bestimmen, einzusetzen, zu teilen und zu handeln. Wie zu Beginn gesagt: Das Aussprechen ist zu ergänzen um Vorfühlen und Nachdenken. Und all das sollte gekennzeichnet sein durch Wertschätzung.

Was genau meine ich mit der Idee wertschätzender Kommunikation? Der Wert bezeichnet

- die einer Sache innewohnende Qualität, aufgrund derer sie in einem gewissen Maße begehrenswert ist (und sich verkaufen, vermarkten lässt)
- Gegenstände von großem Wert, die zum persönlichen oder allgemeinen Besitz gehören
- die positive Bedeutung, die jemandem, einer Sache zukommt
- in Zahlen oder Zeichen ausgedrücktes Ergebnis einer Messung, Untersuchung.[394]

Erhellend sind die Ausführungen des Psychotherapeuten Reinhard Haller. Er betont, dass der »Wert« als Begriff an sich neutral zu verstehen ist.[395] Werte sind ihm zufolge »Grundsätze, nach denen eine einzelne Person, eine Gruppe oder eine Gesellschaft das Leben und Zusammenleben ausrichten will. Sie steuern das Verhalten, dienen als Orientierungs- und Zielpunkte und stellen die Basis von Entscheidungen dar.« Voraussetzung für wertschätzendes Verhalten seien Selbstsicherheit, persönliche Größe und Souveränität. Haller macht klar, dass ein wertschätzender

Diskurs durchaus konfrontativ und nicht im Stuhlkreis zu führen sei. Es handelt sich um ein Ordnungskonzept, das den Unterschied zwischen Gut und Böse, nützlich und unnütz, richtig und falsch herausarbeitet. Dieses Konzept ist nicht statisch, es wird durch Erfahrungen und Erkenntnisse neu ausgerichtet. Die grundlegenden Werte »werden durch Identifikation und Nachahmung, durch Lernen am Modell erworben, durch Einflüsse der Familie und des Milieus modifiziert und durch Erziehung und Bildung ausgestaltet.«

Das Konzept zu manifestieren und in gelingende Kommunikation umzumünzen, ist Wissensarbeit. Das immaterielle Kapital der Kommunikatoren – Ideen, Wissen, Netzwerke – wird in sozialen Mehrwert verwandelt. Dieser Wert ist einzuschätzen. Dies gilt vor allem für die öffentliche Hand, die dem Grundsatz der Wirtschaftlichkeit und Sparsamkeit verpflichtet ist. Denn: Arbeit hat ihren Preis. Stellen werden nur geschaffen, wenn sich der Mehrwert ermitteln lässt. Wie wir gesehen haben, ist die Unterrichtung der Öffentlichkeit und der Stadtspitze das Kerngeschäft der PR. Essentiell ist das Beobachten der öffentlichen Meinung, das Herausschälen vorherrschender Ansichten, das Erkennen von Mustern, das Wahrnehmen von Resonanz, das Wissen um »Triggerpunkte der Gegenwartsgesellschaft«[396] und das Aufzeigen von Routinen und Trends. Daher richtet sich effektive Kommunikation selten an Einzelne, eher an Multiplikatoren und Instanzen. Dazu ist deren Funktionalität im sozialen Gefüge zu bewerten. Zu fragen ist, inwiefern aus Informationen Wirkung entsteht, also ob sie anschlussfähig und vielleicht sogar handlungsleitend sein können. Nur dann werden sie aufgegriffen, verbreitet oder vermittelt. Dazu muss die Kommunikation soziale Funktionsweisen einschätzen: Informationen müssen identifiziert werden als ein Signal, das einen Unterschied macht, sich vom Rauschen des Alltags abhebt. So erreicht man Aufmerksamkeit.

Das erfordert Konzentration und Fokussierung: Wer soll wie angesprochen werden? Dazu sind bestimmte Parameter ins Kalkül zu ziehen, um Ressourcen effizient zu nutzen. Ein Ansatz ist die impactorientierte Kommunikation.[397] Wirkung heißt, dass eine Intervention zu Veränderungen bei der Zielgruppe oder in ihrem Lebensumfeld führt. Veränderungen können sein, dass die Zielgruppe Neues erfährt, ihre Haltung ändert, anders agiert oder sich bestärkt fühlt. Der Ansatz kombiniert Haltung und Methode, er konzentriert sich auf die Wirkungen und nicht so sehr auf die Form der Kommunikation. Dieser Ansatz zielt auf Vertrauen durch Transparenz, weil nicht nur Erfolge dokumentiert, sondern auch Misserfolge diskutiert werden, um so ein Bewusstsein für gemeinwohlorientierte Veränderung zu erreichen.

Aber wie entsteht Bewusstsein? Vielleicht durch Analyse, Handwerk oder Meditation? Oder indem man rational das Kalkül über die Leidenschaften stellt (Max Weber), aus der Erforschung des Gegenwärtigen in »rationaler Voraussicht« auf das Zukünftige schließt (August Comte), über Versuch und Irrtum zu Einsicht kommt (Karl Popper), systemisch die Komplexität reduziert (Niklas Luhmann), solidarisch einübt, herstellt und repariert (Richard Sennett), Gesellschaften mit Liebe und Fähigkeiten ausstattet (Martha Nussbaum), die Frage nach dem Warum stellt (Simon Sinek), die Realität radikal emotional begreift (Maren Urner) oder durch Exposition dazulernt (Mark Solms)?

Man kann es sich einfach machen und mit einem Remix starten. Der Autor Kirby Ferguson behauptet, dass Neues aus Kopieren, Transformieren und Kombinieren entsteht. Kreativität beginnt mit dem Betrachten und dem Kopieren von Bestehendem. In seinem Ted Talk, seit 2012 über 1,5 Millionen Mal aufgerufen, sagt er: »Unsere Kreativität kommt von außen, nicht von innen. Bilden wir uns nichts ein, machen wir uns nichts vor: Wir sind voneinander abhängig. Das zuzugeben, ist keine Umarmung der Mittelmäßigkeit [...]. Es ist eine Befreiung von unseren Missverständnissen und ein Ansporn, die Erwartungen an uns nicht so hoch zu hängen und einfach mal anzufangen.«[398]

Der Transformationsforscher Wolf Lotter unterstreicht in seinem neuen Buch zu Recht: »Das Recycling des Vorhandenen ist aber nichts anderes als das Verfrühstücken der Substanz.« Wichtiger wäre es: »das Original zu schätzen, und mehr noch, es großzumachen, denn das braucht die Welt wirklich. Eine gemeinsame Aktion, ein gemeinsames Zusammenarbeiten, um das Echte vom Falschen klarer zu unterscheiden. Das ist eine soziale, kulturelle, ökonomische, ethische und technische Herausforderung.«[399]

Originale erschließt man sich durch Annäherung. Systeme wie Kommunikation, Kognition und Kommunen haben ihren eigenen Kosmos und ihre Logiken. Modelle sind der Schlüssel zu diesen Systemen und bilden Anknüpfungspunkte. Jeder Mensch ist ein System umgebend von Systemen: Ein Knotenpunkt in einem neuronalen Netz, das menschlich geprägt ist und sich mittelbar oder unmittelbar bemerkbar macht. Wenn wir diese Lebenswelten, dieses Denken in Netzwerken (an-)erkennen, wird unser Handeln berechenbarer und steuerbarer.

Wer ein öffentliches Amt wahrnimmt, sollte wissen, was seine Mitmenschen wahrnehmen und wie Resonanz in »Mikroöffentlichkeiten« entsteht und wie »diskursive Infrastrukturen« zu schaffen sind. Wer gewissenhaft arbeitet, merkt: Jede Gewissheit wirft Fragen auf. Pläne und Modelle mögen noch so stringent sein, sie entfalten infolge des Zusammenspiels der einzelnen Elemente Unvorhergesehene. Das System ist mehr als die Summe seiner Elemente. Die Emergenz ist so wundersam wie ernüchternd. Die Komplexität ist und bleibt unsere beste Lehrmeisterin.

Was Sie nun aus der Lektüre dieses Buchs mitnehmen? Ich empfehle, die Chancen der Gegenwart mit kognitiver Empathie wahrzunehmen. Wertschätzende Kommunikation kann den Zentrifugalkräften einer sich vermeintlich fragmentierenden Gesellschaft entgegenwirken. Es braucht Zuversicht und Einsicht – im Wissen, dass Kommunikation ergebnisoffen ist und so zum kontrollierten Kontrollverlust wird. Diese Erkenntnis mischt »Selbst-Bewusstsein« und »Selbst-Vertrauen«. An beidem mangelt es scheinbar der deutschen Gemütslage. Gerade das Vertrauen in die Leistungsfähigkeit der Institutionen hat schwer gelitten. Der Wirtschaft spricht nur jeder Zweite das Vertrauen aus, Regierung und Medien landen nur bei 47 Prozent. NGO und Wissenschaft schneiden noch schlechter ab. Der Blick auf die kommenden fünf Jahre fällt negativer denn je aus: Nur 15 Prozent glauben, dass es ihnen und ihrer Familie bessergehen wird. Ein Tiefstwert nicht nur in Deutschland: In keinem einzigen befragten Industrieland sind mehr als

36 Prozent der Menschen zuversichtlich, dass es ihrer Familie in fünf Jahren bessergehen wird. Mögliche Faktoren für die düsteren Zukunftsaussichten sind hohe persönlich-wirtschaftliche Ängste sowie gesellschaftlich-existentielle Ängste. So sorgen sich hierzulande 80 Prozent der Arbeitnehmenden vor dem Verlust des Arbeitsplatzes und 69 Prozent der allgemeinen Bevölkerung vor der Inflation. Auch globale Themen treiben Falten auf die Stirn: 73 Prozent sorgen sich vor dem Klimawandel, 68 Prozent vor einem Atomkrieg, 62 Prozent vor Nahrungsmittel- und 61 Prozent vor Energieknappheit.

Woher rührt diese Gemengelage? Der SPIEGEL versucht sich mit einer sozialpsychologischen Erklärung. Die Deutschen seien »bodenständige Tüftler, penible Beamte, perfektionistische Zu-Ende-Denker. Die bundesrepublikanische Gründlichkeit war das Geschäftsmodell des vergangenen Jahrhunderts [...]. Doch nun kämpft Deutschland gegen den Abstieg. Und die Dauerkrise verstellt den Blick auf das, was kommen könnte – wenn man denn wollte.« Die Schlussfolgerung des Hamburger Magazins: »Deutschland, Du kannst es besser.«[400] Und deutsche Städte haben beste Zukunftsaussichten, wie Anfang 2024 die Financial Times ermittelte.[401] Die Attraktivität für Investitionen, ihr Humankapital, ihre Wirtschaftsfreundlichkeit haben ein beachtliches Potential. Drei Städte (Frankfurt, Hamburg, Düsseldorf) liegen vorn, zwei weitere (Köln und Stuttgart) sind in den Top Ten der Großstädte.

Dass die »gefühlte« gesellschaftliche Lage sich so fundamental von der Wahrnehmung der individuellen Lebenswelt unterscheidet, sei auch der »politischen Führungsetage« anzulasten, meint die Politökonomin Maja Göpel. Sie plädiert dafür, den Menschen deutlich zu machen, was Transformation bedeutet. Struktureller Wandel folge dem Muster »erst (wird es) schlechter und dann besser«. Um durch das Grau des Alltags zu kommen, sei das Gefühl zu vermitteln, »dass all das einen Sinn hat«: das hohe Energiepreise, niedrige Exporte, ein schrumpfendes Bruttoinlandsprodukt wichtige Schritte seien auf einem neuen Weg, der in Zukunft tragfähig sei. Von der Politik brauche es dabei »eine klare und transparente Orientierung am Gemeinwohl«. Das sei, was den Menschen »Halt im Wandel« böte. Dann werde ihr Mut auch größer.[402]

Und in der Tat: Vertrauen erfordert Nähe, braucht Bekanntes, sichtbare Bezugspersonen. Vertrauen kann erarbeitet werden. Es ist ein immaterieller Wert, den wertschätzende Kommunikation initialisiert und stabilisiert. Neben Wissen und Professionalität ist Vertrauen die Säule gelingender Kommunikation. Mehr noch. Als »Sozialkapital«[403] erleichtert es Zusammenarbeit. Je größer das Vertrauen innerhalb einer Gemeinschaft ist, desto wahrscheinlicher ist Zusammenarbeit. Und Zusammenarbeit wiederum fördert Vertrauen. Die Kooperation der Bürgerinnen und Bürger in der Zivilgesellschaft ist der entscheidende Faktor für die Leistungsfähigkeit demokratischer Institutionen. Vertrauen ist eine Vorleistung, es befähigt Menschen und ermutigt sie, sich ohne aufwendige Prüfungen in ungewohnten Situationen zurechtzufinden und neue Abhängigkeiten einzugehen, die Teil unserer komplexen, arbeitsteiligen Gesellschaft sind. Menschen mit Selbstvertrauen sind bereit, Arbeit zu teilen, sich helfen zu lassen und so gemeinschaftlich etwas bewirken. Sie gewinnen an Freiheit, sparen Ressourcen wie Zeit und Geld, sind toleranter, sehen mehr Chancen als Risiken, haben tendenziell einen größeren Handlungsspielraum und ein größeres soziales Netz. Ihr Weltbild ist optimistischer und ihr Menschenbild wohlwollender.[404] Das hilft dabei, Ungewissheit zu ertragen und problematische Situationen zu bewältigen.

Vertrauen in Mitmenschen ist mit Vertrauen in Institutionen oder Medien durchaus vergleichbar, denn es gilt Trägerinnen und Träger von Normen und Regeln. Es umfasst Expertise und Seriosität oder Fairness und Sorgfalt, wie eine Langzeitstudie eindrücklich zeigt.[405] Mainzer Forscher machen klar, dass sich grundlegendes Vertrauen und eine begründete Kritik und Skepsis nicht ausschließen. Das Verhältnis dieser Einstellungen sei immer wieder auszutarieren.

Angenommen, dass jedes System seinen Fortbestand sichern will und dazu seine Interessen äußern muss, dann ist Dissens programmiert. Angenommen, dass Demokratie das beste Modell ist, um Konflikte auszutragen und dass Konsens ein Wert an sich ist, dann ist der idealtypische Diskurs eine Verhandlung der Interessen, eine Abstimmung der Werte. In einer Zeit, in der partikulare Interessen unerbittlich als Gemeinwohl vorgebracht werden, Narzissmus das neue Normal ist, Angst-Unternehmer eine Spaltung herbeireden wollen, ist es umso wichtiger, den Wert einer ausgleichenden Kommunikation zu verteidigen. Kann das gelingen? Eindeutig ja.

Die Idee hinter diesem Buch ist: Wer nicht weiterweiß, zeigt sich am besten wertschätzend. Es ist eine Chance, den Kollegen, Mitstreiterinnen oder Beteiligten Aufmerksamkeit zu widmen und Vertrauen zu schenken. Das Netzwerk ist tragfähiger als einzelne Knoten. Es hat mehr Erfahrungen als Einzelne, es ist vielfältiger und schlagkräftiger. Wer Öffentlichkeit wagt, findet jemand, der oder die mit erhellenden Einsichten den Weg aus dem Labyrinth weist. Die bewusste Ansprache ist ein Anfang.

Zum Autor

Sven Matis (Jg. 1980) ist zertifizierter Medientrainer und Mitglied im Bundesverband für Medientraining. Er hat seinen Master in Internationalen Beziehungen an der Andrássy Universität Budapest gemacht, wo er anschließend Medientrainings an der Doktorschule gehalten hat. Seinen Bachelor hat er an der Universität Karlsruhe in Geschichte und Germanistik erhalten. Er ist seit zehn Jahren Leiter der Pressestelle der Stadt Stuttgart, wo er zuvor volontierte. Das Buch, seine Komposition und die darin geäußerten Ansichten sind ausschließlich persönliche Auffassungen des Autors.

Dank

Dieses Buch ist ein Werk, das gewachsen ist, und an dem ich gewachsen bin. Schreiben erweitert das Bewusstsein – hörte ich im Zuge der Recherche, und es stimmt. Manchmal entdeckt man Neues, schreibt wie im Rausch und ist fasziniert über die Möglichkeiten interdisziplinären Denkens und manchmal, nun ja, stockt es.

Ein Buch ist kein Soloalbum – es ist mehr wie die Pflege eines Gartens. Mal hier säen, mal dort zurechtschneiden, mal tief wühlen. Man spürt: Gras wächst nicht schneller, wenn man daran zieht. Da knapp 200 Seiten ein richtig großer Garten sind und ich keinen grünen Daumen habe, bin ich auf das Wissen, den Zuspruch und die Kritik Vieler angewiesen. Ich bin stolz, dass zahlreiche Expertinnen und Experten mir ihre Zeit schenkten.

Aber nicht nur die Gespräche, die im Buch dokumentiert sind, haben zu seinem Erscheinen beigetragen. Der freundschaftliche Impuls von Prof. Stefan Ehehalt war der Startschuss für die Verstehensreise. Dass sie zum Ziel gekommen ist, ist Verdienst von Dr. Uwe Fliegauf. Seine kritisch-konstruktive ›Flugbegleitung‹ hat für Stringenz gesorgt. Alle verbliebenen Eseleien sind mir zuzuschreiben.

Viele kluge Menschen haben mir ihr Ohr geschenkt und im Austausch für Aha-Erlebnisse gesorgt, die entweder in den Aufbau des Buchs geflossen sind oder als kleine Ideen große Wirkung entfalten. Ralf Broß und Christiane Conzen vom Städtetag Baden-Württemberg sind dem Projekt in großer Offenheit begegnet, ihr Vorwort ist eine tolle Einstimmung für das Werk. Ein Dankeschön vor allem an die geneigte Leserin VN und den geneigten Leser PP.

Ein großer Dank auch an meine Eltern, die mir den Weg geebnet haben, aus einem Dorf mit etwa 1.400 Einwohner in Metropolen zu ziehen. Es ist vor allem meine Familie, die dieses Buch möglich gemacht. Meine Frau und die drei Mädels haben viele Entbehrungen auf sich genommen. Am Wochenende leise sein, damit Papa einen Podcast machen kann, ist keine leichte Übung. Ich kann Euch sagen: »Auch ihr habt es geschafft: Aus, vorbei! Keine Interviews mehr!« Für's Erste.

Anmerkungen

1 Andre Bächtiger, John Dryzek: Deliberative Democracy for Diabolical Times: Confronting Populism, Extremism, Denial, and Authoritarianism, Cambridge 2024, S. 186-220.
2 Cristina Lafont: Deliberative Demokratie nach der digitalen Transformation, online unter: https://www.bpb.de/shop/zeitschriften/apuz/diskurskultur-2023/541846/deliberative-demokratie-nach-der-digitalen-transformation/, zuletzt abgerufen am 3. Juli 2024.
3 Cermeño, Helena/Bernhardt, Floris/Bretfeld, Nada (2024): Kapitel 10 Wissenspraktiken in Sharing- und commoning-Initiativen, in: Helena Cermeño et al. (Hrsg.): StadtTeilen, Bielefeld, S. 196. https://doi.org/10.14361/9783839466339-015.
4 Nada Bretfeld (Anm. 3), S. 22.
5 Georg Franck: Ökonomie der Aufmerksamkeit. Ein Entwurf, München 1998.
6 Mark Solms: The Hidden Spring: Warum wir fühlen, was wir sind, Stuttgart 2023.
7 Maren Urner: Radikal emotional. Wie Gefühle Politik machen, München 2024.
8 Online unter: https://www.duden.de/rechtschreibung/Stadtgespraech, zuletzt abgerufen am 3. Juli 2024.
9 Online unter: https://www.dwds.de/wb/Stadtgespräch, zuletzt abgerufen am 3. Juli 2024.
10 Niklas Luhmann: Die Politik der Gesellschaft, Frankfurt 2000, S. 9.
11 Ebd., S. 274.
12 Alexander Bogner: Soziologische Theorien. Eine kurze Einführung, Stuttgart 2023, S. 83.
13 Giorgi Parisi: Der Flug der Stare. Das Wunder komplexer Systeme, Frankfurt 2022.
14 Dirk Brockmann: Im Wald vor lauter Bäumen. Unsere komplexe Welt besser verstehen, München 2021, S. 148.
15 Der Soziologe Emilie Durkheim bezeichnet damit kollektive Vorstellungen des Guten (Werte) und Vorstellungen des Richtigen (Normen), vgl. Heinz Abels: Solidarität, soziale Tatsachen, Kollektivbewusstsein (Emile Durkheim), in: Ders. (Hrsg.): Soziale Interaktion, Wiesbaden 2020, S. 23-30.
16 Benjamin R. Barber: Wenn Bürgermeister die Welt regieren. Unsere Städte müssen sich global vernetzen, um die Demokratie zu retten, in: Internationale Politik 6/2017, S. 112-125, online unter: https://internationalepolitik.de/de/wenn-buergermeister-die-welt-regieren, zuletzt abgerufen am 3. Juli 2024.
17 Walter Ameling: Antike Metropolen, Darmstadt 2006, S. 8.
18 Rainer Metzger: Die Stadt – Vom antiken Athen bis zu den Megacitys. Eine Weltgeschichte in Geschichten, Wien 2005, S. 15.
19 Imanuel Geiss: Geschichte griffbereit, Band 6: Epochen, München 2002, S. 139.
20 Rainer Metzger (Anm. 18), S. 13.
21 Imanuel Geiss: Geschichte griffbereit, Band 2 Personen, München 2002, S. 26.
22 Hannah Arendt: Was ist Politik? Fragmente aus dem Nachlass, München 1993, S. 39.
23 Hannah Arendt: Zwischen Vergangenheit und Zukunft, Übungen im politischen Denken, München 2012, S. 183.
24 Niklas Luhmann: Die Politik der Gesellschaft, Frankfurt 2000, S. 8.

25 Vgl. dazu BVerfGE 70, 324 <358>, Haushaltskontrolle der Nachrichtendienste.
26 Online unter: https://www.duden.de/rechtschreibung/Oeffentlichkeit, zuletzt abgerufen am 3. Juli 2024.
27 Christian Bermes: Jenseits des Eigenen. Über die Idee der Öffentlichkeit, in: Die Politische Meinung, Ausgabe 564 vom 28. September 2020, online unter: https://www.kas.de/de/web/die-politische-meinung/artikel/detail/-/content/jenseits-des-eigenen, zuletzt abgerufen am 3. Juli 2024.
28 Jürgen Habermas: Theorie des kommunikativen Handelns, Frankfurt 1981.
29 Klaus Beck: Kommunikationswissenschaften, München 2023, Kapitel 4.
30 Elisabeth Noelle-Neumann: Öffentlichkeit als Bedrohung, Freiburg 1973.
31 Michael Gervais: How to Stop Worrying About What Other People Think of You, in: Havard Business Review vom 2. Mai 2019, online unter: https://hbr.org/2019/05/how-to-stop-worrying-about-what-other-people-think-of-you, zuletzt abgerufen am 3. Juli 204.
32 Thomas Friemel, Christoph Neuberger: Öffentlichkeit als dynamisches Netzwerk, in: Mark Eisenegger et. al. (Hrsg.): Digitaler Strukturwandel der Öffentlichkeit, Wiesbaden 2021, S. 83 ff.
33 Christian Bermes (Anm. 27).
34 Dieter Schott: Kleine Geschichte der europäischen Stadt, in: APuZ 48/2017, online unter: https://www.bpb.de/shop/zeitschriften/apuz/260058/kleine-geschichte-der-europaeischen-stadt/, zuletzt abgerufen am 3. Juli 2024.
35 Max Weber: Die Stadt, Gesamtausgabe Band I/22,5, Tübingen 1999.
36 Jan Kemper: Max Weber, in: Frank Eckhardt (Hrsg.): Handbuch Stadtsoziologie, Heidelberg 2012, S. 41.
37 Heiko Schrader: Sozialer Wandel, Bielefeld 2024, S. 61.
38 Thomas Bernauer et. al. (Hrsg.): Einführung in die Politikwissenschaft, Baden-Baden 2013, S. 24.
39 Peter Ghosh: Protestantismus, asketischer, in: Hans-Peter Müller, Steffen Sigmund (Hrsg.): Max Weber-Handbuch, Stuttgart 2020, S. 136-138.
40 Weber, Max: Wirtschaft und Gesellschaft. Grundriß der verstehenden Soziologie, 5. Aufl., Tübingen 1972, S. 383.
41 Dazu die aktuelle Neuausgabe mit einer Einleitung von Heinz D. Kurz: Joseph A. Schumpeter: Kapitalismus, Sozialismus und Demokratie, 9. Aufl., Tübingen 2018.
42 Karl-Rudolf Korte: Wählermärkte. Wahlverhalten und Regierungspolitik in der Berliner Republik, Frankfurt 2024, S. 8 f.
43 Richard Sennett: Die offene Stadt: eine Ethik des Bauens und Bewohnens, München 2018.
44 Rolf Lindner: Die Entdeckung der Stadtkultur: Soziologie aus der Erfahrung der Reportage, Frankfurt 1990, S. 312
45 Eike Henning: Chicago School, in: Frank Eckardt (Hrsg.): Handbuch Stadtsoziologie, Wiesbaden 2012, online unter: https://doi.org/10.1007/978-3-531-94112-7_5.
46 Eike Henning (Anm. 45), S. 17 f.
47 Upton Sinclair: Der Dschungel (1905).
48 Bertolt Brecht: Die heilige Johanna der Schlachthöfe (1931).
49 Georg Simmel: Die Großstädte und das Geistesleben, in: Th. Petermann (Hrsg.): Die Großstadt. Vorträge und Aufsätze zur Städteausstellung. Jahrbuch der GeheStiftung Dresden, hrsg. von Th. Petermann, Band 9, 1903, S. 185-206, online unter: https://www.gsz.hu-berlin.de/de/zentrum/georg-simmel/die-grossstaedte-und-das-geistesleben, zuletzt abgerufen am 3. Juli 2024.
50 Robert E. Park: The City: Suggestions for the Investigation of Human Behavior in the Urban Environment, in: American Journal of Sociology 20(5), März 1915, S. 577-612, online unter: https://www.jstor.org/stable/pdf/2763406.pdf, zuletzt abgerufen am 15. Juli 2024.

51 Eike Henning: Chicago School, in: Frank Eckardt (Hrsg.): Handbuch Stadtsoziologie, Wiesbaden 2012, online unter: https://doi.org/10.1007/978-3-531-94112-7_5.
52 Louis Wirth: Urbanism as a Way of Life, in: The American Journal of Sociology 44(1), July 1938, S. 1-24, online unter: https://www.sjsu.edu/people/saul.cohn/courses/city/s0/27681191Wirth.pdf, zuletzt abgerufen am 3. Juli 2024.
53 Vgl. Markus Schroer, Jessica Wilde: Emilie Durkheim, in: Frank Eckardt (Hrsg.): Handbuch Stadtsoziologie, Wiesbaden 2012, online unter: https://doi.org/10.1007/978-3-531-94112-7_3.
54 Markus Schroer, Jessica Wilde: Emilie Durkheim (Anm. 53), S. 69 f.
55 Dazu auch Roman Deininger: Stadt, Land, Frust, online unter: https://www.sueddeutsche.de/projekte/artikel/gesellschaft/gesellschaft-stadt-land-gegensatz-graben-arroganz-monika-gruber-gendern-fleischkonsum-vegan-e183947/?reduced=true, zuletzt abgerufen am 3. Juli 2024.
56 Nicolas Büchse: Die Stadt der Zukunft, in: GEO Wissen Nr. 73 vom 11.08.2021, S. 118
57 Jan Gehl: Leben zwischen Häusern, Berlin 2010, S. 9.
58 Jan Gehl sagt dazu wörtlich: »Zuerst geben wir unseren Häusern eine Form, später formen sie uns.« Das lässt sich auch auf die Stadt anwenden.«, Interview vom 16. November 2018, online unter: https://www.haus.de/bauen/jan-gehl-im-interview-der-mensch-ist-massstab-fuer-die-stadt-16859, zuletzt abgerufen am 3. Juli 2024.
59 Dirk van Laak: Alles im Fluss. Die Lebensadern unserer Gesellschaft, Frankfurt 2018.
60 Dirk van Laak (Anm. 59), S. 11.
61 Dirk van Laak (Anm. 59), S. 282 f.
62 Andreas Reckwitz: Die Gesellschaft der Singularitäten. Zum Strukturwandel der Moderne, Berlin 2017, S. 229.
63 Harald Welzer: Mentale Infrastrukturen. Wie das Wachstum in die Welt und in die Seelen kam, Berlin 2011, S. 19.
64 Alexander Bogner (Anm. 12), S. 96.
65 Gesa von Leesen: Ohne Information wird's radikaler, in: Kontext Wochenzeitung, Ausgabe 675, online unter: https://www.kontextwochenzeitung.de/medien/675/ohne-information-wirds-radikaler-9412.html, zuletzt abgerufen am 3. Juli 2024.
66 Hans-Jürgen Bieling, Matthias Möring-Hesse: Öffentliche Infrastrukturen: gesellschaftliche Konflikte und staatliche Gewährleistungen, in: Bürger und Staat 1/2 2022, online unter: https://www.buergerundstaat.de/1_2_22/oeffentliche_infrastrukturen.pdf, zuletzt abgerufen am 3. Juli 2024.
67 Martin Klotz: Der Werkzeugkasten der urbanen Fernerkundung – Daten und Produkte, in: Hannes Taubenböck (Hrsg.): Globale Urbanisierung, Berlin u. a., online unter https://doi.org/10.1007/978-3-662-44841-0_5
68 Online unter: https://www.aspern-seestadt.at, zuletzt abgerufen am 3. Juli 2024.
69 Online unter: https://blog.vdi.de/die-gruene-lunge-der-stadt, zuletzt abgerufen am 3. Juli 2024.
70 Online unter: https://www.bremerhaven.de/de/freizeit-kultur/stadtkultur/die-reise-zur-seele-der-stadt.136565.html, zuletzt abgerufen am 3. Juli 2024.
71 Inga Mueller-Haagen, Jörn Simonsen, Lothar Többen: Die DNA der Stadt. Ein Atlas urbaner Strukturen in Deutschland, Mainz 2014, S. 5 ff.
72 Kristina Siekermann: Kleider machen Leute. Zur Eigenlogik von München und Frankfurt am Main, Frankfurt 2014, S. 256.
73 Siekermann (Anm. 72), S. 14.
74 Helmuth Berking und Martina Löw (Hrsg.): Die Eigenlogik der Städte. Neue Wege für die Stadtforschung, Frankfurt/New York 2008.
75 Rolf Lindner: Stadtkultur und Habitus der Stadt, in: Ingrid Brecker et al. (Hrsg.): Stadtsoziologie und Stadtentwicklung, Baden-Baden 2020, S. 505-511.
76 Pierre Bourdieu: Praktische Vernunft. Zur Theorie des Handelns, Frankfurt 1998, S. 15 ff.

77 1. Korinther 12.12 – ›Viele Glieder – ein Leib‹. Ich danke Andrea Brunke für diesen klugen Hinweis.
78 Norbert Gestring: Habitus, Handeln, Stadt – Eine soziologische Kritik der Eigenlogik der Städte, online unter: 10.13140/2.1.1019.8729, zuletzt abgerufen am 3. Juli 2024.
79 Jens Wietschorke: So tickt Berlin? Städtische Eigenlogiken in der Diskussion, in: APuZ 48/ 2017, online unter: https://www.bpb.de/shop/zeitschriften/apuz/260056/so-tickt-berlin/, zuletzt abgerufen am 3. Juli 2024.
80 Georg Simmel: Soziologische Ästhetik, in: Georg Simmel: Das Individuum und die Freiheit, Frankfurt 1993, S. 175 f.
81 Zuerst taucht der Begriff bei David Brooks (online unter: https://www.nytimes.com/2013/02/05/opinion/brooks-the-philosophy-of-data.html) auf und wird dann von Yuval Noah Harari weitergesponnen in: Ders.: Homo Deus. Eine Geschichte von Morgen, München 2017, S. 563 ff.
82 Yuval N. Harari (Anm. 81), S. 536.
83 Steffen Mau: Das Metrische Wir. Über die Quantifizierung des Sozialen, Berlin 2017, S. 242 f.
84 The world's most liveable cities in 2023, in: Economist 21. Juni 2023, online unter: https://www.economist.com/graphic-detail/2023/06/21/the-worlds-most-liveable-cities-in-2023, zuletzt abgerufen am 3. Juli 2024.
85 Christian Rickens: »Diese Regionen in Deutschland bieten die besten Zukunftschancen« Handelsblatt vom 30. September 2022, S. 44, online unter: https://www.handelsblatt.com/politik/deutschland/ranking-diese-regionen-in-deutschland-bieten-die-besten-zukunftschancen/28711546.html, zuletzt abgerufen am 3. Juli 2024.
86 Online unter: https://www.stuttgart.de/pressemitteilungen/2023/september/erste-ergebnisse-der-stuttgart-umfrage-2023-weiter-hohe-zufriedenheit-aber-leichter-rueckgang-der-wahrgenommenen-lebensqualitaet.php, zuletzt abgerufen am 3. Juli 2024.
87 Online unter: https://www.braunschweig.de/digitalisierung-online-services/smart-city-dashboard/startseite-smart-city-dashboard.php, zuletzt abgerufen am 3. Juli 2024.
88 Pascal Guckenbiehl et al.: Der Digitale Zwilling für smarte Städte – zwischen Erwartungen und Herausforderungen, online unter: https://www.iese.fraunhofer.de/content/dam/iese/dokumente/media/studien/digitale_zwillinge_smart_cities-dt-fraunhofer_iese.pdf, zuletzt abgerufen am 3. Juli 2024.
89 Sophia Weß: Wie digitale Zwillinge Kommunen verändern könnten, in: Innovative Verwaltung, 1-2(2024), online unter: https://www.springerprofessional.de/wie-digitale-zwillinge-kommunen-veraendern-koennten/26712196, zuletzt abgerufen am 26. Juni 2024.
90 Pascal Guckenbiehl et al. (Anm. 88).
91 Pascal Guckenbiehl et al. (Anm. 88).
92 Es gibt zudem die Projektkooperation »Connected Urban Twins (CUT)« zwischen Hamburg, Leipzig und München. In fünf Teilprojekten werden bis Ende 2025 Anwendungsfälle urbaner digitaler Zwillinge für integrierte Stadtentwicklung erarbeitet. Bayern unterstützt seine Kommunen mit dem Förderprojekt »TwinBy« beim Ausbau digitaler Zwillinge.
93 Online unter: https://muenchen.digital/projekte/digitaler-zwilling.html, zuletzt abgerufen am 3. Juli 2024.
94 Deutscher Städtetag (Hrsg.): (M)eine Stadt wird digital. Ausgewählte Beiträge innovativer Geodatenlösungen, online unter: https://www.staedtetag.de/files/dst/docs/Publikationen/Weitere-Publikationen/2024/Innovative-Geodaten-Loesungen-Meine-Stadt-wird-digital.pdf, zuletzt abgerufen am 3. Juli 2024.
95 Aristoteles: Politik, München 2003, S. 122.
96 Frank Oschmiansky, Julia Berthold: Wohlfahrtsstaatliche Grundmodelle, online unter: https://www.bpb.de/themen/arbeit/arbeitsmarktpolitik/305930/wohlfahrtsstaatliche-grundmodelle/, zuletzt abgerufen am 3. Juli 2024.

97 Brett McKay, Kate McKay: Motivational: Self-Made Men by Frederick Douglass, online unter: https://www.artofmanliness.com/character/manly-lessons/manvotional-self-made-men-by-frederick-douglass/, zuletzt abgerufen am 3. Juli 2024.
98 Friedrich Hölderlin: Stuttgart. An Siegfried Schmid, online unter: https://www.textlog.de/hoelderlin/gedichte/stuttgart, zuletzt abgerufen am 3. Juli 2024.
99 Caroline Emcke: Welche Werte? in: Süddeutsche Zeitung vom 1. Juli 2023, S. 5.
100 Dirk van Laak (Anm. 59), S. 62 f.
101 August Bebel: Die Frau und der Sozialismus (1879).
102 Maik Novotny: In 15 Minuten durch die 15-Minuten-Stadt mit ihrem Erfinder, in: Der Standard vom 15. August 2023, online unter: https://www.derstandard.at/story/3000000182596/in-15-minuten-durch-die-15-minuten-stadt-mit-ihrem-erfinder, zuletzt abgerufen am 4. Juli 2024.
103 Gøsta Esping-Andersen: Three Worlds of Welfare Capitalism, Princeton 1990, S. 37.
104 Richard Sennett: Zusammenarbeit, was unsere Gesellschaft zusammenhält, Berlin 2012, S. 113 ff.
105 Karl Marx und Friedrich Engels: Manifest der kommunistischen Partei [Februar 1848], in: Dies.: Werke, Band 4, Berlin 1974, S. 459–493, online unter: https://www.marxists.org/deutsch/archiv/marx-engels/1848/manifest/index.htm, zuletzt abgerufen am 4. Juli 2024.
106 Anton Jäger: Hyperpolitik – Extreme Politisierung ohne politische Folgen, Berlin 2023.
107 Robert D. Putnam: Bowling Alone. The Collapse and Revival of American Community, New York 2000.
108 Ausführlich, auch bei: Ulrich Conrads: Programme und Manifeste zur Architektur des 20. Jahrhunderts, Basel 2001, S. 129 ff. Die Charta von Athen, online unter: https://www.jutta-curtius.de/Gartendenkmalpflege/Gesetze_und_Chartas/Chartas_und_Positionspapiere/Charta_von_Athen_1933.pdf zuletzt abgerufen am 4. Juli 2024.
109 Le Corbusier: Städtebau, München 2015, S. 5.
110 Le Corbusier (Anm. 109) S. 5.
111 Peter Behrens, Deutscher Werkbund (Hrsg.): Bau und Wohnung: die Bauten der Weißenhofsiedlung in Stuttgart errichtet 1927 nach Vorschlägen des Deutschen Werkbundes im Auftrag der Stadt Stuttgart und im Rahmen der Werkbundausstellung »Die Wohnung", Stuttgart 1927, online unter: https://doi.org/10.11588/diglit.32871, zuletzt abgerufen am 4. Juli 2024.
112 Helmut Schelsky: Wandlungen der deutschen Familie in der Gegenwart. Darstellung und Deutung einer empirisch-soziologischen Tatbestandsaufnahme, Stuttgart 1954.
113 Max Weber: Die protestantische Ethik und der Geist des Kapitalismus, Stuttgart 2017. S. 201.
114 Online unter: https://www.bundeskunsthalle.de/postmoderne, zuletzt abgerufen am 4. Juli 2024.
115 Manfred Görtemaker: Geschichte der Bundesrepublik Deutschland. Von der Gründung bis zur Gegenwart, München 1999, S. 599 ff.
116 United Nations Conference on Environment and Development, Rio de Janeiro, Brazil, 3-14 June 1992, online unter: https://www.un.org/en/conferences/environment/rio1992, zuletzt abgerufen am 4. Juli 2024.
117 Die neue Leipzig-Charta, online unter: https://www.bmwsb.bund.de/Webs/BMWSB/DE/themen/stadt-wohnen/stadtentwicklung/neue-leipzig-charta/neue-leipzig-charta-node.html, zuletzt abgerufen am 4. Juli 2024.
118 Bundesinstitut für Bau-, Stadt- und Raumforschung (Hrsg.): Deutsche Großstädte unter Anpassungsdruck. Aktuelle und zukünftige soziodemografische und sozioökonomische Entwicklungspfade, online unter: https://www.bbsr.bund.de/BBSR/DE/veroeffentlichungen/sonderveroeffentlichungen/2023/deutsche-grossstaedte-anpassungsdruck-dl.pdf?__blob=publicationFile&v=2, zuletzt abgerufen am 4. Juli 2024.

119 Raumordnungsprognose des Bundesinstituts für Bau-, Stadt- und Raumforschung, online verfügbar: https://tableau.bsh.de/t/bbr/views/Prognose_test/Bevlkerungsprognose?%3Aembed=y&%3AisGuestRedirectFromVizportal=y, zuletzt abgerufen am 4. Juli 2024.
120 Zukunftsinstitut (Hrsg.): Die Megatrends, 11. Dezember 2023, online unter: https://www.zukunftsinstitut.de/zukunftsthemen/megatrends, zuletzt abgerufen am 4. Juli 2024.
121 Online unter: https://www.helsingborgshem.se/sok-ledigt/boendeformer/sallbo, zuletzt abgerufen am 4. Juli 2024.
122 Oona Horx-Strathern: Kindness Economy. Das neue Wirtschafts-Wunder, Offenbach 2023.
123 Das Interview mit Prof. Stephen A. Jansen ist als Podcast dokumentiert und kann online zum Buch abgerufen werden. Verena Carl, Kai Unzicker: Anders wird gut. Berichte aus der Zukunft des gesellschaftlichen Zusammenhalts, Gütersloh 2023. S. 14 f.
124 Deutscher Nachbarschaftspreis 2023 geht an Mannheimer Kinder- und Jugendprojekt, online unter: https://sozialministerium.baden-wuerttemberg.de/de/service/presse/pressemitteilung/pid/deutscher-nachbarschaftspreis-2023-geht-an-mannheimer-kinder-und-jugendprojekt, zuletzt abgerufen am 4. Juli 2024.
125 Online unter: https://www.swr.de/swr1/swr1-sonntagmorgen-am-12112023-100.html, zuletzt abgerufen am 4. Juli 2024.
126 Hirner &Riehl Architekten: Bellevue die Monaco München, online unter: https://hirnerundriehl.de/project/bellevue-di-monaco/, zuletzt abgerufen am 4. Juli 2024.
127 Landeshauptstadt Stuttgart (Hrsg.): Strategie zur sozialen Quartiersentwicklung – Umsetzung einer Rahmenkonzeption, online unter: https://www.stuttgart.de/medien/ibs/rahmenkonzeption-soziale-quartiersentwicklung.pdf, zuletzt abgerufen am 4. Juli 2024.
128 Landeshauptstadt Stuttgart (Hrsg.): Perspektive für die Stadtentwicklung, online unter: https://www.stuttgart.de/leben/stadtentwicklung/stadtplanung/stadt-und-freiraumentwicklung/stadtentwicklungsperspektive.php, zuletzt abgerufen am 4. Juli 2024.
129 Adli Mazda: Stress and the City: Warum Städte uns krank machen. Und warum sie trotzdem gut für uns sind, München 2017.
130 Interview zum Buch.
131 Reinventing society: Regeneration: Unser Weg zu einer lebenswerten Zukunft, online unter: https://www.realutopien.de/unser-warum/regeneration/, zuletzt abgerufen am 4. Juli 2024.
132 Ulrich Eith: Dialogische Bürgerbeteiligung – Potenziale und Grenzen von Bürgerräten, in: Deutschland & Europa 84/2022, S. 80-90, online unter: https://www.lpb-bw.de/publikation-anzeige/de-84-2022-demokratie-in-krisenzeiten-3635, zuletzt abgerufen am 4. Juli 2024.
133 Online unter: https://www.bundestag.de/dokumente/textarchiv/2023/kw39-buergerrat-eroeffnung-966324, zuletzt abgerufen am 4. Juli 2024.
134 Niklas Luhmann: Die Unwahrscheinlichkeit der Kommunikation, in: Soziologische Aufklärung 3/1981, online unter: https://doi.org/10.1007/978-3-663-01340-2_2.
135 Oliver Plauschinat: Orientierung im Zahlen-Dschungel, in: KOM. Magazin für Kommunikation 1/2024, S. 45-47.
136 Aristoteles: Rhetorik, Erstes Buch. Stuttgart, 2018, S. 17 f.
137 Thomas Grießbach, Annette Lepschy: Rhetorik der Rede, Tübingen 2023, S. 108-177.
138 Winfried Schulz: Kommunikationsprozesse, in: Jürgen Wilke, Winfried Schulz, Elisabeth Noelle-Neumann (Hrsg.): Fischer-Lexikon Publizistik Massenkommunikation, Frankfurt 2009, S. 178, Hervorhebung im Original.
139 Claude Shannon, Warren Weaver: The Mathematical Theory of Communication, Urbana 1949.
140 Jessica Röhner, Astrid Schütz: Begriffsbestimmungen, in: Dies. (Hrsg.): Psychologie der Kommunikation, 3. Aufl., Wiesbaden 2015, S. 21.

141 John Horgan: Profile of Claude Shannon, Inventor of Information Theory, in: Sci Am vom 17. Juli 2017, online unter: https://www.scientificamerican.com/blog/cross-check/profile-of-claude-shannon-inventor-of-information-theory/, zuletzt abgerufen am 4. Juli 2024.
142 Roland Burkart: Kommunikationswissenschaft, 6. Aufl., Wien 2021, S. 395.
143 Armin Nassehi: Gesellschaftliche Grundbegriffe. Ein Glossar der öffentlichen Rede, München 2023, S. 160 [Stichwort Kommunikation].
144 Daniel Kahneman, Oilver Sibony, Cass R. Sunstein: Noise. Was unsere Entscheidungen verzerrt und wie wir sie verbessern können, München 2021, S. 179 ff. Ausführlich Daniel Kahneman: Schnelles Denken, langsames Denken, München 2011.
145 Roland Burkart (Anm. 142), S. 446 ff.
146 Heinz Pürer: Publizistik- und Kommunikationswissenschaft. Ein Handbuch, Konstanz 2014, S. 19.
147 Harold D. Lasswell: The structure and function of communication in society, in: Lyman Bryson (Hrsg.): The communication of ideas, New York 1948. S. 37-51.
148 Klaus Merten: Vom Nutzen der Lasswell-Formel – oder die Ideologie in der Kommunikationsforschung, in: Rundfunk und Fernsehen 2/1974, S. 143-165.
149 Roland Burkart (Anm. 142), S. 447.
150 Aktuelle Ausgabe: Paul Watzlawick, Janet Beavin, Don Jackson: Menschliche Kommunikation: Formen, Störungen, Paradoxien, 13. Aufl., Bern 2017.
151 Roland Burkart (Anm. 142), S. 411.
152 Schulz von Thun Institut für Kommunikation (Hrsg.): Das Kommunikationsquadrat, online unter: https://www.schulz-von-thun.de/die-modelle/das-kommunikationsquadrat, zuletzt abgerufen am 4. Juli 2024.
153 James Clear: Die 1 %-Methode – Minimale Veränderung, maximale Wirkung, München 2020.
154 Simon Sinek: Frag immer erst: Warum. Wie Führungskräfte zum Erfolg inspirieren, München 2017.
155 Simon Sinek (Anm. 154), S. 50 f.
156 Simon Sinek (Anm. 154), S. 55 ff.
157 Patrick Donges, Otfried Jarren: Einführung: Politische Kommunikation in der Mediengesellschaft, in: Dies. (Hrsg.): Politische Kommunikation in der Mediengesellschaft, 4. Aufl., Wiesbaden 2017, online unter: https://www.springerprofessional.de/einfuehrung-politische-kommunikation-in-der-mediengesellschaft/12163602#CR4_source_0, zuletzt abgerufen am 4. Juli 2024.
158 Heiko Girnth: Einstieg Sprache und Politik, online unter: https://www.bpb.de/themen/parteien/sprache-und-politik/42678/einstieg-sprache-und-politik/, zuletzt abgerufen am 4. Juli 2024.
159 Armin Nassehi (Anm. 143), S. 308 oder Karl-Rudolf Korte (Anm. 42).
160 Vgl. Andreas Dörner: Politische Sprache – Instrument und Institution der Politik, in: APuZ 17/1991, online unter: https://www.bpb.de/shop/zeitschriften/apuz/archiv/535602/politische-sprache-instrument-und-institution-der-politik/, zuletzt abgerufen 4. Juli 2024.
161 Peter L. Berger/Thomas Luckmann: Die gesellschaftliche Konstruktion der Wirklichkeit. Eine Theorie der Wissenssoziologie, Frankfurt 1969.
162 Elisabeth Wehling: Politisches Framing. Wie eine Nation sich ihr Denken einredet – und daraus Politik macht. Bonn, 2017. S.17.
163 Elisabeth Wehling (Anm. 162), S. 18.
164 Elisabeth Wehling (Anm. 162), S. 20.
165 1 BvR 1696/98, online unter: https://www.bundesverfassungsgericht.de/SharedDocs/Entscheidungen/DE/2005/10/rs20051025_1bvr169698.html, zuletzt abgerufen am 4. Juli 2024.
166 Rainer Maderthaner: Begriffe der Psychologie, Wien 2021, S. 98.

167 Yuval N. Harari: Eine kurze Geschichte der Menschheit, München 2015, S. 53.
168 David Brooks: Das soziale Tier. Ein neues Menschenbild zeigt, wie Beziehungen, Gefühle und Intuitionen unser Leben formen, München 2011, S. 123.
169 Yuval N. Harari (Anm. 167), S. 149.
170 Stephen Fry: Mythos. Was uns die Götter heute sagen, Berlin 2018, S. 8.
171 David Meiländer: Das Geheimnis des Apfelwahns, online unter: https://www.stern.de/wirtschaft/news/mythos-apple-das-geheimnis-des-apfelwahns-3746122.html, zuletzt abgerufen am 4. Juli 2024.
172 Wie der Mythos Porsche auch nach 75 Jahren lebendig bleibt, online unter: https://newsroom.porsche.com/de/2023/szene-passion/porsche-hueter-des-feuers-christophorus-409-34714.html, zuletzt abgerufen am 4. Juli 2024.
173 Niklas Luhmann: Die Realität der Massenmedien, Wiesbaden 2017, S. 9.
174 Rolf Lindner: »Die Entdeckung der Stadtkultur: Soziologie aus der Erfahrung der Reportage«, Frankfurt 1990
175 Aristoteles: Poetik, Ditzingen 2024, Kapitel 11.
176 Bruno Latour: Wir sind nie modern gewesen. Versuch einer symmetrischen Anthropologie, Frankfurt 1991, S. 53
177 Medienverban der freien Presse (Hrsg.): Jahrespressekonferenz 2023, online unter: https://www.mvfp.de/fileadmin/vdz/upload/news/JPK2023/20230511_MVFP_JPK2023_Web.pdf, zuletzt abgerufen am 4. Juli 2024.
178 Daten aus relevant. Branchemagazin 2/22, S. 64 ff.
179 § 118 Betriebsverfassungsgesetz, online unter: https://www.gesetze-im-internet.de/betrvg/__118.html, zuletzt abgerufen am 4. Juli 2024.
180 Günter Bentele et al. (Hrsg.): Lexikon Kommunikations- und Medienwissenschaft, Wiesbaden 2013, S. 340, online unter: https://doi.org/10.1007/978-3-531-93431-0_1 [Stichwort Tendenzschutz].
181 Tanjev Schulz: Im Zweifel für den Zweifel, in: medium magazin 05/2023, S. 38 f.
182 Anne Hünninghaus: Informiert oder getrieben, in: medium magazin 05/2023, S. 44 ff.
183 Horst Pöttker: Pressefreiheit in Deutschland. Nutzen, Grenzen, Gefährdungen, in: APuZ 33/2016, online unter: https://www.bpb.de/shop/zeitschriften/apuz/231303/pressefreiheit-in-deutschland/, zuletzt abgerufen am 5. Juli 2024.
184 Das Urteil hat einen Makel. Nur vier von acht Richtern stimmten gegen diesen Angriff auf die Pressefreiheit – die Gleichheit reichte aber auf für eine Ablehnung. Die schönen Worte des Urteils seien »nur Zuckerguss«, so schreibt Heribert Prantl: Journalismus muss sich selbst fragen: Wie schafft man Vertrauen, online unter: https://www.sueddeutsche.de/meinung/pressefreiheit-grundgesetz-spiegel-affaere-soziale-medien-kolumne-von-heribert-prantl-1.6835453, zuletzt abgerufen am 5. Juli 2024.
185 Bundesverfassungsgericht – verkündet am 5. August 1966 – Im Namen des Volkes, in: Der Spiegel 3/1966, online unter: http://www.spiegel.de/spiegel/print/d-46414150.html, zuletzt abgerufen am 5. Juli 2024.
186 Ethische Standards für den Journalismus, Fassung vom 11. September 2019, online unter: https://www.presserat.de/pressekodex.html?file=files/presserat/dokumente/pressekodex/Presse-kodex_Leitsaetze_RL12.1.pdf, zuletzt abgerufen am 5. Juli 2024.
187 https://www.sueddeutsche.de/medien/pressefreiheit-demokratie-corona-krise-1.4892465 (26.6.24)
188 Interview »Kritisch und gut gelaunt«, in: KOM. Magazin für Kommunikation 1/2024, S. 16.
189 Georg Mascolo: Frei, unabhängig, kritisch, in: Süddeutsche Zeitung vom 17.11.2018, S. 45.
190 Im Februar 2024 wurden in fünf Fälle in verschiedenen Städten nachts die Zufahrten von Presseverteilzentren und Druckereien u. a. mit Traktoren zugestellt, um die Auslieferung von Zeitungen zu verhindern. Als Grund wird auf Versammlungen Unzufriedenheit mit

der Berichterstattung über die bisherigen Protestaktionen angegeben, online unter: Nahaufnahme Deutschland: Pressefreiheit im Überblick, online unter: https://www.reporter-ohne-grenzen.de/nahaufnahme/2024, zuletzt abgerufen am 5. Juli 2024.
191 LMU München, Institut für Kommunikationsforschung und Medienforschung: Projekt zur Prekarisierung im Journalismus (Projektleitung: Prof. Dr. Thomas Hanitzsch, 2019-2024), online unter: https://www.ifkw.uni-muenchen.de/lehrbereiche/hanitzsch/projekte/dritt mittelprojekte/prekari_journ/index.html?trk=feed_main-feed-card_feed-article-content, zuletzt abgerufen am 5. Juli 2024.
192 Dazu § 3: Öffentliche Aufgabe der Presse, Landespressegesetz Baden-Württemberg, online unter: https://dejure.org/gesetze/LPresseG/3.html, zuletzt abgerufen am 5. Juli 2024.
193 1 BvR 1602/07, Rn. 1-109, online unter: https://www.bundesverfassungsgericht.de/SharedDocs/Entscheidungen/DE/2008/02/rs20080226_1bvr160207.html, zuletzt abgerufen am 5. Juli 2024.
194 Journalism, media, and technology trends and predictions 2024: https://reutersinstitute.politics.ox.ac.uk/journalism-media-and-technology-trends-and-predictions-2024?utm_source=www.bdkom.de_newsletter&utm_medium=email&utm_campaign=20040111-news-bdp-59529&utm_content=413109 (26.6.24)
195 Andri Rostetter: Der Tod der Lokalzeitung führt zu einer Entöffentlichung der Gesellschaft, online unter: https://www.nzz.ch/meinung/geringschaetzung-des-lokaljournalismus-die-medien-sind-ein-essenzieller-naehrstoff-der-demokratie-ld.1774108, zuletzt abgerufen am 5. Juli 2024.
196 Pengjie Gao et al.: Financing dies in darkness? The impact of newspaper closures on public finance, in: Journal of Financial Economics 135(2), Februar 2022, online unter: https://doi.org/10.1016/j.jfineco.2019.06.003.
197 Democracy dies in darkness, Washington Post vom 3. Februar 2019, online unter: https://www.washingtonpost.com/graphics/2019/national/democracy-dies-in-darkness/, zuletzt abgerufen am 5. Juli 2024.
198 Maxim Flößer: Keine Lokalzeitung – mehr AfD, in: Kontext Wochenzeitung, Ausgabe 675, online unter: https://www.kontextwochenzeitung.de/medien/675/keine-lokalzeitung-mehr-afd-9414.html, zuletzt abgerufen am 5. Juli 2024.
199 Deep Journalism – Eine Chance für die Qualitätsmedien, in: Journalist vom 15. Mai 2023, online unter: https://www.journalist.de/startseite/detail/article/deep-journalism-eine-chance-fuer-die-qualitaetsmedien, zuletzt abgerufen am 5. Juli 2024.
200 Duden: Das Herkunftswörterbuch, Berlin 2020, S. 548.
201 Dietz Schwiesau, Josef Ohler: Faszination Nachricht, in: Dies. (Hrsg.): Nachrichten – klassisch und multimedial: Ein Handbuch für Ausbildung und Praxis, Wiesbaden 2016, S. 2, online unter: https://doi.org/10.1007/978-3-658-08717-3_1.
202 Online unter: https://www.oxfordreference.com/display/10.1093/acref/9780199916108.001.0001/acref-9780199916108-e-2597, zuletzt abgerufen am 5. Juli 2024.
203 Fritz Breithaupt: Das narrative Gehirn. Was unsere Neuronen erzählen, Stuttgart 2022, S. 66 f.
204 Rolf Lindner: Die Entdeckung der Stadtkultur: Soziologie aus der Erfahrung der Reportage, Frankfurt 1990, S. 17 ff.
205 Benedict Anderson: Die Erfindung der Nation, Berlin 1998. Diehe auch Gabriel Tarde: Masse und Meinung, Konstanz 2015.
206 Heinz Bude: Das Gefühl der Welt. Über die Macht von Stimmungen, München 2016, S. 49.
207 Alain de Botton: Die Nachrichten: Eine Gebrauchsanweisung, Frankfurt 2015.
208 Dirk van Laak (Anm. 59), S. 51.
209 Günter Bentele: Nachrichtenwert, in: Romy Fröhlich et al. (Hrsg.): Handbuch der Public Relations. Wissenschaftliche Grundlagen und berufliches Handeln, Wiesbaden 2015, S. 1133, online unter: https://doi.org/10.1007/978-3-531-18917-8. Zur Tabelle vgl. Walter

Lippmann: Die öffentliche Meinung: Wie sie entsteht und manipuliert wird, Frankfurt 2021.
210 Annina Baur, Daniel Caroppo: Die Basis erfolgreicher Pressearbeit. Was macht eine Nachricht relevant? In zehn einfachen Schritten zur Schlagzeile, Wiesbaden 2023, S. 9.
211 Christoph Fasel: Textsorten, Konstanz 2013, S. 10 f.
212 Christoph Fasel (Anm. 211), S. 10.
213 Christopher A. Kelly, Tali Sharot: Individual differences in information-seeking, in: Nature Communications 12, 7062 (2021), online unter: https://doi.org/10.1038/s41467-021-27046-5.
214 Johan Galtung, Mari Ruge: The Structure of Foreign News. The Presentation of the Congo, Cuba and Cyprus Crisis in Four Norwegian Newspapers, in: Journal of Peace Research 2/1965, S. 64–-1.
215 Stephan Weichert: Jugendliche sind besonders gestresst, Stuttgarter Zeitung vom 26. September 2023, S. 19.
216 Reuters Institute Digital News Report 2023, online unter: https://leibniz-hbi.de/de/publikationen/reuters-institute-digital-news-report-2023-ergebnisse-fuer-deutschland, zuletzt abgerufen am 5. Juli 2024.
217 Armin Wolf: Wozu brauchen wir Journalisten, Wien 2013, S. 39. Die Forschung spricht von gering Informationsorientierten (GIO). Sie haben ein gering ausgeprägtes Nachrichteninteresse. Das hängt zum einen mit einer wahrgenommenen Distanz zu »typischen« politikbezogenen Nachrichtenthemen zusammen; zum anderen damit, dass die Teilnehmenden in soziale Gruppen eingebunden sind, in denen es kaum relevant ist, Bescheid zu wissen, dazu online unter: https://www.bdzv.de/awards/nova/nova-news/2024/neue-wege-im-journalismus, zuletzt abgerufen am 5. Juli 2024.
218 Ronja von Wurmb-Seibel: Wie wir die Welt sehen. Was negative Nachrichten mit unserem Denken machen und wie wir uns davon befreien, München 2022, S. 89 ff.
219 Bundesverband Digitalpublisher und Zeitungsverleger (Hrsg.): Gespaltene Gesellschaft – »Medien zwischen Achtung & Ächtung«, online unter: https://www.bdzv.de/fileadmin/content/6_Service/6-1_Presse/6-1-2_Pressemitteilungen/2023/PDFs/20230925_PM_Studie_Medien_zwischen_Achtung_und_AEchtung.pdf, zuletzt abgerufen am 5. Juli 2024.
220 Reto Stauffacher: Social Media sind kein Zufluchtsort, im Gegenteil: Sie sind Ergänzungsraum für das soziale Leben, in: Neue Züricher Zeitung vom 19. April 2019.
221 Tim O'Reilly: What Is Web 2.0. Design Patterns and Business Models for the Next Generation of Software (30.09.2005), online unter: https://www.oreilly.com/pub/a/web2/archive/what-is-web-20.html, zuletzt abgerufen am 5. Juli 2024.
222 Anna Sophie Kümpel: Individuelle Meinungsbildung und -äußerung auf sozialen Medien, online unter: https://www.bpb.de/themen/medien-journalismus/soziale-medien/545487/individuelle-meinungsbildung-und-aeusserung-auf-sozialen-medien, zuletzt abgerufen am 5. Juli 2024.
223 Wir weiten unser Konzept zu politischen Inhalten auf Instagram und Threads aus, 9. Februar 2024, online unter: https://about.instagram.com/de-de/blog/announcements/continuing-our-approach-to-political-content-on-instagram-and-threads, zuletzt abgerufen am 5. Juli 2024.
224 Tobias Gostomzyk et. al.: Studie Kooperative Medienplattformen in einer künftigen Medienordnung, 31. Januar 2021, S. 48, online unter: https://www.bundesregierung.de/resource/blob/974430/1929884/eb55120074392006d6d608dc52ecb0b7/2021-06-16-medienbericht-wissenschaftliches-gutachten-data.pdf?download=1, zuletzt abgerufen am 5. Juli 2024.
225 Medien- und Kommunikationsbericht der Bundesregierung 2021, online unter: https://dserver.bundestag.de/btd/19/311/1931165.pdf, zuletzt abgerufen am 5. Juli 2024.

226 Bernhard Pörksen: Die große Gereiztheit. Wege aus der kollektiven Erregung, München 2021, S. 8 ff.
227 Oliver Voß: Ehemaliger Google-Entwickler warnt: »Wir sind auf dem direkten Weg ins digitale Mittelalter«, online unter: https://www.tagesspiegel.de/wirtschaft/wir-sind-auf-dem-direkten-weg-ins-digitale-mittelalter-5952169.html, zuletzt abgerufen am 5. Juli 2024.
228 Sebastian Herrmann: Applaus, Applaus, in: Süddeutsche Zeitung vom 19. Dezember 2019, S. 14.
229 Elke Wagner: Intimisierte Öffentlichkeiten. Pöbeleien, Shitstorms und Emotionen auf Facebook, Bielefeld 2019.
230 Jörn Lauterbach: Soziale Netzwerke sind Wutmaschinen, online unter: https://www.welt.de/print/wams/hamburg/article132451210/Soziale-Netzwerke-sind-Wutmaschinen.html, zuletzt abgerufen am 5. Juli 2024.
231 William J. Brady et al.: Emotion shapes the diffusion of moralized content in social networks, in: PNAS 114(28), S. 7313-7318, online unter: https://doi.org/10.1073/pnas.1618923114.
232 Pew Research Center: Partisan Conflict and Congressional Outreach, online unter: https://www.pewresearch.org/politics/2017/02/23/partisan-conflict-and-congressional-outreach/, zuletzt abgerufen am 5. Juli 2024.
233 The End of the social network, in: The Economist vom 1. Februar 2024, online unter: https://www.economist.com/leaders/2024/02/01/the-end-of-the-social-network, zuletzt abgerufen am 5. Juli 2024.
234 Winfried Ebner und Die neue Macht der Corporate Influencer: Wie Mitarbeiter:innen die Kommunikation von Unternehmen verändern. München 2022. S. 12.
235 Alexander Kissler: Strom sparen, Torf vermeiden: Die deutsche Regierung gibt über eine halbe Milliarde Euro für Werbung und Information aus – auch an Influencer, in: Neue Züricher Zeitung vom 13. Mai 2023, online unter: https://www.nzz.ch/international/influencer-und-pr-bundesregierung-gab-halbe-milliarde-euro-aus-ld.1737871, zuletzt abgerufen am 5. Juli 2024. Als Gesamtsumme für Kommunikationsmaßnahmen werden 513 Millionen Euro für diesen Zeitraum angegeben.
236 Antwort der Bundesregierung wegen Zahlungen der Bundesregierung an Medien und Influencer für Werbung, Anzeigen, Kampagnen und Informationsmaßnahmen, online unter: https://dserver.bundestag.de/btd/20/066/2006676.pdf, zuletzt abgerufen am 5. Juli 2024.
237 Bund der Steuerzahler Deutschland e. V. (Hrsg.): Im Fokus 2023. Die teure Öffentlichkeitsarbeit der Politik, online unter: https://www.schwarzbuch.de/fokus-oeffentlichkeitsarbeit, zuletzt abgerufen am 5. Juli 2024.
238 Influencer-Marketing – Authentizität als Geschäftsmodell, online unter: https://www.swr.de/swrkultur/wissen/influencer-marketing-authentizitaet-als-geschaeftsmodell-swr2-wissen-2023-12-21-102.html, zuletzt abgerufen am 5. Juli 2024.
239 Sam Wineburg et al.: Evaluating Information: The Cornerstone of Civic Online Reasoning, 22. November 2016, Stanford Digital Repository, online unter: https://purl.stanford.edu/fv751yt5934, zuletzt abgerufen am 5. Juli 2024.
240 Paid sind Inhalte, für deren Platzierung ein Unternehmen Geld bezahlt, vor allem Anzeigen. Earned sind Inhalte, die von den Bezugsgruppen ohne Gegenleistung veröffentlicht werden, also etwa Artikel oder Blogposts. Shared sind Inhalte anderer über das Unternehmen, die via Social-Meidia geteilt und kommentiert werden. Owned sind alle Inhalte, die selbst erstellt und veröffentlicht, etwa auf der Webseite.
241 Judith Henke et al: So funktioniert der Milliardenmarkt, in: Handelsblatt vom 22. Dezember 2023, online unter: https://www.handelsblatt.com/unternehmen/it-medien/influencer-marketing-so-funktioniert-der-milliardenmarkt/100003010.html, zuletzt abgerufen am 5. Juli 2024.

242 Dietmar Neuerer: Grüne wollen Influencern Werbung für Finanzprodukte verbieten, online unter: https://www.handelsblatt.com/politik/deutschland/influencer-marketing-gruene-wollen-influencern-werbung-fuer-finanzprodukte-verbieten/100022574.html, zuletzt abgerufen am 5. Juli 2024.
243 Bernhard Messer: Top Trends 2024. Von Influencern lernen bei DPRG TakeOff in Berlin (Februar 2024), online unter: https://www.linkedin.com/feed/update/urn:li:activity:7167466311181148160?updateEntityUrn=urn%3Ali%3Afs_feedUpdate%3A%28V2%2Curn%3Ali%3Aactivity%3A7167466311181148160 %29, zuletzt abgerufen am 5. Juli 2024.
244 § 6 Abs 4 des Staatsvertrags über den Südwestrundfunk in der Fassung vom 30. Juni 2015, online unter: https://www.swr.de/unternehmen/organisation/staatsvertrag-ueber-suedwestrundfunk-100.pdf, zuletzt abgerufen am 5. Juli 2024.
245 Dazu auch Staatsvertrag (Anm. 244).
246 Ulrich Herbert: Europe in High Modernity. Reflections on a Theory of the 20th Century, in: Journal of Modern European History 5 (2007), S. 5-20.
247 Katja Inken: Wie König Humbug die Welt das Gaffen lehrte, in: Der Spiegel vom 4. Januar 2018, online unter: https://www.spiegel.de/geschichte/p-t-barnum-koenig-humbug-und-showbiz-erfinder-a-1184262.html, zuletzt abgerufen am 5. Juli 2024.
248 Stichwort Barnun Effekt, in: Online Lexikon für Psychologie und Pädagogik, online unter: https://lexikon.stangl.eu/531/barnum-effekt, zuletzt abgerufen am 5. Juli 2024.
249 Deutsches Online Museum für Public Relations: Organisation und Aufgaben der staatlichen Pressebehörde, online unter: https://pr-museum.de/organisationen/institutionen/staatl-oea-u-kommunikationspolitik-in-preussen-1848-1857/organisation-und-aufgaben-der-staatlichen-pressebehoerde-i/, zuletzt abgerufen am 5. Juli 2024.
250 Deutsches Online Museum für Public Relations: PR-Büro mit kreativer Besetzung, online unter: https://pr-museum.de/organisationen/unternehmen/maggi/pr-buero-mit-kreativer-besetzung/, zuletzt abgerufen am 5. Juli 2024.
251 Shelley J. Spector: #EthicsMatter – Ivy Lee and The First Code of Ethics, online unter: https://www.globalalliancepr.org/thoughts/2021/2/19/ivy-lee-and-the-first-code-of-ethics#:~:text=%E2%80%9CThis%20is%20not%20a%20secret,is%20not%20an%20advertising%20agency, zuletzt abgerufen am 5. Juli 2024.
252 Jimmy Leipold: Edward Bernays und die Wissenschaft der Meinungsmache, Beitrag ARTE 2017, online unter: https://www.imdb.com/title/tt8480438/, zuletzt abgerufen am 5. Juli 2024.
253 Jimmy Leipold (Anm. 252).
254 Dirk Schäfer: Der erste Verdreher, in: Süddeutsche Zeitung vom 19. Mai 2010, online unter: https://www.sueddeutsche.de/kultur/public-relations-der-erste-verdreher-1.894159, zuletzt abgerufen am 5. Juli 2024.
255 Edward Bernays: Propaganda. Die Kunst der Public Relations, Berlin 2021, S. 19 f.
256 Edward Bernays (Anm. 255), S. 41.
257 Online unter: https://www.duden.de/rechtschreibung/propagieren, zuletzt abgerufen am 5. Juli 2024.
258 Roland Burkart: Verständigungsorientierte Öffentlichkeitsarbeit (VÖA): Das Konzept und seine Rezeption, in: Romy Fröhlich et al. (Hrsg.): Handbuch der Public Relations. Wissenschaftliche Grundlagen und berufliches Handeln, Wiesbaden 2015, S. 279 f., online unter: https://doi.org/10.1007/978-3-531-18917-8_18.
259 Roland Burkart (Anm. 258), S. 279.
260 Roland Burkart (Anm. 258), S. 281.
261 Manfred Görtemaker (Anm. 115), S. 109.
262 Leitbild des Bundespresseamtes, online unter: https://www.bundesregierung.de/breg-de/bundesregierung/bundespresseamt/leitbild-des-bundespresseamtes-1523438, zuletzt abgerufen am 5. Juli 2024.

263 Otfried Jarren: Forschungsfeld strategische Kommunikation. Eine Bilanz, in: Birgit Krause et al. (Hrsg.): Fortschritte der politischen Kommunikationsforschung. Wiesbaden 2017, S. 54, online unter: https://doi.org/10.1007/978-3-531-90534-1_3.

264 Das Regierungshandeln erklären, in: KOM. Magazin für Kommunikation 11/2023, online verfügbar unter: https://www.kom.de/public-relations/christiane-hoffmann-das-regierungshandeln-erklaeren/, zuletzt abgerufen am 5. Juli 2024.

265 Nach: Michael Kunczik: Öffentlichkeitsarbeit, in: Jürgen Wilke: Mediengeschichte der Bundesrepublik Deutschland, Köln 1999, online unter: https://doi.org/10.7788/9783412328733-025.

266 Athener Kodex, online unter: https://www.prethikrat.at/wp-content/uploads/2015/09/Athener_Kodex.pdf, zuletzt abgerufen am 5. Juli 2024.

267 Werbung in Watte, in: Der Spiegel 28/1968, online unter: https://www.spiegel.de/politik/werbung-in-watte-a-e377064b-0002-0001-0000-000045997486, zuletzt abgerufen am 5. Juli 2024.

268 Peter Podjavorsek: Sind wir auf dem Weg zur PR-Republik?, in: Deutschlandfunk Kultur vom 28. Januar 2015, online unter: https://www.deutschlandfunkkultur.de/manipulation-statt-information-sind-wir-auf-dem-weg-zur-pr-100.html, zuletzt abgerufen am 5. Juli 2024.

269 Jimmy Leipold (Anm. 252).

270 Klaus Merten: Public Relations – die Lizenz zu Täuschen?, online unter: https://pr-journal.de/images/stories/downloads/merten-vortrag%20muenster%2019.6.pdf, zuletzt abgerufen am 26. Juni 2024.

271 Gerhard Pfeffer: Deutscher PR-Rat missbilligt Aussagen von Professor Merten, online unter: https://pr-journal.de/nachrichten/branche/6583-deutscher-pr-rat-missbilligt-aussagen-von-professor-merten.html, zuletzt abgerufen am 5. Juli 2024.

272 Hasso Mansfeld: PR ist Menschenrecht. Über die Abgrenzung von Public Relations und Propaganda, in: Meedia Mai 2018.

273 Das Cluetrain Manifesto, online unter: https://www.cluetrain.com/auf-deutsch.html, zuletzt abgerufen am 5. Juli 2024.

274 Zitiert bei Wolf Lotter: PROPAGANDA! PR will so gern objektiv erscheinen, in; Brand eins 2/2009, online unter: https://www.nmh-p.de/wp-content/uploads/Lotter-Wolf_brand-eins-02.09_Propaganda.pdf, zuletzt abgerufen am 5. Juli 2024.

275 Online unter: https://de.wikipedia.org/wiki/%C3%96ffentlichkeitsarbeit, zuletzt abgerufen am 5. Juli 2024.

276 Verwaltungsgericht Stuttgart, Beschluss vom 26.10.2020, 7 K 5192/20, online unter: http://lrbw.juris.de/cgi-bin/laender_rechtsprechung/document.py?Gericht=bw&GerichtAuswahl=VG+Stuttgart&Art=en&sid=bed6f25685350e001cc6e35d49a8ae77&nr=32973&pos=7&anz=11, zuletzt abgerufen am 5. Juli 2024.

277 Die Idee für dieses Kapitel verdanke ich Johannes Schumm, Pressesprecher des Flughafens Stuttgart, einem der besten Zuhörer unserer Zunft.

278 Theodore Zeldin: Der Rede Wert. Wie ein gutes Gespräch Ihr Leben bereichert, München 2001, S. 102

279 Diana Ingenhoff et al.: Corporate Listening und Issues Management in der Unternehmenskommunikation, in: Ansgar Zerfaß et al. (Hrsg.): Handbuch Unternehmenskommunikation, 3. Aufl., Wiesbaden, 2022. S. 577-595, online unter: https://www.springerprofessional.de/unternehmenskommunikation-in-der-digitalisierten-wirtschaft-und-/20182016, zuletzt abgerufen am 5. Juli 2024.

280 Ulrich Sarcinelli: Legitimation durch Kommunikation, in: Isabelle Borucki et al. (Hrsg.): Handbuch Politische Kommunikation, Wiesbaden 2013, S. 1-15, online unter: https://doi.org/10.1007/978-3-531-94031-1_8.

281 Jakob Hohwy zitiert nach Mark Solms (Anm. 6), S. 169.

282 Timothy Wilson: Strangers to ourselves, Harvard 2002, S. 24.
283 George A. Miller: The Magical Number Seven, Plus or Minus Two: Some Limits on Our Capacity for Processing Information, in: The Psychological Review 63(2), S. 81-97, online unter: https://doi.org/10.1037/h0043158.
284 Mark Solms (Anm. 6), S. 170.
285 David A. Oakley, Peter W. Halligan, P. W.: Chasing the rainbow: The non-conscious nature of being, in: Frontiers in Psychology 8-2017, online unter: https://doi.org/10.3389/fpsyg.2017.01924.
286 Stephen Wolfram: What Is ChatGPT Doing ... and Why Does It Work?, 14. Februar 2023, online unter: https://writings.stephenwolfram.com/2023/02/what-is-chatgpt-doing-and-why-does-it-work/, zuletzt abgerufen am 9. Juli 2024.
287 Ina Conzen: Pablo Picasso, München 2023, S. 118 f.
288 Christof Kuhbandner: Der lange Weg zur Erinnerung, in: Spektrum.de 15. Juli 2016, online unter: https://www.spektrum.de/magazin/infografik-eine-erinnerung-abspeichern/1408135, zuletzt abgerufen am 9. Juli 2024.
289 David Eagleman: The Brain. Die Geschichte von dir, München 2017, S. 10.
290 Edward Deci, Richard Ryan: Die Selbstbestimmungstheorie der Motivation und ihre Bedeutung für die Pädagogik, in: Zeitschrift für Pädagogik 39(2), S. 223-238, online unter: https://www.pedocs.de/volltexte/2017/11173/pdf/ZfPaed_1993_2_Deci_Ryan_Die_Selbstbestimmungstheorie_der_Motivation.pdf, zuletzt abgerufen am 9. Juli 2024.
291 Remo Largo: Babyjahre. Entwicklung und Erziehung in den ersten vier Jahren, München 2014, S 21 f.
292 Remo Largo (Anm. 291), S. 15.
293 Lisa Marie Warner: Selbstwirksamkeitserwartung, in: Dorsch. Lexikon der Philosophie, online unter: https://dorsch.hogrefe.com/stichwort/selbstwirksamkeitserwartung, zuletzt abgerufen am 9. Juli 2024.
294 René Descartes: Körper und Geist, online unter: https://blutner.de/philos/Texte/descart.html, zuletzt abgerufen am 9. Juli 2024.
295 Robert-Benjamin Illing: Geschichte der Hirnforschung, in: Spektrum.de, online unter: https://www.spektrum.de/lexikon/neurowissenschaft/geschichte-der-hirnforschung/14480#:~:text=Der%20erste%20uns%20bekannte%20Versuch,v., zuletzt abgerufen am 9. Juli 2024.
296 Anil K. Seth: Unsere inneren Universen, in: Spektrum.de 15. Januar 2020, online unter: https://www.spektrum.de/magazin/das-gehirn-als-prognosemaschine/1693094, zuletzt abgerufen am 9. Juli 2024.
297 Daniel L Schacter, Donna Rose Addis, Randy L Buckner: Remembering the past to imagine the future: the prospective brain (2007) https://pubmed.ncbi.nlm.nih.gov/17700624/ (26.6.24)
298 Im 18. Jahrhundert wurde dieser Bereich aufgrund seiner Ähnlichkeit nach dem Seepferdchen benannt. Das Seepferdchen wiederum wurde seit den 16. Jahrhundert in latinisierter Form nach dem Meeresungeheuer Hippokamp aus der griechischen Mythologie benannt, dessen vordere Hälfte ein Pferd und dessen hinterer Teil ein Fisch ist. Der Name dieses Fabelwesens setzt sich zusammen aus hippos »Pferd« und kampos »Seeungeheuer«.
299 Ich folge hier der Argumentation von Mark Solms (Anm. 6), S. 36-53.
300 Mark Solms (Anm. 6), S. S. 89-116.
301 Alice Lanzke: Zehn Jahre »Human Brain Project«. Die Vision vom virtuellen Gehirn, in: Tagesspiegel vom 19. September 2023, online unter: https://www.tagesspiegel.de/wissen/zehn-jahre-human-brain-project-die-vision-vom-virtuellen-gehirn-10492648.html, zuletzt abgerufen am 9. Juli 2024.

302 Online unter: https://www.ebrains.eu/tools/human-brain-atlas, zuletzt abgerufen am 9. Jui 2024.
303 Joachim Müller-Jung: Wir sind den USA und China einen Schritt voraus, in: FAZ 29. September 2023, online unter: https://www.faz.net/aktuell/wissen/medizin-ernaehrung/europas-gehirn-grossprojekt-ist-beendet-usa-und-china-einen-schritt-voraus-19199539.html?printPagedArticle=true#pageIndex_2, zuletzt abgerufen am 9. Juli 2024.
304 In: MaiBrain: Reise ins Gehirn – Sinne und Bewusstsein, Zweiteilige Dokureihe mit Mai Thi Nguyen-Kim, online unter: https://www.zdf.de/dokumentation/terra-x/maibrain-reise-ins-gehirn-sinne-und-bewusstsein-mit-mai-thi-nguyen-kim-doku-100.html, zuletzt abgerufen am 9. Juli 2024.
305 Max-Planck-Gesellschaft: Beruhigen, um zu denken, online unter: https://www.mpg.de/18841835/0622-hirn-beruhigen-um-zu-denken-151365-x, zuletzt abgerufen am 9. Juli 2024.
306 Christian Guay, Emery Brown: Consciousness Is a Continuum, and Scientists Are Starting to Measure It, Sci Am vom 26. Januar 2024, online unter: https://www.scientificamerican.com/article/consciousness-is-a-continuum-and-scientists-are-starting-to-measure-it/, zuletzt abgerufen am 10. Juli 2024.
307 Volkart Wildermuth: Philosophie trifft auf Experiment, online unter: https://www.deutschlandfunk.de/wie-entsteht-bewusstsein-eine-wette-zwischen-philosophie-und-experiment-dlf-4735642b-100.html, zuletzt abgerufen am 10. Juli 2024.
308 Philip Ball: Neuroscience Readies for a Showdown Over Consciousness Ideas, in: Quantamagazine vom 6. März 2019, online unter: https://www.quantamagazine.org/neuroscience-readies-for-a-showdown-over-consciousness-ideas-20190306/, zuletzt abgerufen am 10. Juli 2024.
309 Geoffrey Carr: Two rival theories of consciousness are put to the test, in: The Economist vom 17. November 2020, online unter: https://www.economist.com/the-world-ahead/2020/11/17/two-rival-theories-of-consciousness-are-put-to-the-test, zuletzt abgerufen am 10. Juli 2024.
310 Geoffrey Carr (Anm. 309).
311 John Horgan: A 25-Year-Old-Bet about Consciousness Has finally been settled, in: Sci Am vom 26. Juni 2023, online unter: https://www.scientificamerican.com/article/a-25-year-old-bet-about-consciousness-has-finally-been-settled/, zuletzt abgerufen am 10. Juli 2024.
312 Mariana Lenharo: Decades-long bet on consciousness ends — and it's philosopher 1, neuroscientist 0, in: Nature vom 24. Juni 2023, online unter: https://www.nature.com/articles/d41586-023-02120-8, zuletzt abgerufen am 10. Juli 2024.
313 Volkart Wildermuth (Anm. 307).
314 Andere Formen von Wissen sind praktischer, phänomenaler, körperlicher oder moralischer Art wie die Philosophin Nadja El Kassar ausführt. Nadja El Kassar: Was ist Wissen? Einige philosophische Überlegungen, in: APuZ 03-04/2021, online unter: https://www.bpb.de/shop/zeitschriften/apuz/wissen-2021/325599/was-ist-wissen/, zuletzt abgerufen am 10. Juli 20224.
315 Richard J. Gerrig: Psychologie, München 2014, S. 121.
316 Daniel Kahneman: Schnelles Denken, langsames Denken, München 2012, S. 33 f.
317 Richard Thaler: Nudge: Wie man kluge Entscheidungen anstößt, Berlin 2009, S. 34.
318 Daniel Kahneman (Anm. 144), S. 38.
319 Marie Lampert, Rolf Wespe: Storytelling für Journalisten. Wie baue ich eine gute Geschichte? Köln 2021, S. 10.
320 Gordon H. Bower, Michal C. Clark: Narrative stories as mediators for serial learning, in: Psychonomic Science 14 (1969), S. 181-182, online unter: https://doi.org/10.3758/BF03332778.
321 Maren Urner: Raus aus der ewigen Dauerkrise, München 2021, S. 107.

322 Samira El Oussil, Friedemann Karig: Erzählende Affen. Mythen, Lügen, Utopien. Wie Geschichten unser Leben bestimmen, Berlin 2021, S. 14.
323 George Monbiot: The new political story that could change everything, Vortrag vom Juli 2019, online unter: https://www.ted.com/talks/george_monbiot_the_new_political_story _that_could_change_everything, zuletzt abgerufen am 10. Juli 2024.
324 Rolf Dobelli: Die Kunst des gesunden Lebens, München 2017, S. 143 f.
325 Rolf Dobelli (Anm. 324), S. 24.
326 Christopher Vogler: Die Odyssee des Drehbuchschreibers. Leipzig 2010. & https://www. br.de/radio/bayern2/sendungen/radiowissen/deutsch-und-literatur/heldenreise-mythen -100.html (26.6.24)
327 Katharina Nocun, Pia Lamberty: Fake Facts. Wie Verschwörungstheorien unser Denken bestimmen, Köln 2021, S. 18.
328 Bertelsmann Stiftung startet großes Beteiligungs-Projekt zum Umgang mit Desinformation, online unter: https://www.bertelsmann-stiftung.de/de/themen/aktuelle-meldung en/2024/januar/bertelsmann-stiftung-startet-grosses-beteiligungs-projekt-zum-umgang-mit-desinformation, zuletzt aufgerufen am 10. Juli 2024.
329 Polizeiliche Kriminalprävention der Länder und des Bundes (Hrsg.): Wimmelbild Verschwörungsmythen, online unter: https://www.polizei-beratung.de/medienangebot/de tail/317-wimmelbild-verschwoerungsmythen/, zuletzt abgerufen am 10. Juli 2024.
330 Duden: Das Herkunftswörterbuch, Berlin 2020, S. 33.
331 Charta der Grundrechte der Europäischen Union, Teil V Bürgerrechte, Artikel 41: Recht auf eine gute Verwaltung, online unter: https://fra.europa.eu/de/eu-charter/article/41-recht-auf-eine-gute-verwaltung, zuletzt abgerufen am 10. Juli 2024.
332 Frank Buchwald: Das Kreuz mit den Büro-Kretins, in: ZDFheute Update vom 26. Februar 2024, online unter: https://www.zdf.de/nachrichten/briefing/buerokratie-handwerk-buc hwald-zdfheute-update-100.html?at_medium=Social%20Media&at_campaign=Twitter&at_ specific=ZDFheute&at_content=Sophora, zuletzt abgerufen am 10. Juli 2024.
333 Daniel Schleidt: Wie Bürokratie das Land lähmt, in FAZ vom 2 März 2023, online unter: https://www.faz.net/aktuell/rhein-main/wirtschaft/buerokratie-laehmt-das-land-so-ma cht-unternehmertum-keinen-spass-19548001.html, zuletzt abgerufen am 10. Juli 2024.
334 Daniel Wetzel: Der absurde Kampf gegen die Regelflut mit noch mehr Bürokratie, in: Welt vom 6. März 2024, online unter: https://www.welt.de/wirtschaft/article250370996/Bue rokratie-Der-absurde-Kampf-gegen-die-Regelflut-mit-noch-mehr-Buerokratie.html, zuletzt abgerufen am 10. Juli 2024.
335 Online unter: https://insm.de/aktuelles/kampagnen/buerokratieabbau, zuletzt abgerufen am 10. Juli 2024.
336 Yuval N. Harari (Anm. 167), S. 152 ff.
337 Vgl. Antonia von Schöning: Die Verwaltung der Dinge und das Phantasma der Bürokratie, in: Archiv für Mediengeschichte Nr. 16/2016, S. 53-63.
338 Burkhardt Wolf: Medien der Bürokratiekritik, in: Friedrich Balke et al. (Hrsg.): Medien der Bürokratie, Paderborn 2016, S. 41-51.
339 Die 13 Forderungen des Volkes in Baden von 1847, online unter: https://www.offenburg. de/de/leben-in-offenburg/kultur/freiheitsstadt-offenburg/die-13-forderungen/, zuletzt abgerufen am 10. Juli 2024.
340 Ernst Forsthoff: Die Verwaltung als Leistungsträger, Stuttgart 1938.
341 Wolff/Bachof/Stober/Kluth, Verwaltungsrecht I, 13. Aufl., München 2017, § 3.
342 Europäische Charta der kommunalen Selbstverwaltung, online unter: https://www.coe. int/de/web/impact-convention-human-rights/european-charter-of-local-self-government , zuletzt abgerufen am 10. Juli 2024.
343 Raimund Brühl: Staatsorganisation und Behördenaufbau in der Bundes- und Landesverwaltung, 2. Aufl. 2022, online unter: https://www.bakoev.bund.de/SharedDocs/Publikati

onen/LG_2/Werkpapier_Staatsorganisation_Behoerdenaufbau.pdf?__blob=publicationFile&v=6, zuletzt abgerufen am 10. Juli 2024.
344 Niklas Luhmann: Jenseits von Zweckrationalität und Herrschaft, in: Ders. (Hrsg.): Schriften zur Organisation 1, Wiesbaden 2018, S. 153.
345 Georg Schreyögg: Organisation. Grundlagen moderner Organisationsgestaltung, 7. Aufl., Wiesbaden 2016, S. 30.
346 Hans-Peter Müller: Max Weber, Köln 2007, S. 125 ff.
347 Max Weber (Anm. 40), S. 545.
348 Niklas Luhmann (Anm. 344), S. 156.
349 Hans-Peter Müller (Anm. 346), S. 124.
350 Max Weber (Anm. 40), S. 823.
351 Max Weber (Anm. 40), S. 561.
352 Art. 20 Abs. 3 GG.
353 Andreas Steininger: Kommunales Organisationsmanagement im Spiegel der Verwaltungsmodernisierung § 18, in: Thomas Böhle (Hrsg.): Kommunales Personal- und Organisationsmanagement, 2. Aufl., München 2022, S. 771-778.
354 Entdecker der Wissensarbeit, in: Havard Business manager 11/2010, online unter: https://www.manager-magazin.de/hbm/management/peter-drucker-seine-ideen-und-konzepte-im-ueberblick-a-00000000-0002-0001-0000-000074209872, zuletzt abgerufen am 11. Juli 2024.
355 Krisenmodus ist das Wort des Jahres 2023. Wobei schon 1994 Wissenschaftler vom »überforderten Staat« sprachen. Im Gefolge der Wiedervereinigung und wachsender europäischer Integration würden sich Krisensymptome verstärken. Die Akzeptanz vermindere sich und Verdrossenheit steige, Fehlleistungen und Skandale führten zu Achselzucken. In dieser Pauschalität sind solche Urteile so eingängig wie unzutreffend. Vgl. Thomas Ellwein, Joachim Hesse: Der überforderte Staat, Frankfurt 1997.
356 dbb Monitor 2023, https://www.dbb-nrw.de/aktuelles/news/zahlen-daten-fakten-dbb-monitor-2023-zeigt-staerken-und-schwaechen-des-oeffentlichen-dienstes-in-deutschland/, zuletzt abgerufen am 11. Juli 2024.
357 acatech Studie: So kann die öffentliche Verwaltung innovationsfreundlicher werden, online unter: https://www.acatech.de/allgemein/innovationsfreundliche-oeffentliche-verwaltung/, zuletzt abgerufen am 11. Juli 2024.
358 Es ist weniger als die Hälfte des absoluten Stellenaufwuchses bei Ländern und Kommunen. Beim Bund ist die Zahl der Teilzeitkräfte rückläufig.
359 Christian Bohnenkamp: Das System ist völlig verrückt: Wie sich Hannovers Bürokratie immer weiter selbst aufbläht, in: Hannoversche Neue Presse vom 31. Januar 2024, online unter: https://www.neuepresse.de/lokales/hannover/mehr-stellen-mehr-buerokratie-hannovers-verwaltung-waechst-kraeftig-YLO3MRHU2NEOBNK4ZZNWBNIFE4.html, zuletzt abgerufen am 11. Juli 2024.
360 Isabelle Proeller, Tobias Krause: New Public Management (NPM), online unter: https://wirtschaftslexikon.gabler.de/definition/new-public-management-npm-38664, zuletzt abgerufen am 11. Juli 2024.
361 »Unterwachung« ist ein Begriff von Luhmann (Anm. 344). Er beschreibt Führung von unten nach oben, also die Kunst, Vorgesetzte zu lenken. Luhmann ärgerte sich darüber, dass es stapelweise Führungsliteratur für Chefs und Chefinnen gibt, aber kaum Bücher für Mitarbeitende, wo Führung von unten doch empirisch viel häufiger vorkommt. Antonia Götsch: Werden Sie unterwacht?, in: Havard Business manager vom 27. Februar 2024, online unter: https://www.manager-magazin.de/hbm/fuehrung/warum-wir-geniessen-sollten-wenn-mitarbeiter-uns-fuehren-a-4a837ca8-59e1-464f-a1e9-9e1dc677d02c, zuletzt abgerufen am 11. Juli 2024.
362 Anton Steininger (Anm. 353), RNr. 21-24.

363 Normenkontrollrat Baden-Württemberg (Hrsg.): Ursachen übermäßiger Bürokratie vom 26. März 2021, online unter: https://www.normenkontrollrat-bw.de/fileadmin/_normenkontrollrat/PDFs/Empfehlungsberichte_und_Positionspapiere/Positionspapier-Ursachen-uebermaessiger-Buerokratie.pdf, zuletzt abgerufen am 11. Juli 2024.
364 Hans Gerd Prodoehl: »Wo aber Gefahr ist, wächst das Rettende auch.« (Friedrich Hölderlin) – Die Avantgardisten im öffentlichen Sektor der Bundesrepublik. In Prodoehl: Sanierungsfall Deutschland. Plädoyer für eine Transformation des deutschen politischen Systems im 21. Jahrhundert, Wiesbaden 2023.
365 Rechtsformen, Handlungsformen, Folgenformen (Wolfgang Hoffmann-Riem/Matthias Bäcker) in Voßkuhle / Eifert / Möllers: Grundlagen des Verwaltungsrechts. S. 338 ff.
366 Regina Nissen: Intrapreneuring, online unter: https://wirtschaftslexikon.gabler.de/definition/intrapreneuring-40834/version-264210, zuletzt abgerufen am 11. Juli 2024.
367 Christian Schachtner: Organisatorische Transformation. der Verwaltungsarbeit durch Ermächtigungskultur und agiles Projektmanagement in Kommunen, in: Tobias A. Krause et al. (Hrsg.): Handbuch Digitalisierung der Verwaltung, Stuttgart 2023, S. 369-380.
368 Edward Deci, Richard Ryan: Die Selbstbestimmungstheorie der Motivation und ihre Bedeutung für die Pädagogik, in: Zeitschrift für Pädagogik 39 (1993), S. 223-238, online unter: https://www.pedocs.de/volltexte/2017/11173/pdf/ZfPaed_1993_2_Deci_Ryan_Die_Selbstbestimmungstheorie_der_Motivation.pdf, zuletzt abgerufen am 11. Juli 2024.
369 Carol Dweck: The power of believing that you can improve, Vortrag vom November 2015, online unter: https://www.ted.com/talks/carol_dweck_the_power_of_believing_that_you_can_improve, zuletzt abgerufen am 11. Juli 2024.
370 Phillip Blom: Die Unterwerfung. Anfang und Ende der menschlichen Herrschaft über die Natur, München 2022, S. 315 ff.
371 Dirk Brockmann (Anm. 14), S. 32 f.
372 Debis McQuail, Sven Windahl: Communication models fort he study of mass communication, London 1993.
373 Thorunn Helgason et al.: Ploughing up the wood-wide web?, in: Nature 394, 431 (1998), online unter: https://doi.org/10.1038/28764.
374 Zitiert bei Frank Eckardt (Anm. 45), S. 11.
375 Zitiert bei Frank Eckardt (Anm. 45), S. 11.
376 Ein Prozess, der in Deutschland üblich ist. Wortlautinterviews werden vor Veröffentlichung eingereicht. Die Interviewten erhalten die Gelegenheit, von ihrem Recht am eigenen Wort Gebrauch zu machen. Die Praxis dient der sachlichen Korrektheit und einer sprachlichen Klarheit. Zudem ist trotz der Raffung der Sinn zu wahren. Änderungen müssen sich darauf beschränken. Im angelsächsischen Raum ist diese Praxis gänzlich unbekannt. Gedruckt wird, was »on the record« gesagt wurde. Ob das deutsche Mitspracherecht zeitgemäß ist, wird in schöner Regelmäßigkeit im medial-politischen Raum diskutiert, etwa hier: Margareta Blom-Schinnerl et al.: Interview-Autorisierung im Print – Wie zeitgemäß ist das Mitspracherecht?, online unter: https://www.deutschlandfunkkultur.de/interview-autorisierung-im-print-wie-zeitgemaess-ist-das-mitspracherecht-dlf-kultur-1173ae5d-100.html, zuletzt abgerufen am 11. Juli 2024.
377 Max Weber: Soziologische Grundbegriffe, 6. Aufl., Tübingen 1984, S. 45 ff.
378 Palmerhargreaves (Hrsg.): Beyond Business. Leadership im Wandel, online unter: https://www.linkedindex.de/, zuletzt abgerufen am 11. Juli 2024.
379 Tosin Stifel: Agilität im öffentlichen Sektor: Nutzen und Umsetzung von agiler Führung in großstädtischen Kommunalverwaltungen. Eine empirische Untersuchung am Beispiel der Landeshauptstadt Stuttgart, unveröff. Masterarbeit an der Hochschule der Medien, Stuttgart 2024.
380 Sarah Vortkamp: Eine theoretische und empirische Analyse der Einsatzmöglichkeiten von Podcasts in der Behördenkommunikation von Kommunen, unveröff. Masterarbeit an der IST-Hochschule für Management, Düsseldorf 2024.

381 Die beiden letzten hat er mit Uwe Ritzer verfasst.
382 Niklas Luhmann (Anm. 344), S. 176.
383 Mark Solms (Anm. 6), S. 144.
384 Katja Diehl und Stephan Grünewald im Interview: Woher kommt der Haß?, in: Chrismon vom 2. April 2024, online unter: https://chrismon.de/artikel/55472/katja-diehl-kritisiert-dass-die-politik-das-auto-beguenstigt, zuletzt abgerufen am 12. Juli 2024.
385 Roland Robertson: Glocalization: Time-Space and Homogeneity-Heterogeneity, in: Mike Featherstone et al. (Hrsg.): Global Modernities, London 1995, S. 25-44. Vgl. auch Ulrich Beck: Was ist Globalisierung? Frankfurt 1997.
386 Carol Dweck: Selbstbild. Wie unser Denken Erfolge oder Niederlagen bewirkt, München 2017.
387 Reinhard Zintl: Max Weber und die Entzauberung der Welt. Götter und Dämonen oder die Herausforderung einer Entzauberung der Welt für die Religionen, in: Thomas Laubach, Christina Potschka (Hrsg.): Verzauberung der Welt? : Religiöse Symbolsysteme in Geschichte und Gegenwart, Bamberg 2021, S. 13-28, online unter: https://fis.uni-bamberg.de/server/api/core/bitstreams/07fad8af-bb9f-4d1f-b4da-d12dfbc51505/content, zuletzt abgerufen am 12. Juli 2024.
388 Wolfgang Hellmich: Es muss nicht immer alles besser werden: Die Philosophin Rahel Jaeggi fragt, was Fortschritt sei, in: NZZ vom 10. Januar 2024, online unter: https://www.nzz.ch/feuilleton/alles-immer-besser-die-soziologin-rahel-jaeggi-fragt-was-fortschritt-ist-ld.1773320, zuletzt abgerufen am 12. Juli 2024.
389 Ein neues Ich in 80 Tagen, in: Spektrum der Wissenschaft 4/2023, online unter: https://www.spektrum.de/magazin/infografik-erneuerung-der-koerperzellen/2108286, zuletzt abgerufen am 12. Juli 2024.
390 The Aalborg Charter, online unter: https://sustainablecities.eu/the-aalborg-charter/, zuletzt abgerufen am 12. Juli 2024.
391 Daniel Lerner: The Passing of traditional Society, New York 1958, online unter: https://ia801400.us.archive.org/34/items/in.ernet.dli.2015.118860/2015.118860.The-Passing-Of-Traditional-Society.pdf, zuletzt abgerufen am 12. Juli 2024.
392 Albert Oeckl: Handbuch der Public Relations, München 1964, S. 31.
393 Akademische Gesellschaft (Hrsg.): Communications Trend Radar 2024, online unter: https://www.akademische-gesellschaft.com/die_presse/communications-trend-radar-2024/, zuletzt abgerufen am 12. Juli 2024.
394 Online unter: https://www.duden.de/rechtschreibung/Wert, zuletzt abgerufen am 12. Juli 2024.
395 Reinhard Haller. Das Wunder der Wertschätzung, München 2019, S. 49 ff.
396 Steffen Mau et al.: Triggerpunkte. Konsens und Konflikt in der Gegenwartsgesellschaft, Berlin 2023. Triggerpunkte sind Ausgangspunkt für gesellschaftliche Konflikte, es sind Orte innerhalb der Tiefenstruktur von moralischen Erwartungen und sozialen Dispositionen, auf deren Berührung Menschen besonders heftig und emotional reagieren.« Also etwa Ungleichbehandlungen, Normverstöße und Zumutungen. Werden sie getroffen, wird eine »starke affektive Ladung freigesetzt.
397 Der Weg zum gesellschaftlichen »Impact«: Was ist soziale Wirkung?, online unter: https://www.phineo.org/magazin/was-ist-soziale-wirkung?p=magazin/was-ist-soziale-wirkung, zuletzt abgerufen am 12. Juli 2024.
398 Kirby Ferguson: Embrace the remix, online unter: https://www.ted.com/talks/kirby_ferguson_embrace_the_remix, zuletzt abgerufen am 11. Juli 2024.
399 Wolf Lotter: Echt. Der Wert der Einzigartigkeit in einer Welt der Kopien, Berlin 2024, S. 17.
400 Simon Book et al.: Deutschland, du kannst es besser, in: Der Spiegel 9/2024, online unter: https://www.spiegel.de/wirtschaft/deutschland-du-kannst-es-besser-wo-der-gruene-um

bau-der-wirtschaft-schon-geglueckt-ist-a-e30607ee-2ffd-4367-a4c0-2746c9115039, zuletzt abgerufen am 12. Juli 2024.
401 FDI European Cities and Regions of the Future 2024, online unter: https://www.fdiintelligence.com/content/download/83489/2838195/file/FDIECRF_0224.pdf, zuletzt abgerufen am 24. Juli 2024.
402 https://www.spiegel.de/wirtschaft/deutschland-du-kannst-es-besser-wo-der-gruene-umbau-der-wirtschaft-schon-geglueckt-ist-a-e30607ee-2ffd-4367-a4c0-2746c9115039 (26.6.24)
403 Robert D. Putnam: Making Democracy Work. Civic Traditions in Modern Italy, Princeton 1993.
404 Niklas Luhmann: Vertrauen. Ein Mechanismus der Reduktion sozialer Komplexität, Dortmund 1968.
405 Nikolaus Jackob et al. (Hrsg.): Medienvertrauen in Deutschland, Bonn 2023.